艾伦◎著

中英中小学教育装备比较研究

ZHONGYING ZHONGXIAOXUE JIAOYU ZHUANGBEI BIJIAO YANJIU

首都师范大学出版社
CAPITAL NORMAL UNIVERSITY PRESS

图书在版编目（CIP）数据

中英中小学教育装备比较研究/艾伦著. —北京：首都师范大学出版社，2023.3
ISBN 978-7-5656-7418-1

Ⅰ.①中… Ⅱ.①艾… Ⅲ.①中小学－教学设备－对比研究－中国、英国 Ⅳ.①G637.6

中国国家版本馆CIP数据核字（2023）第020538号

ZHONGYING ZHONGXIAOXUE JIAOYU ZHUANGBEI BIJIAO YANJIU
中英中小学教育装备比较研究
艾伦 著

责任编辑 凌 江
首都师范大学出版社出版发行
地　址　北京西三环北路105号
邮　编　100048
电　话　68418523（总编室）　68982468（发行部）
网　址　http://cnupn.cnu.edu.cn
印　刷　中煤（北京）印务有限公司
经　销　全国新华书店
版　次　2023年3月第1版
印　次　2023年3月第1次印刷
开　本　710mm×1000mm　1/16
印　张　18.25
字　数　321千
定　价　52.00元

版权所有　违者必究
如有质量问题　请与出版社联系退换

序

教育装备是教育人工资源中的物力资源，是学校教育教学的必要条件。教育现代化依靠教育装备的现代化，教育装备现代化、信息化、智能化水平从教育资源的发展方面反映着当代教育的水平。

人们对教育装备的研究涉及三个方面：第一，内容方面的研究；第二，时间方面的研究；第三，空间方面的研究。其中，教育装备研究的内容目前主要集中在五大课题上，它们是装备管理研究、测量评价研究、装备标准研究、实验教学研究以及教育装备的信息化与智能化研究。这五大课题既反映了目前教育装备的理论研究水平，同时又表现出当前教育装备在教育领域中的关键作用。在教育装备时间方面的研究其实就是对教育装备发展历史的研究。通过对教育装备历史的研究，我们知道了教育装备既与人类社会出现的教育具有同源性，也与人类社会出现的装备具有同源性，而正是教育装备的这一起源决定了教育装备的本质。

教育装备在空间方面的研究主要反映在中国的教育装备与外国的教育装备之间存在的差异性，要通过对这些差异的分析了解其成因，指导其优劣，并为我们的教育装备研究与应用提供借鉴。本书的目的就在于此。为了对中国中小学教育装备与英国中小学教育装备进行较为深入的比较研究，2016年至2017年，在英国繁荣基金项目的支持下，"中英教育技术与教育装备比较研究"课题组赴英进行了实地考察，并在此基础上对中英双方的情况进行了文献研究和实证研究，研究结果与研究结论在本书中较为详尽地呈现出来。同时，本书还是这项研究的研究报告。

《中英中小学教育装备比较研究》共分为六章和一个附录。第一章是中英教育装备概念与研究，在这一章中对教育装备的概念进行了界定，并对中英双方在教育装备概念上的异同做出了分析，同时还介绍了中英在教育装备研究上所重点关注的内容。第二章是中英中小学教育装备产品，介绍了教育装备的教育教学功能，分析了中英在教育装备产品以及教育装备产业上的异同，还介绍了英国在教育装备产品上的关注点。第三章是中英中小学学习空间建设，学校学习空间的本质是教育装备的功能体现，本章对学习空间概念做了严格界定，分析了中英中小学在学习空间知识中心、学习者中心、共同体中心以及评价中心建设理念上的差异性，为我国中小学学习空间建设提供借鉴。第四章是中英基础教育及装备标准化，是通过中英基础教育存在的差异性分析双方对教育装备标准化的认知和理念。第五章中英中小学教育装备标准则较为详细地讨论了中英中小学在校舍、实验室、图书馆、体育以及信息技术装备方面具体标准的异同。第六章中小学教育装备发展重点讨论了中英在教育装备理论、应用、理念等方面的发展状况，除了英国，本章也涉及了其他西方国家的情况。本书的附录部分对"中英教育技术与教育装备比较研究"课题的情况做了介绍。

本书定位和论述必然会存在各方面的问题，有不当之处，敬请业界专家学者和关注这些问题的读者给予批评和指正。

2021 年 5 月

目　录

第一章　中英教育装备概念与研究 / 1
　　第一节　教育装备的一般性概念 / 1
　　第二节　教育装备研究方法 / 8
　　第三节　中英教育装备概念的异同 / 15

第二章　中英中小学教育装备产品 / 19
　　第一节　教育装备功能分类 / 19
　　第二节　中英教育装备行业构成对比 / 25
　　第三节　英国教育科技对学生能力问题的重视 / 31
　　第四节　英国教育科技的能力测量软件 / 38
　　第五节　英国教育科技中教师持续专业发展培训工具 / 48

第三章　中英中小学学习空间建设 / 56
　　第一节　教育装备语境下学习空间概念的界定 / 56
　　第二节　学习空间的功能及分类 / 65
　　第三节　知识中心自由度 / 75
　　第四节　学习者中心自由度 / 80
　　第五节　共同体中心自由度 / 91
　　第六节　评价中心自由度 / 98

第四章　中英基础教育及装备标准化 / 106
　　第一节　中英基础教育相关标准 / 106
　　第二节　中英基础教育标准化取向 / 115
　　第三节　中英教育装备标准化运行机制 / 124
　　第四节　教育装备标准分类 / 136

第五章　中英中小学教育装备标准 / 142
第一节　中英中小学校舍与场地标准 / 142
第二节　中英中小学实验室标准 / 159
第三节　中英中小学图书装备标准 / 177
第四节　中英中小学体育装备标准 / 196
第五节　中英中小学信息技术装备标准 / 212

第六章　中小学教育装备发展 / 229
第一节　教育装备的阶段性发展 / 229
第二节　中国义务教育装备投入均衡性 / 233
第三节　中国义务教育信息化发展均衡性 / 250
第四节　STEAM教育与装备 / 256
第五节　中英教育装备理论研究发展状况 / 265

附录　中英教育装备与教育技术比较研究 / 274

第一章 中英教育装备概念与研究

在对中英教育装备进行比较之前,我们必须先将教育装备的概念界定清楚,并且厘清中英在教育装备概念理解上的异同。同时,对于比较的方法也需要做出说明。本章的问题就是为达到这一目的而展开的。

第一节 教育装备的一般性概念

教育装备的概念由教育装备的本质决定。但对教育装备的本质的认识却存在诸多差异,这就造成了人们对教育装备概念理解的不一致,从而生出各种相去甚远的教育装备定义。本节希望从人的思维形态与客观的物质形态本质上的不同以及参与者的语境出发,详细论述建立教育装备概念和定义的条件。

一、事物的概念与定义

概念(concept)是人对事物本质的思维规定,而定义(definition)是对概念的语言表达。关于"概念"的定义,广泛地出现在各种逻辑学书籍中,例如:"概念是反映对象特有属性(或本质属性)的思维形式"[1];"概念是通过反映对象的特有属性来反映对象的思维形态"[2];等等。《教育大辞典》上对"概念"的定义为:"哲学或逻辑学上,泛指反映事物共同本质特征的思维形式。"[3]《教育大辞典》中的"将概念的内涵用简洁的语言文字表述出来,就是该概念的定义"[4]。(作者注:该定义是在对"地理概念教学"词条的解释中)

可以看出,建立概念是人的一种思维形态(thought form)。思维形态是不同于物质形态(physical form)的,物质形态没有正误之分,而思维形态是具有正误之别的。例如,日出日落是一种物质形态,我们不能说日出日落谁正谁误,或者日出日落现象是正确的还是错误的。但是思维形态却不是这样,由

---

[1] 郭彩琴:《逻辑学教程》,北京:北京大学出版社,2007年,第10页。
[2] 吴坚、傅殿英:《实用逻辑学》,北京:首都经济贸易大学出版社,2005年,第20页。
[3] 顾明远主编:《教育大辞典(增订合编本上)》,上海:上海教育出版社,1998年,第393页。
[4] 顾明远主编:《教育大辞典(增订合编本上)》,上海:上海教育出版社,1998年,第261页。

于人们存在专业背景、知识结构、观察视角以及态度立场等方面的差异，就产生了对一个事物本质的判断得出截然不同结果的现象。作者曾经听过一个教授讲课时举的一个十分生动的例子：两个人在街上打架，你是一个社会学家或者一个记者，你说"这是警匪之战"或"黑社会火并"；你是一个生物学家，你说"这是两只高级灵长类动物在做肉体搏斗"；你是一个物理学家，你说"这是两个非刚性物体在做非完全弹性碰撞"。作者认为，他们显然都指出了这个事物现象的本质属性，但是，由于他们没有处于同一个语境之中，所以对同一事物做出了完全不同的本质判断。语境（context），即为参与者生存场（exist field）重叠的部分，或者说是他们生存场的交集。而生存场就是人的专业背景、知识结构以及社会环境等生存境遇。对于上面的例子，如果观察者都处于社会学语境，则会共同得出第一种判断；如果他们都处于生物学语境，则会共同得出第二种判断；如果他们都处于物理学语境，则会共同得出第三种判断。另外，从时间上分析，不同时代对事物本质的认定也会发生变化。例如：对于"原子"概念的认识，在古希腊时代，其内涵是"物质不可分割的最小单位"；而到了今天，"原子"的概念已发展成"无限可分的，有着各种不同层次的，其间又存在着强、弱不同相互作用的基本粒子群"。所以，当我们对教育装备进行概念认定时，就必须首先使我们处于相同的语境之中和时代当中，各说各话是不能够得出正确的判断的。

概念的界定就是给概念下定义。既然定义是对概念的语言表述，在概念统一的基础上，如何正确使用语言就成为一个关键问题。正确使用语言包括语言表达的逻辑性和语言表达的方式。通常，给概念下定义的方法有"属 ＋ 种差"定义法、词法定义法、情境定义法、内涵定义法、外延定义法、列举定义法等诸多方法。其中使用比较多的是"属 ＋ 种差"定义法、内涵定义法和列举定义（特殊的外延定义）法。给一个事物的概念下定义时必须考虑对语言表达的一些规定。

二、教育装备概念界定的语境

不能构成共同语境的原因有两种情况：一个是参与者的生存场之间本来就没有相同的部分，这种情况少见，除非是与婴幼儿交谈；另一个是参与者的生存场有相同的部分，但是并没有使这些相同的部分重合，这种情况居多。作者曾经与一位教育装备生产企业的老总讨论教育装备的概念问题，这位企业老总认为教室中的空调设备不应属于教育装备的范畴，因为那既不是教师直接使用的教具，也不是学生直接使用的学具。而作者认为空调器既然是构成教学环境的一部分，就属于支撑教学的教育资源，又因为是人工制造，所以就应该是教育装备，教育装备并不就等于教具加上学具。其实，在讨论之前作者和企业老总之间并没有做一个约定，以使我们的讨论处于同一语境当中，作者的语境是教育的大环境，而这位老总的语境是企业产品的类型。所以，在进行教育装备概念界定时，创建相同的语境是十分重要的。

既然要对教育装备的概念进行界定，就应该使我们的语境处于"教育"和"装备"的生存境遇约定之中。这里的"教育"应该是指所有的在校教育，包括学历教育与非学历教育，即教育部所管辖的教育，而不包括社会教育、家庭教育等非在校教育。在使用教育语境进行讨论时，应排除生产领域、经济领域、社会领域、文化领域、科技领域等非教育领域因素的干扰，不能将它们混淆在一起。另外，还应注意教育（education）与教学（instruction 或 teaching）的区别，以及它们的涵盖关系。在这一点上，人们比较容易达成共识。

对于"装备"语境的约定似乎要复杂一些，人们很难像对教育语境一样达成共识。这是因为我们恰好生存在装备无所不在的世界之中，没有装备的环境使我们不能忍受。设想如果人类生存在只有红颜色的世界之中而没有非红颜色，因为无法对比其他颜色则人类不会知道什么是红颜色。对事物本质的认识，在于该事物的不在场。在装备无所不在的情况下，我们要想对装备的本质属性有一个认识，就可以假设世界上所有的装备都不存在了。于是，人类会因为没有了生活资源以及获取、制造生活资源的工具而失去生存条件，但是人类会马上根据自己头脑中装备的理念，通过劳动重新制造出一批新的装备来继续生存。所以：(1) 装备是人类生存的条件（即生存资源）之一；(2) "真际"装备是人类心中的理念；(3) 实际装备是由人工制造的。这样，装备的本质就是人工制造的生存资源。

如果能够达成以上这些共识，再对教育装备的概念进行讨论，我们就会处于共同的语境之中，对教育装备概念的界定也就会变得非常容易。

三、"白马非马"

作者曾在 2006 年第 2 期的《中国教育技术装备》杂志上发表的《教育装备与一般装备制品差异分析》一文中对教育装备下过一个定义，认为："教育装备是指实施和保障教育教学活动所需的仪器、设备、资料、学具、设施以及相关软件的总称。"这是一种列举定义，而列举定义只适用于有限集合，而且只有在这个集合比较小的情况下才有意义。但是教育装备是个无限集合，况且这种定义方法本身就存在着严重的缺陷，所以这个定义不是一个好定义。列举定义法是人们通常比较喜欢使用的定义方法，说它存在着严重的缺陷是因为它违背了"白马非马"的逻辑原则。

"白马非马"是中国古代逻辑学家公孙龙(公元前 320～前 250 年)提出的一个著名的逻辑命题,出自《公孙龙子·白马论》。白马非马中的"白马"是具体的马,而"非马"中的"马"是马的概念,公孙龙的原意是说,不能够将具体的马当作马之概念使用。我们不能说张家的那匹白马或者李家的那匹黑马就是马的概念,马的概念是对所有马共同本质属性的思维规定,是一种思维形态。而列举定义法正是将具体的事物特例开列出来,然后说这就是该事物的概念。所以,我们在对教育装备进行概念界定时应该尽量避免使用列举法定义。

四、与教育装备相关的概念

在对教育装备概念进行界定和讨论的过程中,出现过一些与教育装备相关的其他概念,如:教学装备、教育技术装备、教具、学具等。本文在这里将这些概念与教育装备的概念进行对比分析,希望能够对我们的讨论有所裨益。在此,我们暂且将教育装备定义为"人工制造的教育资源",以利于下面的讨论。图 1.1 显示出教育装备(A+C+D+E)、教学装备(C+D)、教育技术装备(D+E)以及教具与学具(B+C+D)之间的关系。

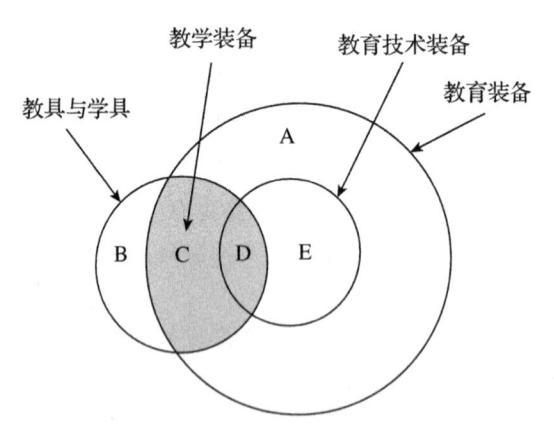

图 1.1　与教育装备相关的概念

1. 教育装备与教学装备

教育与教学是大小不同的两个概念,教育是"传递社会生活经验并培养人的社会活动。通常认为:广义的教育,泛指影响人们知识、技能、身心健康、思想品德的形成和发展的各种活动。……狭义的教育,主要指学校教育"[①]。而教学是"以课程内容为中介的师生双方教和学的共同活动。学校实现教育目

---

① 顾明远主编:《教育大辞典(增订合编本上)》,上海:上海教育出版社,1998 年,第 725 页。

的的基本途径。特点为通过系统知识、技能的传授与掌握，促进学生身心发展"[1]。既然教学是"学校实现教育目的的基本途径"，那么教学显然应该附属于教育，是教育的一个基本内容或重要的组成部分。教育是个大概念，教学是教育下的一个小概念。于是，教育装备就应该是一个大概念，而教学装备就是教育装备概念下的一个小概念。从图 1.1 中看，教育装备（A+C+D+E）与教学装备（C+D）是内含关系，教育装备涵盖了教学装备。

2. 教育装备与教育技术装备

从学科角度讲，由于教育技术学属于教育学，所以我们可以认定：教育技术是教育这个大概念下的一个小概念。于是，教育装备就应该是一个大概念，而教育技术装备就是教育装备概念下的一个小概念。从图 1.1 中看，教育装备（A+C+D+E）与教育技术装备（D+E）也是内含关系，教育装备涵盖了教育技术装备。需要说明的是，此处所谓教育技术装备是指"教育技术之装备"。

3. 教育装备与教具学具

如果将教具学具中的"具"理解为"工具"，因工具是人工制造的，属于装备的范畴，则教具学具就等于是教学装备了。所以，这里的"具"应该理解为"用具"，而用具有可能不是人工制造；或者说，有一些教具学具是自然的教学资源（如树叶、蝴蝶、天然矿石等），而非人工的教学资源。于是，从图 1.1 中看，教育装备（A+C+D+E）与教具学具（B+C+D）之间是相交关系，它们之间有交集（C+D：即教学装备）。

4. 各区间举例

现在我们对图 1.1 中一些特殊的区域进行举例解释，用来加深对这些相关概念的理解。这些区域包括 A 区、B 区、C 区、D 区和 E 区。

A 区：教师办公室里的办公桌、教室里的空调器等。它们没有直接用于教学活动，所以不是教学装备、教育技术装备、教具和学具；但它们属于教育装备，因为它们满足了教育装备的定义。

B 区：空中飞舞的蝴蝶、路边拾来的矿石等。它们可以成为教具学具，但由于不是人工制造，所以不属于教育装备、教学装备以及教育技术装备。

C 区：酒精灯、烧杯等。它们是教具学具，也是教学装备，当然属于教育装备的范畴；但是它们不属于我们通常说的教育技术装备。

D 区：投影机、电子白板等。它们是教具、教学装备，同时还是教育技术装备，当然也在教育装备的范畴之内。

---

[1] 顾明远主编：《教育大辞典（增订合编本上）》，上海：上海教育出版社，1998 年，第 711 页。

E区：校园网络教学管理系统等。它们是教育信息化设备，所以属于教育技术装备，但不属于教学装备和教具学具；同时它们也在教育装备的范畴之内。

相信通过这样的讨论，使我们对教育装备及其相关概念会达成一个共识，或者在某种程度上达成一定的共识，让教育装备研究领域和实践领域在更加和谐的环境下发展壮大。

五、对教育装备概念的更清晰界定

教育装备属于人工制造的教育资源。如果我们再进一步对教育装备进行分析，还会发现其更加深层的意义。

1. 资源

资源是人类赖以生存的条件，而这些生存条件可以大致分为3种类型（如图1.2所示）：第一是自然形成的条件，称为自然资源，如阳光、空气、河水、植物、动物等；第二是人力条件，称为人力资源，这是因为人类生存总是以社会形态出现，人们的相互作用就成为人类生存的一个必要条件，而人类本身也就成为一种资源；第三是人工条件，称为人工资源或技术资源，人工资源就是人工制造的生存资源，包括各种生产工具和生产资料，也包括各种生活资料。

图 1.2　人类资源分类

2. 教育资源

资源是人类赖以生存的条件，教育资源就是教育赖以生存的条件。教育资源也可以大致分为3种类型（如图1.3所示）：第一是教育自然资源（亦可称为自然教育资源），如校园中所需要的充足的阳光，教室中所必需的新鲜的空气等，它们既是人类赖以生存的条件，也是学校教育教学赖以生存的条件；第二是教育人力资源（亦可称为人力教育资源），如学校中的校长、主任、教师以及其他教育教学管理者，其中尤以教师最为重要，他们都是教育教学必需的人力资源；第三是教育人工资源（亦可称为人工教育资源），这一部分较为复杂，下一节我们将重点讨论它的构成。

这里需要强调一点，在教育资源的构成中还有一部分属于教学资源，如图 1.3 所示，中间的一块被定义为教学资源。因为教育是一个大概念，教学是在教育概念中一个小一些的概念，或者说教学属于教育的范畴，于是教学资源就属于教育资源的范畴。进一步要说明，教学资源与教育资源对应，它也可分为 3 种类型：教学自然资源（或自然教学资源）、教学人力资源（或人力教学资源）和教学人工资源（或人工教学资源）；对此，图 1.3 中没有做出详细标明。

图 1.3　教育资源分类

3. 教育装备作为教育资源的精确地位

我们在以前对教育装备的概念进行界定时称教育装备是人工制造的教育资源，或者称教育装备为教育资源中的人工资源部分。这个概念界定存在一定的含混性，因为教育装备属于人工教育资源（或教育人工资源），但是教育装备并不就等于人工教育资源，严格的表述应该是：教育装备 ∈ 人工教育资源，且教育装备 ≠ 人工教育资源。

人工教育资源也是有其构成的，一般还可以将人工教育资源分为物力人工教育资源（简称物力资源）和智力人工教育资源（简称智力资源）两个大一些的部分（如图 1.4 所示）。其中，物力人工教育资源就是教育装备，进而看出，物力人工教学资源就是教学装备。则教育装备的概念就被界定为：人工教育资源中的物力资源。

图 1.4 展示的智力资源部分同样存在着较为复杂的成分，它包括了教育理论与经验（教育管理经验、教学经验、教育管理理论、教学理论），还包括作为教学资源的课程以及其他资源。这些成分的共同特点是：第一，它们都

是人工制造的；第二，它们都是由人类通过智力活动制造出来的；第三，最重要的它们都是表现为智力的形式、智慧的形式、信息的形式，是一种思维形态，虽然它们被物化以后也可呈现为文本的形式，但它们原本并不属于物化的东西，或者说它们原本就不属于物质形态。

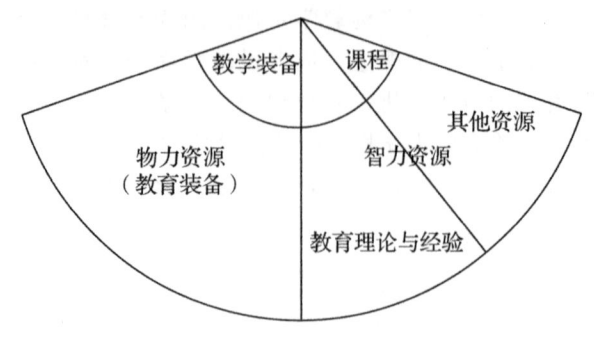

图 1.4 人工教育资源分类

第二节 教育装备研究方法

教育装备是教育资源中的人工资源部分，在学校教育教学过程中教育装备是不可或缺的物质或非物化基础，是支撑教育教学工作的保障，是"教书育人的必要条件"（见教育部印发《关于新形势下进一步做好普通中小学装备工作的意见》）。教育装备作为一个研究领域，与其他学科或研究一样，其研究者都是首先从建立研究方法开始的，最初大量的研究工作与成果都属于方法论范畴。

一、教育装备研究的学科性质

从学科角度讲，教育装备研究应该属于社会科学的学科范围，因为它是教育学的一部分，而不是"装备学"的一部分。

1. 学科大类

德国哲学家伊曼努尔·康德（Immanuel Kant，1724~1804 年），在他《实践理性批判》一书的最后一章中道出了人类对世界的认识："有两种东西，我对它们的思考越是深沉和持久，它们在我心灵中唤起的惊奇和敬畏就会日新月异、不断增长，这就是我头上的星空和心中的道德定律。"这句名言被刻在了康德的墓碑上。他告诉我们，人类面对的世界有两个，一个是自然世界，就是我们"头上的星空"；另一个是人类世界，就是造成我们"心中的道德定律"的那个人类自身。所以，人们的研究也就开始于两大类：一个是自然科学

(Natural Science)，研究自然世界；另一个是人文学科(Humanities)，研究人类精神世界。

自然科学的研究对象是人类精神之外的自然世界，如我们常见的物理学、化学、生物学等学科。人文学科的研究对象是人类的精神世界，如我们常见的文学、历史学、哲学、艺术类等学科。但是，随着人类面对社会问题的增加，人们开始了对人类社会的研究，形成了社会科学学科。社会科学(Social Science)就是用自然科学的研究方法来研究人类社会问题的学科，如我们常见的社会学、经济学、法学、教育学等学科。于是，人们将学科分为3个大类：自然科学、人文学科（注意，不是"人文科学"）和社会科学。有时，人们也将人文学科与社会科学混称为"人文社科"。

2. 教育装备的学科性质

教育装备虽然还未形成一个完整的学科，但对它的研究已经较为深入。人们对教育装备的认识论、方法论、道德论和历史观这4个方面的研究都具有了一定的基础。如果可以称之为"教育装备学"，则它应该是社会科学的一种，附属于教育学而不是"装备学"。"教育装备学"的研究对象虽然是装备物，但它并不属于自然科学，这是因为装备物不是自然物而是人工物，并且它的研究不是"只见物不见人"的研究，而是对人（学生、教师）、知识以及装备物三者关系以及它们构成的教学系统进行的研究。"教育装备学"是社会科学，它也是用自然科学的研究方法来研究教育教学问题。

社会科学是处于自然科学与人文学科之间的一些学科，但是它们并不"集中"在一起，而是均匀地分布在自然科学与人文学科的"学科空间"中（如图 1.5 所示）。一些学科更加接近自然科学，另一些学科更加接近人文学科，而还有一些则处于中间的位置，它们在"学科空间"中所处位置决定于它们的研究对象。这是一个有趣的现象，例如教育技术学、心理学这些学科的毕业生在获得学位时，他们可以获得理学学位，也可以获得教育学学位，就是这个现象的例证。那些更加接近人文学科的社会科学类学生是不会获得理学学位的。"教育装备学"也是比较接近自然科学的社会科学学科，所以一些高校的教育装备研究生也能够获得理学硕士学位。

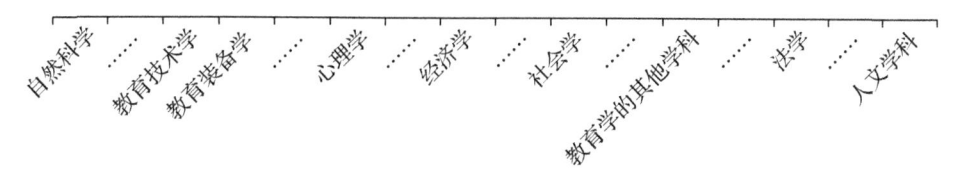

图 1.5　"学科空间"中的社会科学学科分布

3. 教育装备研究的基本理论

与其他学科或者研究领域一样，对教育装备研究的深化需要建立它的基本理论体系，这个基本理论体系应该由 4 个部分构成：(1)属于认识论范畴的描述性理论，解决"是什么与为什么"的问题；(2)属于方法论范畴的操作性理论，解决"做什么与怎么做"的问题；(3)属于道德论范畴的解释性理论，解决"何以这样想与何以这样做"的问题；(4)属于历史观的史实性理论，解决"前人怎样想与前人怎样做"的问题。而教育装备研究中属于方法论范畴的操作性理论是本文重点讨论的问题。

二、教育装备研究方法

本节题目使用"教育装备研究方法"而不使用"教育装备方法论"，是因为方法论是一个哲学范畴，是研究方法本质的理论，而本文涉及的内容仅是教育装备领域相关的一些具体研究方法而已，绝不敢妄称"方法论"。

1. 教育装备研究方法类型

教育装备的研究对象是教育教学系统中的装备物，但是对它的研究应该是"见人见物"的，即研究内容必须是构成教育教学系统中的人、知识和装备物之间的和谐关系。于是便产生了 4 种类型的研究内容：(1)人对装备物的关系；(2)装备物对人的关系；(3)知识对装备物的关系；(4)装备物对知识的关系。这些关系及相关的研究内容开列在表 1.1 中。

表 1.1　教育装备相关研究类型

关系类型	所属研究领域	举例
人—装备物	教育装备管理	项目管理、日常管理、标准化、绩效测评等
装备物—人	教育装备功能	教育装备适用性、均衡性等
知识—装备物	教育装备研发	需求、设计、开发、生产等
装备物—知识	教育装备理论	认识论、方法论、道德论、历史观等

在人、知识和装备物三者的关系中，人与知识之间的关系（教学论、心理学等研究内容）不是教育装备研究的内容，但也应该对它有所了解，以便借鉴其成果促进教育装备研究。以下我们逐一对表 1.1 中所开列的内容做较为详细的介绍。

2. 教育装备管理研究方法

教育装备管理研究涉及管理学的若干问题。

(1)项目管理方法

在学校的装备配备阶段，管理工作属于项目管理性质，其又大致分为需求论证、采购和项目验收3个阶段。需求论证阶段又具体分为需求调研、需求分析和需求管理问题。采购阶段又具体分为招标文件撰写、评标过程控制和合同签订问题。项目验收阶段又具体分为质量控制、功能验收(初验)和技术指标验收(终验)等问题。所有这些问题都有其详细的管理方法。

(2)日常维护方法

在学校的装备进入日常维护阶段时,管理工作属于日常管理性质。教育装备的日常管理工作包括技术保障、装备造册、维修与抢修等内容。这些内容都具有对应的管理方法。

(3)标准化管理方法

教育装备标准化问题涉及标准如何分类、配备标准如何制定、教育装备元标准如何制定以及基础教育相关标准如何进行统计等。

(4)绩效测评方法

教育装备绩效测评的方法问题涉及测量与评价原则如何规定、调研问卷如何设计、测量变量如何选择、测量的数据如何处理、装备管理评价指标体系如何建立以及一些具体的管理问题,如用户周期费用的最小值求法、对成本与效益进行的数据包络分析、教育装备达标评价预测的算法等。

3. 教育装备功能研究方法

教育装备的3大功能为:辅助认知功能、环境优化功能和教育管理功能。其中辅助认知功能方面主要考查装备的教学适用性问题,而环境优化功能与教育管理功能已经不属于教育教学的基本要求,它们的配备情况主要表现在教育的均衡性方面。

(1)教学适用性研究方法

对教育装备辅助认知功能的要求突出地表现在它的教学适用性方面。教育装备在教学系统中对教学主体应该具有生理、心理、认知、教师、学生、时间、空间、文化8个方面的适用性。这一规定实质上是在辅助认知功能上的具体要求,而对这些适用性方面的研究在方法上是目前亟待解决和十分困难的。

(2)装备均衡性研究方法

对教育均衡性的要求是具有条件取向性的,判断教育装备的均衡性可以借鉴基尼系数法,也可以使用教育装备均衡指数(J指数)来进行判断。无论使用基尼系数法还是均衡指数法都需要明确具体的计算方法,以及对计算出的数值的意义解释和定义。

4. 教育装备研发研究方法

教育装备的产品研发不仅是企业的事,更应该是研究机构和应用单位的任务。研发过程是一个复杂的过程，研究方法涉及的问题也很多，但最重要的应该是需求分析及方法。装备物的需求应该由应用单位提出，由相关企业、研究机构和用户共同进行论证。需求论证包括必要性分析和可行性分析，其中企业提供技术可行性，用户提供应用的必要性和条件的可行性，研究机构应对待开发产品的教育教学适用性提出要求并予以控制。

5. 教育装备理论研究方法

严格地讲，这是在哲学层面对教育装备理论进行研究，探讨这个理论的逻辑起点与历史起点，确定研究对象、寻找研究方法。解决"是什么与为什么"的问题，需要采取描述性的方法；解决"做什么与怎么做"的问题，需要采取操作性的方法；解决"何以这样想与何以这样做"的问题，需要解释性的方法；解决"前人怎样想与前人怎样做"的问题，需要史实性的方法。

三、教育系统与教学系统的装备问题

在此之前，我们并没有对教育装备与教学装备、教育系统与教学系统进行区分，但要在研究方法上将问题阐述清楚就必须将它们分别讨论。

1. 教育系统与教学系统

《教育大辞典》中对教育的解释是："传递社会生活经验并培养人的社会活动。通常认为：广义的教育，泛指影响人们知识、技能、身心健康、思想品德的形成和发展的各种活动。……狭义的教育，主要指学校教育。"其中对教学的解释是："以课程内容为中介的师生双方教和学的共同活动。学校实现教育目的的基本途径。特点为通过系统知识、技能的传授与掌握，促进学生身心发展。"[①]既然教学是"学校实现教育目的的基本途径"，所以教学显然应该附属于教育，是教育的一个基本内容或重要的组成部分。教育是个大概念，教学是教育下的一个小概念。构成教育环境的是教育系统，构成教学环境的则是教学系统，教育系统与教学系统都是复杂系统，因为它们都具有众多影响它们存在和发展的变量，而且这些变量大多都是隐变量，变量之间呈现出非线性的关系。同时，教育系统比教学系统更加复杂。教育系统的复杂性决定了教育学与自然科学之间有着巨大的区别，使得它具有作为社会科学学科存在的必然性。

2. 教育装备的教学适用性与教育适用性

教育装备包括了教学装备，教学装备是教育装备中体现辅助认知功能的那一部分。我们在讨论"教育装备的教学适用性"问题时，其实是在讨论"教育

---

① 顾明远主编：《教育大辞典（增订合编本上）》，上海：上海教育出版社，1998年，第711、725页。

装备中教学装备的教学适用性"。教育装备既有教学适用性问题，也有教育适用性问题，教育装备的教学适用性就是常说的生理、心理、认知、教师、学生、时间、空间、文化8个方面的适用性问题，它们是针对教学装备提出的。而教育装备的教育适用性，则是要关注和讨论那些与教育系统有关的教育装备问题，它们不是学校教学中的问题，而是教育问题。

为了说明教育适用性与教学适用性的区别，这里举一个典型的教育装备教育适用性问题的例子。2016年笔者参加全国基础教育装备调研项目，在四川南部山区进行实地调研时采访了几个当地的中小学校。这些学校受到全国教育信息化的推动，学校里的许多教室都安装了多媒体设备，计算机、投影机和投影幕是最为普遍的标准配置。但在采访时发现，所有的投影机都已经不能工作，原因是投影机灯泡都达到了寿命期限。学校在上级主管部门的关照下安装了这些设备，却没有后续的经费购买必需的耗材与配件。在经费管理制度上固然存在一定的问题，但是作为产品开发商和采购供应论证人员，他们并没有认真考虑学校装备的教育适用性问题是个不争的事实。中国城乡之间的教育投入有着很大的不均衡性，如何生产与采购适应中国国情特点、具有中国教育装备适用性的学校设备是十分重要的问题。配备经久耐用的设备是采购人员需要认真对待的任务；不去一味追求售后增值利润，而为中国教育生产无须后期配件的设备是教育装备开发商与厂商的职责。从技术角度讲，这是完全可行的。

四、教育装备比较研究方法

在社会科学的研究中，比较研究是一种常用的研究方法。教育装备研究作为社会科学的一部分，其研究方法也完全能够采用比较研究方法。

1. 比较研究的特点

在讨论教育装备研究方法时，将比较研究方法单独拿出来阐述是因为它具有特殊性，在前文表1.1所呈现的教育装备那些系统的研究方法中，并没有比较研究方法的位置。《社会科学研究方法》一书中将比较研究的概念界定为比较研究方法，又称类比分析法，是指对两个或两个以上的事物或对象加以对比，以找出它们之间的相似性与差异性的一种分析方法。它是人们认识事物的一种基本方法[①]。

比较研究既有在空间上的比较（称地区比较），也有在时间上的比较（称历史比较），空间上的比较研究是最为常用的。在这里我们重点讨论的比较研究

[①] 林聚任、刘玉安：《社会科学研究方法》，济南：山东人民出版社，2004年，第151页。

方法也属于空间上的比较研究法，特别是国内与国外这种空间上的比较研究。

2. 中英教育装备比较研究

2016 年，《中国现代教育装备》杂志申请并获得了英国外交与联邦事务部全球繁荣基金——中国繁荣战略基金 2016/2017 年度项目"中英教育装备与教育技术比较研究"，项目课题编号（即项目代码）：16ED13。该项目属于空间上国与国之间的比较研究。

作为项目的中方申请者，认定该项目的研究目的是：明确中英教育技术与装备标准的比较优势，为优化中国教育技术与装备标准体系提供参考，为促进双方形成多层面、宽领域、重实效的深度合作创造条件。项目分 3 个阶段要分别达到 3 个研究目标：第一阶段，分析确定中英教育技术与装备标准差异及比较优势；第二阶段，中英双方部分教育装备企业达成合作共识，建立初步的合作机制；第三阶段，教育技术与装备标准比较优势在中英双方学校中具体实现。整个项目的开展是以第一阶段的研究为基础的，所以中英教育装备标准的比较研究是最为重要的部分，采取的具体研究方法为：文献调研和实地考察、采访的方法。

3. 中英教育装备研究方法差异

英国不使用"教育装备"（Educational Equipment）这个名词，而是用"教育科技"（Educational Technology）一词代替"教育装备"。他们在教育装备（或教育科技）研究上最关注的是辅助认知功能类与教育管理功能类装备的开发、生产问题。而研究方法上也与我们存在着很大差异，尤其是在教育装备产品需求分析方面。中国教育装备的产业特点是更多地表现为企业"推送"产品到学校，即当一个新技术或新产品出现后，企业将它介绍到学校，并期望其在教育教学中发挥作用。英国更多地表现为学校根据教育教学中的难题提出技术需求，企业深入学校进行调研，再与学校相关人员一起共同开发相应的技术产品，再进一步推广使用。

英国教育装备或教育科技主要表现在计算机辅助教学和学校教育管理的智能软件方面，这些软件从采用的技术角度看其水平并不是太高，但是他们从教育教学需求出发发现问题、解决问题的创新思路和活跃新颖的方式方法都是需要我们认真学习的。同时，这些软件在建立数学模型和创建算法上也表现得非常突出。

教育装备研究方法是教育装备研究领域最早发动、最为深入、成果最多的理论研究，把它们系统化和进一步理论化在指导该研究领域的发展方面具有十分重要的意义。本文希望通过对它的讨论进一步发现研究规律，为我国新时期教育装备的发展和其管理水平的优化提供理论支持。

第三节　中英教育装备概念的异同

本书讨论的问题是中国与英国中小学教育装备差异性,所以必须对两国教育装备的概念进行界定。在本书的第一章已经给教育装备下了一个学术上的定义,即教育装备是教育资源中的人工资源。但是在实践中,人们通常使用的教育装备概念并不是十分严谨的,而中国与英国在教育装备概念的理解和使用上也是完全不同的。此处将中英两国教育装备概念的习惯性使用进行比较,对后面的研究是非常重要的。

一、中国教育装备概念的多元化

"教育装备学"这个名词的第一次出现,是华东师范大学祝智庭教授于2002年为首都师范大学教育技术系一个专业方向的命名。自教育装备这一概念提出以后,教育装备理论研究经历了概念界定、内容划分、方法引进、历史考证等一系列活动。对教育装备的定义也多种多样,现部分地开列如下。其中,将教育技术装备的定义也部分地开列出来,其原因是从它们定义的表述中可以认为教育技术装备是"教育之技术装备"。

(1)"教育装备是在教育活动中,支持承载和传递知识信息的配备物和配备行为。也可以更加具体地表述为:教育装备是指实施和保障教育教学活动所需的仪器、设备、资料、学具、设施以及相关软件的总称。"[1]

(2)"教育装备是指在教育领域中,为实施和保障教育教学活动而配备的各种资源总和以及对其进行相应配置、配备的行为与过程。"[2]

(3)"教育装备是指实施和保障教育教学活动所需的仪器、设备、资料、学具、设施以及相关软件的总称。"[3]

(4)"教育技术装备,是指实施和保障教育教学活动所需的物质设施(包括教学仪器、教学设备设施、教学资料包括软件、工具和教育教学的环境)。"

(5)"教育技术装备是指为实现教育教学目的,在一定的环境下进行建设、配备、管理、使用、研究的各种物质条件和手段的总和。"[4]

(6)"教育装备是整个教育资源中除了人力资源、自然资源以外的一切人

---

[1] 何智、徐晓东、姜强等:《长春2004年教育技术国际论坛论文集》,吉林:吉林大学出版社,2004年,第746页。
[2] 殷常鸿:《教育装备理论框架构建浅析》,《中国教育技术装备》,2005年第11期,第1—5页。
[3] 艾伦:《教育装备与一般装备制品差异分析》,《中国教育技术装备》,2006年2期,第4—7页。
[4] 马如宇:《教育技术装备概念及内涵界定思考》,《中国教育技术装备》,2009年第23期,第8—13页。

工资源部分。"①

从这些定义可以看出，它们大部分将教育装备概念的界定基本上限定在学校教学辅助工具的范围内，严格地讲，应该属于教学装备的概念。

二、教育装备的英文译名

教育装备的英文名称为"Educational Equipment"，这是汉语英文直译的结果，其中将"装备"一词译为"Equipment"，是仪器设备的意思。这个对中国教育装备的英文解释与教育装备是"人工制造的教育资源"这一概念有着本质的差异。其实，按照教育装备的本质将教育装备一词翻译成英文"Artificial education resources"（人工教育资源）更加合适。

在英国，没有"Educational Equipment"这个名词，代替中国使用的"教育装备"一词的是英文"Educational Technology"。在这里，这个英文名词的汉语意思是"教育科技"，而不被翻译成"教育技术"。中国目前使用的"教育技术"一词来源于美国。1994年，美国教育传播和技术协会（Association for Educational Communications and Technology，简称AECT）对"教育技术"下的定义是："Instructional technology is the theory and practice of design, development, utilization, management, and evaluation of processes and resources for learning."该定义传到中国后被业界确定为公认的"教育技术94定义"，原文被译为："教育技术是对教学过程和教学资源进行设计、开发、使用、管理和评价的理论与实践。"但是，原文中"Instructional Technology"一词原意是"教学技术"，而非"教育技术"。中国教育技术业界将其翻译成"教育技术"有夸大其作用范围的目的，并在此后的使用中，又将"教育技术"一词的英文名称使用了"Educational Technology"，而不是"Instructional Technology"。于是"Educational Technology"在中国就有了两个不同的意思，在讨论从美国引进的教育技术和中国传统的电化教育问题时，这个名词代表的是"教育技术"；而在讨论中国与英国的教育装备问题时，这个名词被翻译成"教育科技"。本书是讨论中英教育装备的标准化问题，所以将"Educational Technology"一词译为"教育科技"较为合适。

三、教育装备与教育科技

我们强调中国的"教育装备"（Educational Equipment）一词就是英国的"教育科技"（Educational Technology）是有事实依据的。这需要从以下3个方面来

---

① 艾伦、兴乔：《教育装备学与教育技术学辨析》，《中国教育技术装备》，2009年第29期，第3—4页。

说明。

1. BESA 的认定

英国教育供应商协会（British Educational Suppliers Association，简称 BESA）于 1933 年成立，是英国目前唯一的教育产品提供商（厂商与经销商）的社会组织，BESA 旗下的教育供应商占全英国此类供应商的 85% 以上。在这些供应商中，各种类型的商家比例如下：

- 教育类艺术、工艺与耗材生产厂商（Art，Craft and Consumables），占比为 2.5%；
- 与教育相关的咨询公司（Consultancy），占比为 0.6%；
- 教育科技/信息通信技术厂商（Ed-Tech / ICT），占比为 51.4%；
- 产品经销商（Distributors），占比为 5.6%；
- 教育工程策划类公司（Engineering），占比为 2.5%；
- 教学仪器设备生产厂商（Equipment），占比为 7.3%；
- 教学家具生产厂商（Furniture），占比为 8.5%；
- 教育类印刷出版公司（Print Publishing），占比为 4.2%；
- 教育服务类公司（Services），包括系统集成商，占比为 11.9%；
- 教具与学具生产厂商（Teaching Aids），占比为 5.4%。

上述 BESA 旗下各商家经营的产品显然都属于中国环境下所定义的教育装备的范围，而这些产品都被 BESA 定义为教育科技产品。

2. BETT Show 的展品

BETT Show 的全称为"British Educational Training and Technology Show"，可译为"英国教育培训与教育科技会展"。BETT Show 创始于 1985 年，基本上每年一届，由世界著名的英国 Top Right Group（全球跨平台传媒集团）主办，多为 BESA 承办。该展会虽然被冠以"英国"，但实际上已成为世界上最大和最具有影响力的教育科技展会，其展品包括：在线课程及远程教育设备、视听设备、交互式电子白板、电脑、投影机、扫描仪、打印机、广播设备、网络宽带、电视会议、电信设备、数据存储、数据库、课程软件光盘、绘图及出版软硬件产品、光学仪器、安保设备、产品技术支持和服务设备、安装及维修设备、学校家具、学校建设设施设备、服务器产品及软件等教学相关仪器设备。

在中国则每年举办两届"中国教育装备展示会"，这是全国规模最大的面向基础教育的教育装备展示会。该展会的展品包括教学仪器设备、教具、标本、模型、计算机及软件、电教器材、图书、挂图和学校后勤设备设施、校服及校办产业产品等，与 BETT Show 的展品是完全相同的。这些展品在中国统统被称为教育装备产品,在英国则被称为教育科技产品,所以在现实中,中国所谓的教育装备就是英国所谓的教育科技。

3. 英国中小学学校的认知

对于"Educational Technology"一词的理解,本书作者也曾与英国国际贸易部(Parliamentary Under Secretary of State,Department for International Trade)的官员和英国驻华使馆的业务主管进行了沟通交流,他们认为"Educational Technology"包括教育教学中的各种设备及相关技术。课题组在英国伦敦进行的中小学考察中注意到,校方在介绍学校的教育装备时经常使用"Educational Technology"一词,而它的所指范围则包括交互式电子白板、电脑、投影机、扫描仪、打印机等,同时还包括了对于学生能力表现的相关测评软件。

第二章　中英中小学教育装备产品

中英中小学对教育装备配备的关注度上存在着较大的差异性。本章从认识教育装备在功能上的分类出发，进一步讨论了中英中小学在教育装备配备上的特点。

第一节　教育装备功能分类

教育装备是教育资源中的人工资源部分。① 而教育装备的最主要功能则是帮助教学系统中的主体（学生）来认知教学系统的客体（知识）。② 但是，教育装备还担负着其他方面的功能任务。本文是要通过对教育装备功能分类的讨论进一步发现它们的规律，为新时期教育装备的发展和其标准化工作的优化提供理论支持。

一、教育装备功能与分类法

辅助认知功能是教育装备最主要的功能，除此之外教育装备还具有优化学校环境和支持教育管理的辅助功能。

1. 辅助认知功能类

辅助认知功能可以认为是教育装备的第一功能，具有辅助认知功能的教育装备也是其中品种最多的一个类型，是构建教学基本条件的装备。在对教育装备的概念进行深入讨论时，我们将它与一些相关概念做了比较，其中有教学装备、教育技术装备、教具和学具（见图1.1）。其实在这些讨论中我们都仅仅强调了它们的辅助认知功能，或者说其中的教学装备（例如黑板、粉笔以及酒精灯、烧杯等实验室仪器设备）、教育技术装备（例如计算机、投影机、电子白板、助学软件等）、人工制造的教具（例如挂图、机械模型、钢琴等）与学具（例如圆规、直尺、铅笔等）都是具有辅助认知功能的教育装备，即属于其中辅助认知功能类。每当提起教育装备，我们首先想到的就是这一类型的事物，这是因为在我们的认识中总是将学校教学活动当作在校教育的最主要

---

① 艾伦：《关于教育装备概念的再讨论》，《中国现代教育装备》，2013年第14期，第73—75页。
② 艾伦：《关于教育装备功能的讨论》，《中国现代教育装备》，2013年第16期，第75—77页。

内容。

对教育装备辅助认知功能的要求突出地表现在它的教学适用性方面。教育装备在教学系统中对教学主体应该具有生理、心理、认知、教师、学生、时间、空间、文化 8 个方面的适用性，这一规定实质上是在辅助认知功能上的具体要求。

从教学系统三分论的角度去分析，辅助认知功能类的教育装备起着知识载体的作用，是将教学系统中的客体——知识（含隐性知识）传递到系统的主体——学生端的工具，反映到图 1.1 中就是 C、D、E 三个区域。图中 B 区所限定的事物为非人工制造，所以不属于装备，当然也就不属于教育装备；A 区所规定的事物则属于环境优化功能类和教育管理功能类教育装备。

2. 环境优化功能类

环境优化功能类的教育装备是保障学生健康成长、构建学校安全学习生活环境的装备。随着中国社会生活水平的快速发展，人们对学校中这方面的条件与设施要求也愈来愈高，绿色文化校园、无污染环境、恒温恒湿教室、智能学习空间等新兴概念不断涌现。

环境优化功能类与辅助认知功能类教育装备有着本质上的不同，对于教师教学与学生学习来说它们不是必需的，虽然它们也会影响到学生的学习心理，但不会直接对学生认知发生作用。例如，舒适协调的课桌椅会影响到学生的学习行为，可席地而坐的教育也曾产生过众多大家；对于现代化的学校它们是必要的，而对于学生认知来说它们不具有必要性。这看似前后矛盾的一句话其实是一个正确的命题，在充分性与必要性条件论证中，必要性是可以证伪的条件，即"有一例不成立则原命题不成立"，"席地而坐的成功教育"便是那使其不成立的一个特例。

3. 教育管理功能类

教育管理功能类教育装备是保障学校工作正常运行，构建学校教育科学管理环境的装备。从数量上看，它们在教育装备中所占比例最小，这是因为学校中的管理者比起学生主体来说毕竟是少数。学校里的办公设备、网络管理平台等都属于此类装备。

对于环境优化功能类和教育管理功能类的教育装备其实不存在教学适用性方面的要求，但是不得不承认环境优化功能类装备对生理、心理、空间以及文化适用性确实存在着一定的影响力。需要说明的是：这一影响力与辅助认知功能类装备在教学适用性上的影响力在作用目标和作用强度上有着本质的不同。

4. 教育装备分类法

笔者在《中国现代教育装备》2015 年第 23 期登出的《教育装备元标准建立

的必要性》一文中对教育装备分类做了较为深入的讨论，文章提出了教育装备具有行业分工分类、装备功能分类、研究领域分类和装备属性分类等4个分类方法(见表2.1)。该文为了充分说明教育装备元标准建立的必要性而特别强调指出了装备属性进行分类的作用，即作为教学内容、辅助教学和构成教育环境装备的特点及其作用。而在本文所讨论的问题中，则是采用了装备功能分类法的分类。

表 2.1 教育装备分类列表①

分类法	类型	举例
行业分工分类	教学设施设备	教室、黑板
	实验仪器设备	示波器、铁架台
	学科设施设备	体育场、乐器
	信息化设施设备	校园网、计算机
	图书设施资料	图书馆、图书
	后勤设施设备	食堂、饮水机
装备功能分类	构建教学环境的装备	课桌椅、投影机
	构建教育管理的装备	校长室、校园网
	构建生活环境的装备	学生宿舍、床位
研究领域分类	教学装备	显微镜、烧瓶
	教育技术装备	计算机、投影机
	教具与学具	挂图、算盘
装备属性分类	作为教学内容的装备	教材、标本
	辅助教学的装备	计算机、投影机
	构成教育环境的装备	教室、实验台

二、教育装备功能分类与标准化

《中华人民共和国国民经济和社会发展第十三个五年规划纲要》(以下简称"十三五"规划)提出了九项教育现代化重大工程，其中规定："实施加快中西部教育发展行动计划，逐步实现未达标城乡义务教育公办学校的师资标准化配置和校舍、场地标准化。"将义务教育学校的标准化放在"十三五"期间教育

---

① 艾伦：《教育装备元标准建立的必要性》，《中国现代教育装备》，2015年第23期，第1—5页。

现代化发展重大工程的第一位,可以看出国家对教育与教育装备标准化问题的重视。规定中所提到的义务教育公办学校标准化问题有两个方面,一是师资标准化配置,二是校舍与场地标准化建设。其中师资标准化问题不属于我们讨论的范围,学校校舍与场地的标准化是本文应该关注的内容。

从前文关于教育装备的功能分类可知,学校校舍与场地属于环境优化功能类的教育装备。国家"十三五"规划中没有提及辅助认知功能类和教育管理功能类装备的标准化问题,这有两种可能性:第一,这两类装备的标准化问题已经解决;第二,这两类装备标准化问题的解决为时尚早或目前没必要解决。笔者倾向于第二种可能性,因为辅助认知功能类装备种类繁多,新品种又层出不穷,且它们的教学适用性问题尚在研究和讨论阶段,成为达标装备配置的时机并不成熟,而对其元标准的制定应该成为首要任务。教育管理功能类装备与环境优化功能类相比毕竟是少数,作用地位也较低,在教育资源并不十分充裕的情况下放缓标准化是正确的决策。

三、教育装备标准与均衡性

笔者在《中国现代教育装备》2016年第22期登出的《标准化的目标取向与条件取向——英国教育标准对我国教育装备工作的启示》一文中讨论了教育标准化的两种不同取向,并指出了中国教育装备标准化的条件取向特点[①],而条件取向的标准化恰好表现在义务教育阶段的均衡性发展方面。所谓目标取向的标准化是仅对通过教育使学生所应达到的目标进行标准制定;条件取向的标准化则相反,是对可能达成这一目标的各种条件进行标准制定。

《中华人民共和国教育法》第十九条规定:"国家实行九年制义务教育制度。各级人民政府采取各种措施保障适龄儿童、少年就学。适龄儿童、少年的父母或者其他监护人以及有关社会组织和个人有义务使适龄儿童、少年接受并完成规定年限的义务教育。"此处特别指出了国家各级政府要为义务教育采取各种保障措施,教育的均衡性就是让全国各个地区学校的这些保障措施(或教育教学条件)尽量达到一个平均、一致、标准化的水平。

国家"十三五"规划第五十九章的第一节标题为"加快基本公共教育均衡发展",关于标准化问题其中说道:"科学推进城乡义务教育公办学校标准化建设,改善薄弱学校和寄宿制学校办学条件,优化教育布局,努力消除城镇学校'大班额',基本实现县域校际资源均衡配置,义务教育巩固率提高到95%。"可以看出,国家为加快义务教育均衡发展而采取的标准化工作是为了

---

① 艾伦、潘登宇、张鹏:《标准化的目标取向与条件取向——英国教育标准对我国教育装备工作的启示》,《中国现代教育装备》,2016年第22期,第5—10页。

改善办学条件的决策,具有明显的条件取向特点。明确这一点具有十分重要的实际意义,它为我们科学地制定具体的标准化文件指明了方向。

四、中英教育装备类型发展对比分析

前文说过,与中国的"教育装备"(Educational Equipment)相对应的词汇是"教育科技",它的英文原词是"Educational Technology",这与中国"教育技术"一词的英文名称相同(美国的"教育技术"一词使用"Instructional Technology"),但意思相去甚远。解释这些词意的目的是阐明:在英国使用的"教育科技"就等同于中国的"教育装备"。但是,英国使用"教育科技"这个名词来代替"教育装备",这本身就反映出他们对辅助认知功能类与教育管理功能类的装备更加重视,并投入了更多的力量,而将环境优化的装备放在了次要的位置上。并且,他们在辅助认知功能类和教育管理功能类软件开发与使用上投入的工作要远大于硬件建设。这个认识并非主观猜测,它是通过实际调研得出的结论。

"中英教育技术与教育装备比较研究"课题组于2016年10月和2017年1月曾两次赴伦敦进行了英国中小学办学条件的实地考察。其间共走访了6所学校,并特别关注了这些学校的教育科技配备与使用、校舍与场地现状等情况。这些学校都是公立学校,属于伦敦市,只有一所名为"逻辑工作室"的学校(Logic Studio School)在伦敦市希思罗区的费尔特姆镇,距离市中心20多公里,其他都在市中心。所以,将这些中小学校的情况与中国北京市的中小学校相比较应该是具有可比性的。

课题组首先考察了这些学校的教育信息化情况,注意到相对于中国教育信息化"三通两平台"的建设目标,伦敦市所有这些学校在互联网接入方面基本上都实现了校校通,但是不具有班班通与人人通,而北京市的所有中小学校在2016年基本上都实现了"三通"。伦敦市这些学校的计算机配置情况相对于北京市较差,不仅计算机配置水平低,数量也少很多,考察组通过观察进行测算,伦敦市这些学校的平均生机比估计在20∶1至15∶1之间,而北京市中小学校的平均生机比在2015年已经达到5.33∶1。在教学资源与教学管理平台软件应用方面,伦敦市这些学校的情况表现非常出色,学科学习、作业管理、能力测评、知识搜索、图书借阅、教师评价、学籍管理等软件应用十分广泛,配置不够充分的信息化硬件设备在充分地发挥着它们的作用。

课题组发现英国伦敦市这6所学校的校舍与场地的现状相差较大。其中逻辑工作室学校(Logic Studio School)是2016年新建校(学校性质类似于中国的职业高中),校舍为一层临时建筑,由于学生人数不多,所以教室面积也不大，均在 20 平方米左右；校园场地有自然草皮的足球场和运动场，环境优越。哥本哈根小学(Copenhagen Primary School)则是于 1886 年建校，目前使用的校舍仍然是 1886 年的楼式建筑，教室面积在 40 平方米左右；学校的场地不大，但充分利用了现有空间，在旧楼的楼顶平台上开辟出了一块学生参加自然活动的"空中花园"。伊斯特利社区学校(Eastlea Community School)是一所全日制公立学校，校舍与场地相对其他学校都比较宽裕和充分，教室面积有 70~90 平方米，学校内有自然草皮的运动场。东伦敦科学学校(East-London Science School)的校舍是在一座 1776 年建立的潮汐动力水磨坊的仓库当中，房屋陈旧但牢固，教室面积 30 多平方米；学校没有自己的场地，学生需要到社区的操场上去活动。摄政高中(Regent High School)位于市中心，校舍设施较为先进，教室面积有 60~80 平方米，但学生活动场地有限。马尔伯勒小学(Marlborough Primary School)的校舍是一个废弃的工厂车间，经改造后的环境很适合学生学习活动，教室面积在 30 平方米左右，但学校内缺少学生运动场地。

对于上述这些教育装备，英国及伦敦市政府没有统一的标准化要求，学校的各种设施设备的配备完全由校长决定。总的来看，英国中小学校环境优化功能类的教育装备(如校舍与场地等)很不一致，但不存在均衡性矛盾。这一点上与中国之间存在巨大差异，分析原因有 3 个方面：(1)中英的建筑具有本质上的不同，英国古代建筑皆为石材楼式，结构牢固，可使用百年甚至更久；中国建筑以砖木结构为主，相比英国校舍更新周期要短得多。(2)20 世纪以来，英国的教育改革经历了"进步"、"平等"和"卓越"三个阶段，到 20 世纪 80 年代后开始进入"卓越"期，在"平等"阶段时教育均衡问题已经基本解决[1]，所以政府对校园环境的均衡与标准化问题并不关心。(3)英国教育标准化具有目标取向的特征，对条件取向的标准化没有具体政策。

将教育装备按照功能特点进行分类对理解和研究教育装备科学管理具有十分重要的实际意义。新时期教育装备工作更加关注均衡性问题、标准化问题、信息化管理问题、科学设计开发问题、深入应用与深度融合等问题的研究，而这些研究都与教育装备的功能有着直接的关系，本节则希望通过对其功能分类、中外对比等论述使其概念更加清晰，意义更加明确，方法更加有效，成果更加丰富。

---

[1] 冯大鸣：《美、英、澳教育管理前沿图景》，北京：教育科学出版社，2004 年。

第二节 中英教育装备行业构成对比

2016年10月2日至12日,中国繁荣基金项目"中英教育技术与教育装备比较研究"总课题组部分人员赴英国进行实地考察。考察期间与英国教育供应商协会(BESA)及其旗下的众多企业会员单位进行了深入交流,其间还参观了一些相关的中小学校。本节内容是在此次考察的基础上,通过数据分析对中英两国教育装备行业做比较,以此来发现合作机会和在发展中得到有益的借鉴。

一、CEEIA 与 BESA

CEEIA 是中国教育装备行业协会(China Educational Equipment Industry Association)的英文缩写。而 BESA 是英国教育供应商协会(British Educational Suppliers Association)的英文缩写。这两个协会在各自国家的功能和地位相当,可以用来进行对比分析。

首先,两个协会下的企业其服务对象都是基础教育和学前教育。CEEIA 下企业的服务主要针对中国的中小学校和幼儿园,BESA 下企业的服务则主要针对英国的 Primary School(相当于中国的小学,但学生年龄在 4~11 岁)和 Secondary School(相当于中国的中学,学生年龄在 11~18 岁),以及年龄为 3~4 岁孩子早期教育阶段的幼儿园。

从两个协会规模上看,CEEIA 具有会员单位 2659 个[①],而 BESA 的会员单位数量只有 325 个,仅从数量上看似乎两个协会在规模上相差太大,没有可比性。但是如果进一步对他们的服务对象数量进行分析,就可以看出可比性的条件所在。据中国教育部公布的数据,2015 年全国小学校的数量为 19.05 万所,初中校为 5.24 万所,高中校为 2.49 万所,总计为 26.78 万所。[②] 这是一个粗略的统计,因为没有区分 9 年制与 12 年制学校的存在对数量的影响。据 BESA 提供的数据,2015 年英国全国中小学校数量为 32175 所。CEEIA 会员单位数与 BESA 会员单位数之比为 2659∶325 ≈ 8.18∶1,中国中小学校数与英国中小学校数之比为 267800∶32175≈8.32∶1,两个比例数相差很小,说明两个协会的规模作用具有可比性。

同时,两个协会都具有一定的历史经验。CEEIA 的前身为中国教学仪器设备行业协会,于 1986 年成立,至今已有 30 年的历史。BESA 的历史更长,

---

① 中国教育装备行业协会会员查询系统,http://so.ceiea.com/.
② 中华人民共和国教育部:《2015 年全国教育事业发展统计公报》,2016 年。

已经有 80 多年的教育服务历史，具有非常丰富的经验。

二、CEEIA 与 BESA 成员构成比例分析

BESA 成员构成及其占比关系如图 2.1 所示。其中：

(1) Art，Craft and Consumables 是教育类艺术、工艺与耗材生产厂商，占比为 2.5%。

(2) Consultancy 是与教育相关的咨询公司，占比为 0.6%。

(3) Ed-Tech / ICT 可理解为是教育技术/信息通信技术厂商，相当于我们的教育信息化产品生产厂商，占比为 51.4%。

(4) Distributors 是产品经销商，占比为 5.6%。

(5) Engineering 是教育工程策划类公司，占比为 2.5%。

(6) Equipment 是教学仪器设备生产厂商，占比为 7.3%。

(7) Furniture 是教学家具生产厂商，占比为 8.5%。

(8) Print Publishing 是教育类印刷出版公司，占比为 4.2%。

(9) Services 是教育服务类公司，包括系统集成商，占比为 11.9%。

(10) Teaching Aids 是教具与学具生产厂商，占比为 5.4%。

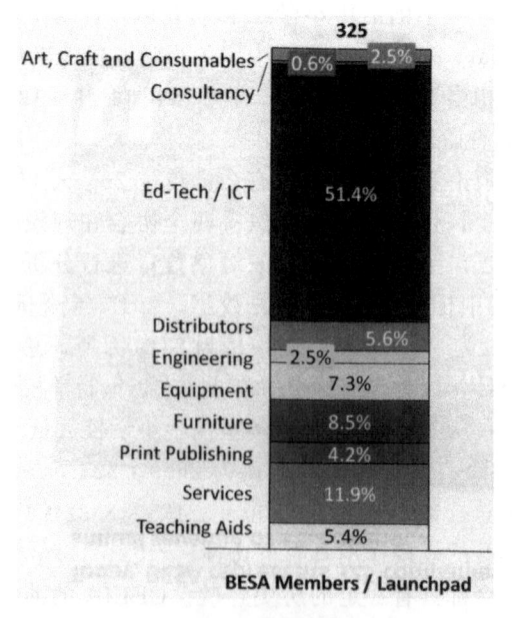

图 2.1 BESA 成员构成比例

相比之下，CEEIA 的成员要复杂得多，为了能够进行对比分析，我们先将 CEEIA 的成员做一简单分类（如图 2.2 所示）。

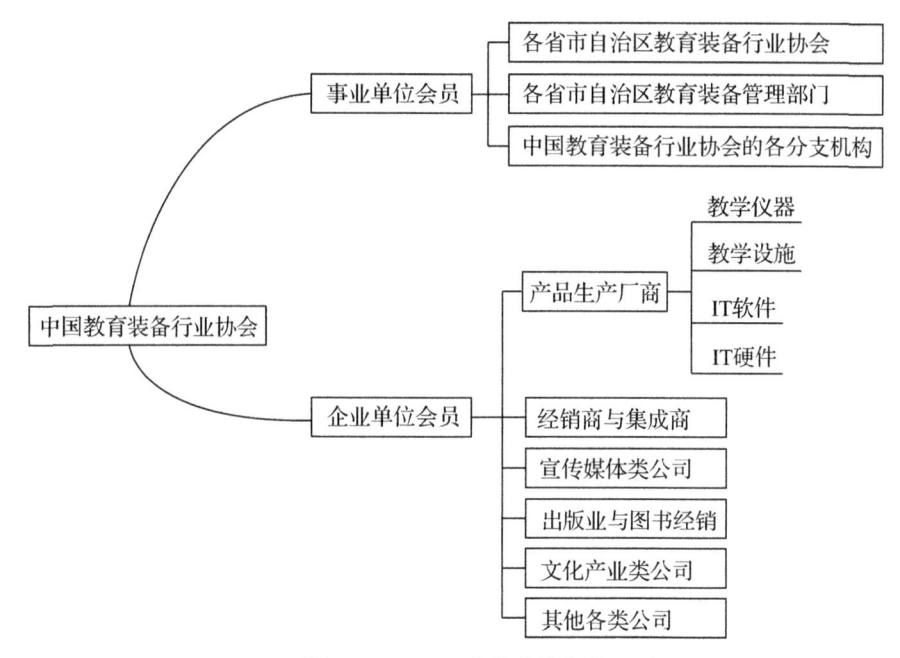

图 2.2 CEEIA 会员单位分类

根据图 2.2 的分类，并通过对中国教育装备行业协会会员查询系统提供的会员单位信息进行分析，可以得到如图 2.3 所示的会员单位构成比例。其中，事业单位是事业单位会员，包括了各省、市、自治区教育装备行业协会，各省、市、自治区教育装备管理部门和中国教育装备行业协会的各分支机构；图书出版是出版业与图书经销商；媒体类是宣传媒体类公司；文化类是文化产业类公司；图中的其他则是指其他各类公司。以下据此进行详细的对比分析。

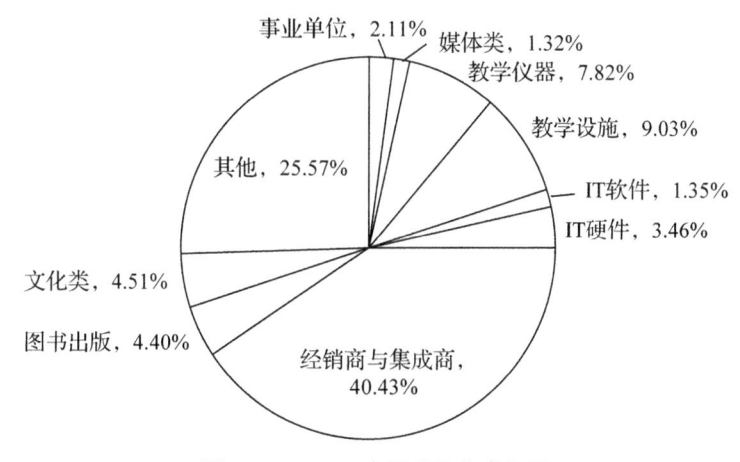

图 2.3 CEEIA 会员单位构成比例

(1) CEEIA 成员中以经销商与集成商的所占比例为最大，达到了 40.43%。其中经销商一般没有自己的产品，只是代理经销其他厂商的产品。而集成商有时会具有自己的少量产品，但在整个销售额中所占比重很小，往往是为了巩固自己的市场而加入自己独特的小量产品。在 BESA 的成员中经销商与集成商所占比例比较小，只有大约 17.5%（如图 2.2 所示）。说它不足是因为集成商只是服务商中的一部分。

(2) CEEIA 成员中教育信息化产品的生产厂商占比非常小，其中 IT 硬件厂商占比为 3.46%，IT 软件产品厂商或开发商的占比仅为 1.35%，两项之和为 4.81%，而且硬件厂商数大于软件厂商数。BESA 成员中教育信息化产品的生产厂商占比则非常大，达到了 51.4%，超过了半数。通过与 BESA 交流还了解到，在这些教育信息化产品生产厂商中软件厂商的数量远大于硬件厂商。

(3) CEEIA 成员中有超过四分之一的其他各类公司，占比为 25.57%。把它们放在其他类中是因为它们的产品或所经营的项目并不是纯粹为教育教学而设计的，只不过可以用到学校中或教学当中。例如一些投影机、计算机、触摸屏、显微镜等设备生产厂商，它们的产品主要是商业用途或属于家电业，但是因为这些产品也能够用于教育教学，所以它们也就成为 CEEIA 会员了。而在 BESA 会员中则几乎没有与其对应的厂商，BESA 的会员基本都是纯粹从事教育服务的。

(4) CEEIA 的事业单位会员中有全国各省、市、自治区的行业协会，这些地方行业协会下属的企业会员也为数不少，并且有一些企业是同时作为 CEEIA 会员和地方行业协会会员两种身份存在的。英国则没有这种地方性的教育装备行业协会，BESA 在各地也没有分支机构，这点与 CEEIA 完全不同。其实在 BESA 的成员中是不存在事业单位性质会员的。

(5) CEEIA 成员中的教学仪器生产厂商占比为 7.82%，教学设施生产厂商占比为 9.03%，两项合计为 16.85%。对应到 BESA 中，教学仪器设备生产厂商占比为 7.3%，教学家具生产厂商占比为 8.5%，教具与学具生产厂商占比为 5.4%，三项合计为 21.2%。两个协会这方面成员的比例还是比较相近的。

(6) CEEIA 的经销商和集成商除了做中小学、幼儿园的项目以外，还要做普通高等学校和职业院校的项目，有时一个公司的两方面项目每年数量已经非常接近。并且他们还要做其他非教育领域的项目。这种现象在 BESA 中是没有出现的，BESA 的会员都只做基础教育和学前教育的项目。

三、中英教育装备行业与本国教育的关系

教育装备的设计、开发与生产首先应该根据教育教学需求而确定，同时教育装备的功能必须能够解决教育教学中的问题。在这一点上，CEEIA 与 BESA 之间存在比较大的差异。

1. 关于教育教学需求的问题

CEEIA 的成员以经销商与集成商为主，说明企业并没有在产品开发上下功夫，即他们的服务并不是从学校的教育教学需求出发而设定的，往往是先掌握了新的技术或其他领域的新型装备，再向学校输送。据 BESA 的总干事 Caroline Wright 女士介绍，他们企业产品开发的主要人员基本上都是有教学经验的教师，他们最了解学校教学的需求，教育装备产品的开发完全是从学校需求出发的。而且教育信息化产品生产厂商在 BESA 的成员中占大多数，可以认为这是一种良性结构。

中国教育装备行业大量的经销商与集成商能够很好地生存下来一定有其道理，我们在这里不对它的优劣进行评论。但是应该指出，如果不从教育教学需求出发而盲目进行教育装备配备，其结果肯定是要严重影响教育装备行业发展的，也必将影响教育的正常发展。

2. 关于解决教育困境的问题

人们认为中国基础教育的最大困境是培养了大量"高分低能"的人，为此而掀起了以素质教育为导向的教育教学改革。素质教育就是"德育为先，能力为重"的教育，除了道德养成教育以外，培养和提高学生的能力成为问题的焦点。这里有 3 个基本问题必须解决：①学生需要培养和提高哪些能力；②怎样培养和提高这些能力；③如何对这些能力培养和提高的水平进行测量与评价。在与 BESA 成员进行交流的过程中，发现他们有大量的企业（教育信息化产品生产厂商）从事关于学生与教师各种能力培养和提高方面的培训软件、测量评价软件的产品开发。虽然他们在这些软件开发方面积累的时间并不是很长，只有几年或十几年的历史，但是他们在能力训练和测量评价的研究方面已经有几十年的经验了。

中国教育装备行业要想有大的发展，就必须在中国基础教育的根本问题解决上发挥作用，就必须首先解决学生与教师在能力培养和提高的培训、测量、评价方面的技术问题，在这些方面开发出适宜中国教育教学环境的教育信息化产品。

3. 关于教育装备标准化的问题

教育装备标准化有配备标准和质量标准两个方面的问题。配备标准是教

育领域特有的，其他领域或行业几乎都没有配备标准，而教育装备配备标准的作用主要是在实现教育均衡发展方面发挥作用。质量标准是对教育装备产品质量的规定，它应该包含3方面的内容：功能质量、性能质量和安全质量。性能质量是指产品在几何结构、物理、化学、生物、电气等特性上的技术指标规定，它是由生产该产品的行业进行认定的，因为教育装备基本都属于工业产品，所以它们的性能质量几乎都是由相应的工业标准来规定。安全质量是指产品在涉及使用者个人、生态环境、社会与国家安全方面的规定，它是由国家进行强制认证的。可见教育装备的性能质量与安全质量都不是教育部门能够解决的问题。功能质量是对产品在教育教学适用性方面的规定，必须由教育部门进行科学测量和认证，但它还仅处于研究阶段。① 所以在国内教育装备的配备标准是一个热点问题。

此次赴英考察的目标之一是了解英国教育装备的标准化进程，与中国教育装备标准做比较研究。但是在与 BESA 进行交流时得知，英国目前在基础教育阶段并不存在教育装备的配备标准。其实，美国、英国、澳大利亚的教育经历了"进步"、"平等"和"卓越"三个阶段，到 20 世纪 80 年代后已经进入了"卓越"期，教育均衡问题已经基本解决②，所以他们不需要教育装备配备标准来促进教育均衡发展。另外就是 20 世纪 90 年代英国施行了"教育分权化"政策，教育财政方面政府放权，而学校校长掌握着财政大权。③ 据 BESA 的总干事 Caroline Wright 女士介绍，政府对聘用来的学校校长足够信任，认为他们是教育专家，相信他们十分清楚学校教学环境建设的需求，由他们自己决定各种设施与装备的配备，不需要标准文件对学校的配备物进行规定。通过 BESA 会员企业对自己产品的介绍，可以看到他们更加关心学生与教师能力的标准化问题，在能力培训和测量评价方面有着严格遵循的标准。

四、中国教育装备行业的改革与发展

中国的教育事业需要改革与发展，中国的教育装备行业同样需要进行改革与发展。教育装备行业必须关注基础教育的两个关键问题：一个是素质教育问题，一个是教育均衡问题。

1. 教育装备与素质教育

素质教育是国策，是"德育为先，能力为重"的教育，"高分低能"是素质教育要解决的问题。而研究表明中小学校的教育装备投入对提高学生考试成

---

① 艾伦：《教育装备元标准建立的必要性》，《中国现代教育装备》，2015年第23期，第1—5页。
② 冯大鸣：《美、英、澳教育管理前沿图景》，北京：教育科学出版社，2004年，第110页。
③ 冯大鸣：《美、英、澳教育管理前沿图景》，北京：教育科学出版社，2004年，第144页。

绩无效,但是与学生能力的提高却存在一定的关系。

1966年美国的《科尔曼报告》、2006年英国KCL(伦敦国王学院)和UCL(伦敦大学学院)的相同研究以及2016年中国教育部教育装备研究与发展中心(以下简称装备中心)的研究指出,在基础教育阶段教育装备的投入水平与学生的学业水平(中考成绩与高考成绩)没有相关性,当然也就不会存在因果性关系。但是装备中心的进一步研究表明,学校教育装备投入水平与学生各种能力水平的提高确实具有显著相关性,有可能存在因果关系。[1] 所以教育装备行业,特别是致力于教育信息化产品开发的企业,应该借鉴BESA相关企业对学生与教师能力培训、测量等方面产品研发以及标准建立的经验,为中国中小学素质教育做出贡献。

2. 教育装备与教育均衡

"文明一定趋同,文化必须求异",教育的均衡化反映了国家的文明程度,是一定要趋同的;教育的规模化则反映了国家的文化水平,是必然求异的。同样地,标准化是趋同,而特色化是求异,中小学实验室装备配备的均衡性属于文明的范畴,应该讲求标准化;而校园网、特色教室、走班教室、创客空间等装备配备则属于文化问题,应该追求特色化,没有必要为它们建立配备标准。教育装备行业应更加科学地建立各种实验室的配备标准和积极推进这些配备标准的实施。

教育装备企业则不会在教育装备配备标准建设方面有所作为,但是在教育装备产品质量标准中功能质量的规定、描述、测量、评价等方面必须且必定会发挥主导作用。教育装备的功能质量要规定其8个方面的教学适用性问题,分别是在对教学主体所具有的生理、心理、认知、教师、学生、时间、空间、文化方面的适用性;教育装备企业将会为教育装备元标准的建立贡献力量。

第三节 英国教育科技对学生能力问题的重视

教育装备工作应该更多地关注学生的能力培养、测量与评价问题,因为教育装备投入仅与学生能力水平的提高具有相关性,必定存在对学生能力提高上发挥作用的很大可能性[2]。这个命题已经不再是一个研究性假设,不再是教育科学猜想,它已经通过采集到的巨量数据的分析而被证实。本节内容则是要通过对英国在教师与学生能力测量评价方面教育科技产品的介绍,而进

---

[1] 艾伦:《新形势下教育装备工作定位分析》,《教育与装备研究》,2016年第9期,第15—19页。
[2] 艾伦:《新形势下教育装备工作定位分析》,《教育与装备研究》,2016年第9期,第15—19页。

一步用事实证明上述命题的成立，并以此为依据来促进我国教育装备的科学良性发展。

一、能力问题的重要性

"德育为先，能力为重"是我国素质教育的国策，学生能力是指什么，以及学生能力为什么如此重要，是需要我们首先阐述清楚的问题。

1. 知识与能力

知识(knowledge)可被简单地分为两种类型：显性知识(explicit knowledge)与隐性知识(tacit knowledge)，而能力(ability)则属于隐性知识[1]。

(1)显性知识与隐性知识

显性知识是可以直接通过语言对其进行描述，可以运用逻辑推导对其进行证明或证实的知识，它是学生在课堂上获取的最主要知识。学生在日常教学活动中通过听教师讲课或通过阅读书籍所获得的科学知识(数学、物理、化学、生物等知识)、人文知识(文学、历史、哲学等知识)都属于显性知识，这些知识都通过了严格的逻辑证明或证实，而测量学生掌握这些知识的水平靠卷面考试即可实现。

隐性知识的获取或提高方式与显性知识不同，它多不能直接通过语言进行描述，并无法或无须对其进行证明。一般认为能力、技能(skills)、先验知识(prior knowledge)等都属于隐性知识的范畴(如与生俱来的生存技能、不证自明的几何公理)。能力与技能的提高依靠经常不断的训练，先验知识的获得则多是通过"点悟"来实现。

(2)能力的特征

人的能力是在实践活动中通过人体各个器官经历各种训练而得到提升。我们使用"能力的提升"而不使用"能力的获得"这样的说法，是因为能力具有先验性。能力是隐性的，它先天地藏在我们的身上，只是表现出来程度的不同。有些人具有先天的音乐才能，有些人具有先天的绘画才能，有些人天生就是个哲学家，而有些人天生就是个数学家，他们天生就具有一些非凡的能力，这些能力都是先验的，后天的训练只是将这些能力获得加强或充分调动。能力是隐性知识，所以它具有隐性知识的特点。例如，人们无法用语言将一个具体的能力精确地描述出来；我们只能说这种能力强或不强，而不能像对显性知识一样说它是正确的还是错误的，且它不会被遗忘；能力只有在实践中得到提升，而不能像显性知识一样通过信息技术手段进行传播；同时它不

---

[1] 艾伦：《关于知识与能力的讨论》，《中国现代教育装备》，2015年第14期，第5—8页。

能够被直接地进行量化和测量，只能通过间接的方法了解其被人们掌握的程度。

能力的这些特点使得它的提升、测量与评价变得十分困难，对它的研究进度非常缓慢，积累的经验也是凤毛麟角。所以借助世界上其他国家在本领域的先进经验就显得尤为重要。

（3）能力本位的教学条件

中小学的课堂教学是以学生获取显性知识为主要目的，我们称其为知识本位的教学。而中小学实验教学、社会实践、课外活动以及一些校本特色课程等则定位于以学生能力培养和提升为主要目的，我们称其为能力本位的教学。能力本位的教学需要构建一定的教学条件与环境，对这一条件与环境的研究是我们面临的一个重要课题。本节将重点介绍英国教育科技产品在能力本位方面的表现情况。

2. 素质教育与能力

人们认为中国基础教育的困境是培养的人才"高分低能"，为此而掀起了以素质教育为导向的教育教学改革。国家"十二五"规划中指出：教育要"育人为本"和"德育为先，能力为重"。其实，素质教育就是"德育为先，能力为重"的教育。在我们实际推行素质教育的过程中，除了道德养成教育以外，培养和提升学生的能力就成为问题的焦点。有关学生能力培养与提升的问题，有3个基本概念必须阐述清楚：①学生需要培养和提升哪些能力；②怎样培养和提升这些能力；③如何对这些能力培养和提升的水平进行测量与评价。这些基本问题不解决，"能力为重"的目标只能是一个口号。笔者在《中国现代教育装备》杂志开设的中小学实验教学专栏中曾撰写了系列文章（实验教学相关能力分析①~③和实验教学研究方法①~④），针对上述3个基本概念进行了较为深入的讨论。

但是，只有概念讨论是远远不够的，为了将能力培养与提升的教育付诸实践，了解和学习世界上此项工作走在前列国家的经验同样是十分重要的任务。

3. 教育装备与能力

2015年3月，教育部教育装备研究与发展中心受教育部基础教育一司的委托进行"全国基础教育装备专项调查研究"工作。该项工作历时一年，对全国6个省市290所中小学校的558名正副校长、4300名教师和25826名学生进行了问卷调查、访谈和数据采集。对调查研究中返回的数据做出的分析，发现以下规律。

（1）教育装备的投入水平与学生的学业水平没有相关性。数据分析中对

2010年至2014年各个样本学校的生均教育装备投入和学生2010年至2015年中、高考各科成绩进行了相关性分析,其中初中生的生均教育装备投入与历年中考的语文、数学、英语、物理、化学单科成绩和总成绩及成绩变化之间都不具有相关性;高中生的生均教育装备投入与历年高考的语文、数学、外语、文综、理综和总成绩及成绩变化之间也不具有相关性。或者说,教育装备投入对初、高中学生的学业水平是没有贡献的,它们之间不存在因果关系。

(2)教育装备的投入水平与学生的能力水平具有显著相关性。数据分析表明:生均教育装备投入与学生校外参赛获奖(反映出创造能力)和信息技术等能力之间在$p<0.05$水平上表现出显著相关性;而学校在教育装备配备和管理水平上与学生动手能力、自我管理能力等方面在$p<0.01$水平上表现出显著相关性。或者说,教育装备对学生能力水平的提高是可能有贡献的,它们之间有可能存在因果关系。

二、英国教育改革中涉及的能力问题

注重学生能力问题不仅是我国基础教育所关注的问题,在世界上作为教育发展先驱的英国更是以超前的意识与先进的手段处理着这一问题。从1988年英国政府颁布《教育改革法》开始到2007年英国国家课程标准制定,学生与教师的能力问题就一直没有离开过人们的视线。表2.2开列了这段时间内英国政府颁布的相关文件中对学生与教师能力要求的具体描述,英国教育改革中对师生能力问题的重视程度可见一斑。

表2.2 英国政府颁布教育改革文件中对能力要求的描述

时间	颁布文件	能力要求相关描述
1988年	教育改革法	(a)不同能力和不同成熟程度的学生在每一个主要阶段需要接受的事实、技能和理解力(在本章简称"成绩目标"); (b)不同能力和不同成熟程度的学生在每一个主要阶段需要接受的事实、技能和活动(在本章简称"教学大纲")。[①]
1988年	教育改革法	第二,探索能力。包括:(17)动手能力;(18)集体合作能力。第三,信息技能。包括:(19)表达自己的意见和对别人见解的反应;(20)利用参考资料。[②]

---

① 张振改:《教育政策的限度研究》,北京:人民出版社,2014年。
② 余中根:《外国教育史研究》,昆明:云南大学出版社,2008年。

续表

时间	颁布文件	能力要求相关描述
1992年	学校质量标准	（1）学生学习质量：学习质量即学生在课堂上学习所取得的进步（即对知识、理解力和技能的掌握程度）以及他胜任学习的能力（包括读、写、算方面的能力）。这些学习技能包括：准确、流畅和理解地进行阅读的能力，观察力，信息检索能力，寻找范例与规划的能力，较深的理解力，用各种不同方式交流信息和思想的能力，集中注意力以及与他人有效地进行合作和工作的能力和在适当情况下应用计算机的能力。①
2002年	传递结果：到2006年的战略	战略目标之一：在教育标准和技能水平上达成卓越。具体目标2：使所有年轻人能够发展并拥有生活与工作所需要的技能、知识和个人素养。②
2007年	国家课程框架	将操作化能力与知识内容分开表述；英国基础教育质量标准所强调的"核心能力"主要指向儿童的"生活技能"，要求学校培养出适应知识经济需求的"候选人"。③
2007年	英国教师专业标准框架	专业技能：计划、教学、评价监控和反馈、反思与改进、学习环境、团队合作。④
2007年	教师专业标准	3. 专业技能（professional skills） 专业技能包括一般能力和与教学有关的特殊能力。 其一是规划技能。 其二是教学技能。 其三是评价、监督和反馈技能。 其四是教学评审技能。 其五是学习环境营造技能。 其六是团队工作和合作技能。⑤

三、英国教育科技产品对师生能力问题的表现

英国的教育改革非常关注教师与学生的能力问题，而且这种重视最终还能够具体体现在实践之中。英国政府对教育提出的师生能力的提升与测评，

---

① 王小飞：《英国教育质量标准评述》，《中国教育政策评论》，2010年第12期，第273—290页。
② 冯大鸣：《美、英、澳教育管理前沿图景》，北京：教育科学出版社，2004年。
③ 丁晓昌、杨九俊主编：《瞭望世界的风景：国际比较教育研究报告集》，南京：江苏教育出版社，2011年。
④ 江芳、杜启明：《小学教师专业标准知与行》，芜湖：安徽师范大学出版社，2013年。
⑤ 孙珂、马健生：《促进教师的专业发展：英国教师教育标准述评》，《比较教育研究》，2011年第8期，第30—34页。

几乎都能够通过教育科技产品得以实现。"Educational Technology"一词在我国被称为教育技术,而在英国这个词组的汉语词义为教育科技(美国的教育技术一词则使用"Instructional Technology")。英国从事教育科技的企业形成了一个稳固的行业。

1. 英国教育科技企业学生能力相关产品比例分析

BESA是英国教育供应商协会(British Educational Suppliers Association)名称的英文缩写,BESA旗下的企业被称为教育科技产品厂商与服务商,其厂商中有大量是生产教师与学生能力训练与测评软件的企业。

(1)BESA旗下的企业数为325个,占据了英国全国从事教育科技行业中企业数的80%。

(2)BESA网站(http://www.besa.org.uk)链接的各企业官方网站数为283个,占BESA全部成员数(325个)的87.08%。

(3)在上述283个企业中具有教育软件产品的厂商数为230家,占网站上链接全部企业数的81.27%。

(4)在上述230家具有教育软件产品的厂商中从事师生能力训练与评测软件开发、设计、生产的厂商数量为56家(其余为教育教学资源、教育管理软件等产品厂商),占全部教育软件产品厂商的24.35%。

(5)在上述56家从事师生能力训练与测评软件生产的厂商中专注于能力测量评价软件研究与生产的厂商数量为31家,占比为55.36%。

(6)在上述31家生产师生能力测评软件的厂商中仅针对学生能力测评软件生产的厂商数量有23家,占比为74.19%;其余8家厂商除了生产学生能力测评软件同时还生产教师能力测评软件,占比为25.81%。

这种比例的合理性我们尚不能对其做出充分论证,但它毕竟是伴随着英国教育改革几十年的实践而逐步形成的,所以它的比例关系对我国这一行业合理构成具有参考意义。英国BESA网站可以链接到的企业(283个)中,从事师生能力训练与测评软件生产的厂商共计56家,相对于英国全国可能存在的相同厂商数应为:$56 \times (325/283) \div 80\% \approx 80$(家)。英国2015年全国中小学校数量为32175所,则平均每家此类厂商对应的学校数约为402所。中国2015年全国小学校数量总计为26.78万所,如果也按照平均每家此类厂商对应402所学校计算,则中国需要此类厂商数量约为666家。这仅仅是一个参考性的粗略估算,并没有将诸多影响该数据的因素考虑进去,如学生能力类型数量的限制、生产厂商与代理经销商的比例关系、中英文化差异造成的两国教育培养目标的不同等重要与非重要因素。

2. 英国教育科技学生能力测评软件案例分析

表2.3是一个真实的英国教育科技企业学生能力测评软件厂商产品的实

际情况(隐去了企业名称)。从中可以发现一些有价值的信息：

(1)一家厂商并非只有一个能力测评软件产品，此案例中的厂商就有4个此类产品。

表2.3 英国教育科技某厂商的能力测评软件产品功能描述

软件名称	针对能力	类型	能力测评功能简述
Cognitive Ability Tests(CAT4)	认知推理能力	单项能力测评	通过语言交际能力、非语言交际能力、数学能力、空间意识四个维度测量认知能力，并提供全国平均能力水平作为参照。测试不受课标材料和母语学习的影响
The Complete Digital Solution (CDS)	自然推理的能力 学习态度 目前能力的表现	综合测评（显示一年的变化）	包括三套测量工具 (一)能力测试工具：CAT4。 (二)成绩测试工具：通过Baseline、Progress Test Series、New Group Reading Test、Single Word Spelling Test四个测试显示与学生认知水平不符的成绩异常。 (三)学习态度测试工具：通过Dyslexia Screener, Pupil Attitudes to Self and School (PASS), Kirkland Rowell Survey测试学生学习过程中存在的态度或情绪问题
Progress Test Series	英语、数学和科学三个学科的成绩和发展情况测评	学科测评	PT Series是基于课标的学科测评
New Group Reading Test (NGRT)	阅读和理解能力（包括语音测试）	单项能力测评	测评分为两部分： 完成句子——测量解码和基本理解能力； 篇章理解——逐步提高难度，测量理解能力。 阅读能力较弱的学生将需要完成拼读能力测试

(2)提供的测量工具针对性是很强的，对应不同的能力问题都有具体的解决方案。

(3)从能力类型上看，该案例关注了学生的学科学习能力、阅读能力、逻辑推理能力、认知能力以及对事物的理解能力等多方位的能力。

人才培养的事业中学生能力问题是非常重要的一环，英国教育很早就意识到了这个问题。从英国教育与教育科技产品的分析中可以看到它们在这方面的成绩，这些应该成为我们可以借鉴的先进经验。在下一节中，我们还要进一步分析英国教育科技企业所关注学生能力的类型、提高学生能力的训练方法、测量评价这些能力的工具及其工作原理。

第四节 英国教育科技的能力测量软件

教育装备工作关注着学生的能力培养、测量与评价问题，不仅在中国教育装备工作中是这样定位的，就是在大洋彼岸的英国也不例外，而且他们在这方面已经做出了突出成绩，产出了大量成果。本节将要对英国教育科技(Educational Technology)产品中学生能力测量评价软件和功能进行介绍、分析，了解其所关注的能力类型与测评目的，为促进我国教育装备发展提供有益的借鉴。

一、英国教育科技产品中涉及的学生能力类型

英国教育科技产品中涉及的学生能力种类很多，使用的名称也不太统一，归纳起来大致有以下这些。

(1)体能健康测评。是通过一系列体育运动能力的测量，对学生身体素质与健康情况进行评价的软件。此类产品如：Driving Technology。该产品同时还可以对学生体能测量的情况进行记录和分析，并能够在一定程度上提供体能发展预测。

(2)心理健康测评。用于测量自我意识(Self-awareness)、自我调节(Self-regulation)、动机(Motivation)、同情心(Empathy)和社交能力(Social skills)的软件。此类产品如：Emotional Literacy，The Cornwall Learning Skills for Life Programme 等。

(3)阅读能力测评。用于测量学生的英文阅读能力。此类产品如：Suffolk Reading Scale，YARC(约克大学阅读和语言中心开发)等。

(4)认知能力测评。通过语言交际能力、非语言交际能力、数学能力、空间意识四个维度来测量认知能力，并提供全国平均能力水平作为参照。测试条件不受课标材料和母语学习的影响。此类产品如：Cognitive Ability Tests (CAT4)，The Complete Digital Solution (CDS)，Lucid CoPS Quick Reference Guide，Lucid LADS Plus Quick Reference Guide 等。

（5）推理能力测评。有基于课标用于测量英语的文学能力、非文字的逻辑推理能力以及定量推理能力的软件，可在线进行测评，即时出分，并提供给学生和家长成绩报告。此外还有测量语言推理能力、非语言推理能力、学龄前儿童推理能力、6～14 岁儿童空间推理能力类的软件。此类产品如：Placement Test，Verbal Reasoning and Non Verbal Reasoning 等。

（6）学科能力测评。主要针对英语、科学、数学 3 个学科学习能力的测量，其中又细分为拼写能力、通读能力、学习态度、理解能力、记忆能力、视觉压力、解决问题能力等方面的问题。此类产品如：Progress Test Series，New Group Reading Test（NGRT），Times Table Wizard，Assessment Beyond Levels，InCAS 等。

二、能力测量标准

根据英国教育标准局 Ofsted（Office for Standards in Education，简称 Ofsted）制定的国家课程质量标准，每年要对 7 岁、11 岁、14 岁、16 岁学生的核心课程（英语、科学、数学）学业成绩进行测量，这些年龄分别对应不同的关键学段（见表 2.4）。为了能够更加理解各学段的定位，表 2.4 中同时开列了英国各个关键学段与中国各学段的对应关系。英国与中国的初中毕业中考和高中毕业高考相类似的标准化考试有两个：一个是 GSCE（General Certificate of Secondary Education）考试，中文名称为普通初级中等教育证书，是英国学生（13～15 岁）完成第一阶段中等教育所参加的主要会考；另一个是 A-Level（General Certificate of Education Advanced Level）考试，中文名称为普通高级中等教育证书，是英国学生（16～18 岁）的大学入学考试。

表 2.4 中英中小学学制对照

项目	大致年龄 （Age approx.）	年级 （School years）	对应中国学段
关键学段 1（Key Stage 1）	5～7 岁	1、2 年级	小学
关键学段 2（Key Stage 2）	7～11 岁	3～6 年级	小学
关键学段 3（Key Stage 3）	11～14 岁	7～9 年级	初中
关键学段 4（Key Stage 4）	14～16 岁	10、11 年级	高中

Ofsted 除了规定对各个学段进行测量的国家课程内容标准外，还规定了对这些内容掌握程度的标准框架，而具体标准（标准考试）的规定则是由生成

标准试题库与标准试卷的企业自行设定。但是，具有这种资质的企业不多，在英国只有一两家，其中最著名的是 Hodder 教育集团（Hodder Education Group）。为了保证试题库与试卷以及试卷生成系统能够符合标准框架，相关企业会将每次考试的试题与成绩提供给大学研究机构进行可信性和有效性方面的统计分析。

在学生能力测量方面，英国没有统一的国家标准，各种测量软件使用的测量方法都只依据自行制定的企业标准或行业标准。而这些标准基本上也都只具有标准框架，没有形成具体详细的标准化文件。

三、英国教育科技产品能力测评软件统计

为了能够对英国教育科技产品中学生能力测量评价的软件有更加深入的了解，本文对 BESA（英国教育供应商协会）网站上链接到的相关企业产品进行了统计。需要说明的是：

（1）这并不是英国全部企业产品的情况，但是已经占据了英国全国同类企业的大约 60%。

（2）在统计过程中，由于网站链接和一些登录限制问题，在数量上难免会有一些疏漏。

（3）由于学生体能健康测评软件产品只有一个网站链接到的企业，所以在下面的统计表格中就不对此类产品再做开列。表 2.5 至表 2.9 分别开列了心理健康测评软件、阅读能力测评软件、认知能力测评软件、推理能力测评软件和学科能力测评软件的情况。

（4）本文仅对网站链接到的软件产品数量进行简单统计，并做一些必要的解释。

（5）对能力测评软件的分类方法并非笔者自己的意愿，这样的分类是尊重了企业的原意，是在不破坏原来按类存放的基础上做出的整合。

表 2.5　心理健康测评软件

序号	软件名称	软件描述
1	HADS Quick Reference Guide	针对焦虑和抑郁，自测评分。可用 115 种语言进行测评。
2	Emotional Literacy	测评学生的情感素养。测量自我意识、自我调节、动机、同理心和社交能力。包含教师版、学生版和家长版问卷。

续表

序号	软件名称	软件描述
3	The Cornwall Learning Skills for Life Programme	测评综合学习技能。包括测量社交、情感、语言交流和认知能力。
4	Family Relations Test Quick Reference Guide	家庭关系测试(儿童版)。测量儿童对家庭每一个成员正面和负面的情绪,以及评估儿童与家庭成员之间互相尊重的程度。
5	HADS Quick Reference Guide	精神健康问卷调查。测量未成年人(非幼儿)临时性的精神障碍。
6	MCMHPW Quick Reference Guide	精神健康问卷调查。通过试卷测评学生的心理健康,测试后提供全方位的教师干预指导。
7	Schedule of Growing Skills	幼儿行为发展测试。通过积木、玩偶、形状等彩色玩具作为测量工具,在玩中完成测评过程。测量维度包括:主动姿势、被动姿势、多动症、动手能力、视觉能力、听觉和语言、讲话和语言、社交能力、自我意识。

表 2.6 阅读能力测评软件

序号	软件名称	软件描述
1	Dyslexia Screener	针对诵读困难。分为六个测验,针对能力、成绩和诊断特征三个方面进行,每个方面的测评通过两个测验完成。
2	Lucid LASS Quick Reference Guide	阅读能力测试。用于发现学生的阅读困难和学习困难。包括视觉记忆、听觉言语记忆、语音阅读技巧、语音处理能力、单词阅读、句子阅读、拼写、推理等。
3	Lucid Exact Quick Reference Guide	初中生具体的阅读问题。针对 11～24 岁的学生,测试包括示词、阅读理解、阅读速度、拼写、手写听写、打字听写等。
4	YARC	深度测评学生的阅读和理解能力。一对一诊断性阅读测试,分小学和初中学段。
5	BPVS3	测试学生是否有词汇发展延迟。通过图片做无字测试,教师根据图片做一对一提问。

续表

序号	软件名称	软件描述
6	PhAB2	PhAB2针对英语学生，PhAB针对第二外语为英语的学生。多角度测试学生的语音发展困难。共分六个测试，分别测试如下六个维度：分辨音素能力、发音反应速度、押韵、区别相似音素能力、流利度、断词能力。
7	Well Comm	语言发展潜能测量。
8	Suffolk Reading Scale（SRS）	阅读能力的发展。试题类型为多选和完成句子，分小学和初中学段。
9	Star Reading	阅读能力测评。电脑测试，根据全国课标、学生学习情况和教学情况，为学生的阅读能力打分并推荐阅读资源。

表2.7 认知能力测评软件

序号	软件名称	软件描述
1	The Complete Digital Solution（CDS）	包括三套测量工具 (1)能力测试工具：CAT4。 (2)成绩测试工具：通过Baseline, Progress Test Series, New Group Reading Test, Single Word Spelling Test四个测试工具显示与学生认知水平不符的成绩异常。 (3)学习态度测试工具：通过Dyslexia Screener, Pupil Attitudes to Self and School（PASS），Kirkland Rowell Survey三个软件测试学生学习过程中存在的态度或情绪问题，如不够自信等。
2	Cognitive Ability Tests(CAT4)	通过语言交际能力、非语言交际能力、数学能力、空间意识四个维度测量认知能力，并提供全国平均能力水平作为参照。测试不受课标材料和母语学习的影响。
3	Lucid Rapid Quick Reference Guide	句子理解能力。能测量出任何类型的阅读困难，通过电脑测评。为进一步细化测评，得到更为准确的结果，完成本测评后可以继续完成如下测评：Lucid CoPS Cognitive Profiling System, LASS 8~11 and LASS 11~15。
4	Lucid CoPS Quick Reference Guide	阅读困难或学习困难的测评。用五分钟的小游戏进行测评。

续表

序号	软件名称	软件描述
5	Lucid LADS Plus Quick Reference Guide	因记忆而引起的阅读困难。主要针对受过精神伤害或因外因能力有缺陷的人。测试在25~30分钟内完成,成绩自动生成,并配有测试成绩说明手册。
6	Lucid Recall Quick Reference Guide	记忆能力测试。包括测量单词重现能力、视觉重现能力和数字重现能力。
7	Lucid Comprehension Booster Quick Reference Guide	理解能力、学习策略。通过多样的上下文设计活动,提高学生的理解能力,该活动极少需要老师或家长的监督。
8	Lucid Memory Booster Quick Reference Guide	解决学生记忆困难问题。通过系列紧张有趣的活动,帮助孩子建立有效的记忆方法,有六个难度级别。
9	Star Early Literacy	幼儿认知能力测评。电脑测试,测量幼儿文学和数学能力,根据测试结果向家长做出幼儿阅读建议。

表2.8 推理能力测评软件

序号	软件名称	软件描述
1	Placement Test	语言能力和推理能力测量。基于课标,测量英语文学能力、非文字的逻辑推理能力以及定量推理能力。在线测评,即时出分,包括给学生和家长的成绩报告。
2	Verbal Reasoning and Non Verbal Reasoning	综合推理能力测评。包括语言推理能力、非语言推理能力、学前儿童推理能力、6~14岁儿童空间推理能力。
3	PISA-Based Test for Schools	在线答题测试,基于PISA的OECD program,提供全国平均水平作为参考值,自动形成报告。

表2.9 学科能力测评软件

序号	软件名称	软件描述
1	Assessment Beyond Levels	基于课标的能力测评,为全国标准测试。在线测评,学生测试结果将与全国平均标准对比。

续表

序号	软件名称	软件描述
2	ASPECTS	文学和数学能力发展。综合教师观察和软件测试来测评3~5岁孩子的知识和能力。一对一测评，基于故事阅读，测量学生的文学和数学能力。
3	BASE	合格水平测试 baseline。综合成绩测评，在线测评，即时生成测评报告。也包括动态观察测评。测量维度包括：文学、数学、交际。
4	AfE Primary 1-PIPS P1	学习能力测评。一对一测试，学生在电脑上完成测试，教师控制电脑并观察测试过程。测量维度包括：文学、数学。针对苏格兰课标，学生入学第一年的学习发展情况，并为第二年升学提供依据。
5	AfE InCAS P2—P7	学习能力和学习态度测评。学生独立在线完成。测量维度包括：阅读、拼写、数学、心算、学习能力发展、学习态度。针对苏格兰课标，学生入学第2~7年主要学习方面的发展情况，并对学生未来的学术发展提供相关数据。
6	InCAS	学习能力和学习态度测评。学生独立在电脑上完成测评，测量5~11岁学生主要学习方面的发展情况，并对学生未来的学术发展提供相关数据。测量维度有：阅读、拼写、数学、心算、能力发展、学习态度。
7	MidYIS	学习能力测评。学生在电脑上自主完成测评，测评维度包括：词汇、数学、非语言能力、学术技能。
8	INSIGHT	学习能力和学习态度测评。基于课标的测评，学生独立在电脑上完成，测量维度包括：阅读能力、数学能力、科学、能力发展和学习态度。
9	Yellis	合格水平测试，secondary 版的 baseline。学生独立电脑完成，测量维度包括：词汇、数学、非语言能力。
10	AfE S1/S2 Baseline Assessment-MidYIS	学习能力测评。针对苏格兰地区的 MidYIS。学生在电脑上自主完成测评，测评维度包括：词汇、数学、非语言能力、学术技能。
11	AfE S2 Curriculum Assessment-SOSCA	学习能力测评。基于苏格兰课标，学生独立在电脑上完成，测量维度包括：阅读、数学和科学。

续表

序号	软件名称	软件描述
12	Alis	学习能力测评。和 GCSE 成绩有同等效力,集合格水平测试和选择性测试于一身,学生独立在电脑上完成测试,测试维度包括:词汇、数学和非语言能力。
13	CEM IBE	学习能力测评。集 IB 学位项目标准、合格水平测试和选拔性测试于一身,学生独立在电脑上完成测试,测试维度包括:词汇、数学和非语言能力。
14	Baseline	英语和数学的能力(文理基础能力)。通过三段无文字的图片测试,在入学前和学年末测试小学一年级的学生能力,包括文学、语言、交流和数学能力。
15	New Group Reading Test（NGRT）	测评分为两部分: 完成句子——测量解码和基本理解能力; 篇章理解——逐步提高难度,测量理解能力。 阅读能力较弱的学生将需要完成拼读能力测试。
16	Single Word Spelling（SWST）	拼写能力测评。基于全英国的课标,包含高频词、文学词汇和拼写填空三个测试类别。
17	Pupil Attitudes to Self and School（PASS）	学习态度测评。定位可能影响学生成绩的因素。通过八个维度测试影响学生成绩的不良情绪。
18	Lucid ViSS Quick Reference Guide	视觉压力(暗敏感综合征)测试。通过电脑上的动画测试。
19	Progress Test Series（PT Series）	英语、数学和科学三个学科小学学段的成绩和发展情况测试。PT Series 是基于课标的学科测评。
20	Progress Test in English（PTE）	英语学科测评,是独立的测试产品,也是 PT Series 的组成部分。主要测量 5~14 岁学生的英语技能(包括拼写、语法和标点的正确使用)以及阅读理解的能力。通过逐年测试和全国平均水平参照为教师提供支持。

续表

序号	软件名称	软件描述
21	Progress Test in Maths (PTM)	数学学科测评,是独立的测试产品,也是 PTE 的组成部分。主要从两个维度对数学学习进行测量:1. 对课标范围内数学知识的理解;2. 通过推理和解决问题理解和应用数学知识。 通过逐年测试和全国平均水平参照为教师提供支持。
22	Progress Test in Science (PTS)	科学学科测评,是独立的测试产品,也是 PTE 的组成部分。针对课标要求进行测评,适合 7~14 岁学生。

图 2.4 是对上述列表中各类测评软件数量的简单统计,从中可以看出学科学习能力的测评软件最多,其次为阅读能力和认知能力测评软件,体能健康和推理能力测评软件的数量最少。我们暂且认为这个分布是合理的、科学的,因为它毕竟是从需求出发而逐步形成,并经过了 80 多年历史的考验(BESA 于 1933 年成立,已有近 84 年的历史)。虽然前期并没有相关的计算机软件产品,但是在这些方面的能力测量上有着相当丰富的经验。

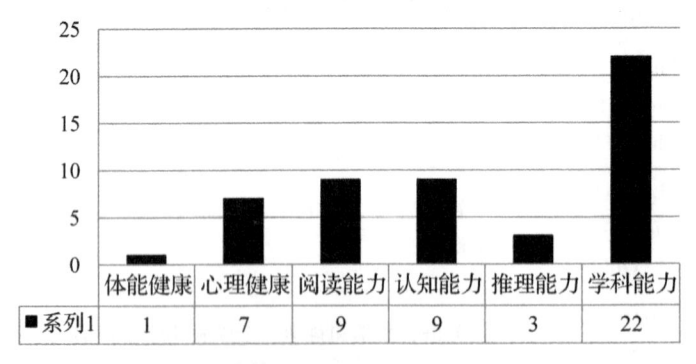

	体能健康	心理健康	阅读能力	认知能力	推理能力	学科能力
■系列1	1	7	9	9	3	22

图 2.4 各类软件数量统计情况(单位:个)

四、分析与评论

从上述统计的情况可以看出:

(1)这些能力测评的对象主要是分布在学前、小学和中学等关键学段的学生。

(2)关注最多的能力是学科学习能力,而它们则以英语、科学、数学这 3 个学科为主。

(3)英国特别重视学前和小学关键学段学生对英语学习的拼写能力、阅读能力、通读能力、理解能力的基本要求,其作用相当于中国"双基"教育的扫除文盲工作。中国人使用的汉字属于象形文字,汉字数量众多且存在着一字多音的现象,所以存在文盲,文盲就是见字不会发音和不知其意。英文属于拼音文字,只有26个字母,不会出现文盲现象,但是拼写障碍、阅读障碍、理解障碍是必须解决的问题。

(4)数学也是英国中小学特别重视的学科,英国中小学生的数学学习能力比起中国学生要差得很多,这不能否认中国的数学教学水平以及学习方法始终处于世界领先地位。举例来说,中国学生从小背诵的乘法口诀使他们面对简单的算术计算可以脱口而出,而英国学生在算术计算时几乎都需要回归到加法运算。加强数学学习能力和数学运算能力是英国学生学科学习能力中非常重要的组成部分。

(5)英美提倡的 STEM(Science 科学、Technology 技术、Engineering 工程、Mathematics 数学)教育是根据他们自己国情提出的,并且重点不在于这4个方面的知识,而是4个方面的能力。其中科学方面重视分析能力,数学方面重视计算能力,技术方面重视综合能力,工程方面则重视设计能力。在中国推进 STEM 教育理念时应做具体分析,针对中国学生现状有侧重地实施综合能力与设计能力培养。[①]

(6)英国教育科技产品的能力测评软件从采用的技术角度看其水平并不是太高,但是他们从教育教学需求出发而发现问题、解决问题的创新思路和活跃新颖的方式方法都是需要我们认真学习的。同时,这些软件在建立数学模型和创建算法上也表现得非常突出,是我们必须加以重视的。

(7)中国教育装备的产业特点是更多地表现为企业"推送"产品到学校,即当一个新技术或新产品出现后,企业将它介绍到学校,并期望其在教育教学中发挥作用。英国更多地表现为学校根据教育教学中的难题提出技术需求,再与企业一起共同开发相应的技术产品。所以中国教育装备行业的产品推销商和系统集成商数量要远大于产品生产厂商,而英国在这方面恰恰相反。[②] 中国教育装备发展应注意逐步改变这种"推送"模式。

(8)由于中英之间存在着巨大的文化差异,将上述能力测评软件不加分析、不加修改地直接引进使用是不可取的,必须进行本地化改造才行。

[①] 艾伦:《实验教学相关能力分析(2):创造能力类》,《中国现代教育装备》,2015年第20期,第11—14页。
[②] 艾伦:《中英教育装备行业构成对比分析》,《中国现代教育装备》,2016年第20期,第5—8页。

第五节　英国教育科技中教师持续专业发展培训工具

英国教育科技（Educational Technology）产品中，除了辅助学生学习、学校教育管理、学生能力测评等功能软件产品外，表现最突出的就属教师专业培训方面的软件平台工具产品了。本节将要对英国基础教育教师持续专业发展（Continuing Professional Development，缩写 CPD）培训工具的软件平台进行介绍与分析，了解其特点与优势，为促进我国教育装备发展提供有益的借鉴。

一、新形势下的教师专业发展

1966 年，联合国教科文组织与国际劳工组织在《关于教师地位的建议》中提出了"教师专业化发展"的概念。我国于 20 世纪 80 年代针对教师职前与职后教育提出教师专业发展问题，这是为教育改革提供合格教师的重要决策。教师专业发展是指教师在专业精神、专业理论、专业知识以及专业技能等方面得到全面深入的提高与发展，以适应教育改革的需要。

进入 21 世纪，在新形势下，教师专业化发展又被赋予了新的内涵。新形势下国家各行各业的专业人员都被要求具有"工匠精神"，具有工匠精神的条件首先是要具有"契约精神"，就是要与自己从事的职业签订一个"卖身契"，终身为其服务。而作为专业教师则是首先应具备将毕生献给教育事业的专业精神，只有在这个精神和思想的指导下才可能得到专业理论、专业知识、专业技能的提高和发展。

分析英国教育科技中教师 CPD 培训工具软件平台产品的特点时，一个非常值得关注的问题就是这种精致的工匠精神，尤其是在教师专业技能方面表现出的无微不至。

二、英国教师专业化标准

英国的教师专业化发展是在国家规定的标准下进行的。1988 年，英国议会通过《教育改革法》，当时的教育和科学部公布了《合格教师身份》咨询文件。1989 年，英国成立教师教育认证委员会 CATE（Council Accreditation of Teacher Education），并颁布了《合格教师资格标准》。2002 年，由英国教育标准局

Ofsted(Office for Standards in Education)和英国师资培训署 TTA(Teacher Training Agency)联合颁布了《英国合格教师专业标准与教师职前培训要求》。为了能够有效地推进教师专业化的持续性发展,这些标准被不断地修改翻新。

2007年,英国开始实行由学校培训和发展机构 TDA(Training and Development Agency for School)制定的《教师专业标准框架》(*Professional Standards for Teachers*)。该标准包括了合格教师(Qualified teacher status)标准(记作 Q 组块)、入职教师或普通教师(Induction/Main scale teacher)标准(记作 IM 组块)、有经验教师或资深教师(Performance threshold/senior teacher)标准(记作 P 组块)、优秀教师(Excellent teacher)标准(记作 E 组块)和高级技能教师(Advanced skills teacher)标准(记作 A 组块)等5个标准主体组块。同时,每个标准主体组块又分为以下3个维度:

(1)专业品质。规定了与儿童和青少年的关系、职责与规章、交流与合作、个人的专业发展等4个二级指标。

(2)专业知识和理解。规定了教与学、评价与监控、学科知识、课程、读写算与ITC、成绩与多样性、身心健康7个二级指标。

(3)专业技能。规定了计划与教学、评价监督与反馈、反思与改进、学习环境、团队合作5个二级指标。

标准主体组块与专业标准维度的对应关系如表2.10所示。表中空白的地方应该是每个指标所规定具体内容所对应的不同组块要求的详细描述,因内容繁多,此处省略掉而没有列出。该标准规定的专业品质对应我们前文强调的专业精神。

表2.10 主体组块与标准维度的对应关系

标准维度		主体组块				
一级指标	二级指标	Q	IM	P	E	A
专业品质	儿童和青少年的关系					
	职责与规章					
	交流与合作					
	个人的专业发展					

续表

标准维度		主体组块				
一级指标	二级指标	Q	IM	P	E	A
专业知识和理解	成绩与多样性					
	学科知识					
	课程					
	身心健康					
	读写算与 ITC					
	评价与监控					
	教与学					
专业技能	团队合作等					
	学习环境					
	计划与教学					
	评价监督与反馈					
	反思与改进					

2012年，英国教育部正式颁布了新的《教师标准》，用它取代了此前发布的《合格教师资格标准》、《初级教师专业标准》以及《注册教师行为实践守则》。但是，该标准更多地强调对教师教学行为的标准化规定，在教师专业化发展方面尚不能完全取代 2007 年《教师专业标准框架》的作用。

三、英国教育科技产品教师培训工具介绍

遵照上述标准，英国教育科技企业对教师 CPD 培训工具软件平台进行了产品开发，但产品从标准一级指标维度上区分只涉及两类：一类是专业知识和理解，就是我们常说的学科教学培训；另一类是专业技能，就是我们常说的教学技能培训。2017 年 1 月，"中英教育技术与教育装备比较研究"课题组在英国伦敦对 BESA（英国教育供应商协会）旗下的 TES Global 公司进行了实地考察，该公司的项目负责人对他们的产品做了详细的介绍，并与课题组进行了深入的讨论。以下对他们的教师 CPD 培训工具部分产品做一个简单的统计。

表 2.11 开列了 TES Global 公司教师 CPD 培训工具软件平台中学科知识培训类的产品。

表 2.11　学科知识培训类产品

序号	产品名称	产品描述
1	Subject Knowledge Enhancement for Teachers	中文名称：学科知识提高课程教师版 目标人群：想要获得进一步专业提升或想要学习一门新学科的教师。 课程描述：为有教师资格认证的在职教师提供学科专业知识升级培训，或者新学科的专业知识培训。 培训学科：生物、化学、信息技术（Computing）、法语、地理、德语、数学、物理和西班牙语。 学习支持：有专业教师对学习者进行个人辅导，帮助制订学习计划和指导学习进程。 测量评价：(1)过程性评价。学习过程中完成规定任务，个人辅导教师将在过程中给予支持和反馈。(2)期末任务。完成两篇教案，并完成教学实施，收集学生反馈，完成教学反思和自我评价。辅导教师将对作业进行反馈和打分。
2	Subject Knowledge Enhancement for School	中文名称：学科知识提高课程学校版 目标人群：为学校中任何能够执教两门以上学科的教师。 课程描述：为有教师资格认证的在职教师提供学科专业知识升级培训，或者新学科的专业知识培训。 培训学科：生物、化学、信息技术（Computing）、法语、地理、德语、数学、物理和西班牙语。 学习支持：有专业教师任辅导教师，帮助制订学习计划和指导学习进程，并进行课堂指导。 测量评价：(1)过程性评价。学习过程中完成规定任务，个人辅导教师将在过程中给予支持和反馈。(2)期末任务。完成两篇教案，并完成教学实施，收集学生反馈，完成教学反思和自我评价。辅导教师将对作业进行反馈和打分。
3	Physics CPD Course for Teachers	中文名称：理科 CPD 课程教师版 目标人群：主要面向新手初中教师。 课程描述：基于科学课新课标，为教师全面培训科学课的教学。 课程模式：理论讲座加课堂实录的方式。
4	Physics CPD Course for Schools	中文名称：理科 CPD 课程学校版 目标人群：主要面向新手初中教师。 课程描述：基于科学课新课标，为教师全面培训科学课的教学。 课程模式：理论讲座加课堂实录的方式。

续表

序号	产品名称	产品描述
5	Return to Teaching CPD Course	中文名称：返岗教师培训 目标人群：返岗教师或拥有教师资格但没有教学经验的教师。 课程描述：唤醒教学专业知识，为返岗教师培训最新的教学理念和方法。 培训学科：生物、化学、信息技术（Computing）、法语、德语、数学、物理和西班牙语，同时还培训近年来的课标变化。 学习支持：全程提供个人辅导教师。

表 2.12 开列了 TES Global 公司教师 CPD 培训工具软件平台中教学技能培训类的产品。

表 2.12 教学技能培训类产品

序号	产品名称	产品描述
1	Outstanding Teaching CPD Course for Teachers	中文名称：优秀教学 CPD 课程教师版 目标人群：所有教师 课程描述：通过课堂实例分析和讲解教学技巧，并提供教学资源的下载，为教师提供从备课到测试各个教学环节的提升培训。 学习支持：提供教师之间的交流平台。
2	Outstanding Teaching CPD Course for Schools	中文名称：优秀教学 CPD 课程学校版 目标人群：所有教师 课程描述：通过课堂实例分析和讲解教学技巧，并提供教学资源的下载，为教师提供从备课到测试各个教学环节的提升培训。 学习支持：提供教师之间的交流平台。
3	Better Voice for Teachers	中文名称：教师好声音 目标人群：所有教师 课程描述：在线声音训练，帮助教师克服嗓音问题以及如何应对声音疲劳。 培训形式：以一对一的形式进行培训，讲解如何训练出有信任感的声音，并配有辅导教师跟踪学习情况。 学习支持：专业广播员做线上支持。 课程效果：能够提高教师健康使用嗓子和声音的能力，听课之后便能立即将所学应用到教学甚至日常生活中。

续表

序号	产品名称	产品描述
4	Growth Mindsets CPD Course	中文名称：心态成长 CPD 课程教师版 目标人群：所有教师 课程描述：培训教师如何引导学生面对挑战和困难，如何鼓励学生努力学习。 培训形式：提供丰富的课堂策略、技巧、活动和教学资源，辅以心态成长课程的教学实例，为各个层次的教师提供帮助。 学习支持：教师可以根据个性化的进度完成 10～12 小时的在线课程。课程创始人将在线参与讨论和答疑。
5	Promote Growth Mindsets in Your School	中文名称：心态成长课程学校版 目标人群：所有教师 课程描述：培训教师如何引导学生面对挑战和困难，如何鼓励学生努力学习。 培训形式：提供丰富的课堂策略、技巧、活动和教学资源，辅以心态成长课程的教学实例，为各个层次的教师提供帮助。 学习支持：线上平台为教师之间的交流和互相学习提供支持。教师可以根据个性化的进度完成 10～12 小时的在线课程。课程创始人将在线参与讨论和答疑。 课程效果：完成课程将获得培训证书。
6	Lessons in Behavior Management CPD Course	中文名称：行为管理课程教师版 目标人群：新手教师 课程描述：提高课堂行为管理能力，营造良好的课堂学习氛围，深入研究课堂行为管理技巧背后的心理学机制。 培训形式：提供丰富的课堂策略、技巧、活动和教学资源，辅以心态成长课程的教学实例，为各个层次的教师提供帮助。 学习支持：提供教师之间的交流平台。
7	Behavior Management CPD Training for Schools	中文名称：行为管理课程学校版 目标人群：新手教师 课程描述：提高课堂行为管理能力，营造良好的课堂学习氛围，深入研究课堂行为管理技巧背后的心理学机制。 培训形式：提供丰富的课堂策略、技巧、活动和教学资源，辅以心态成长课程的教学实例，为各个层次的教师提供帮助。 学习支持：提供教师之间的交流平台。

续表

序号	产品名称	产品描述
8	SEND CPD Course	中文名称：针对残疾儿童的特殊教育培训 目标人群：所有教师 课程描述：通过案例视频和学生采访视频为载体，覆盖学习测评、元认知、思维方法和科技的创新使用等四大培训主题。 学习支持：课程导师在线参与讨论。

四、分析与评论

从上述统计的情况可以看出：

（1）上述产品多数分为教师版与学校版（或校园版）。它们的区别在于组织者的不同，教师版培训是针对个体教师的，而学校版则以学校为单位进行组织。所以它们在培训内容上基本相同，培训方式等方面具有差别。

（2）上述产品学科培训主要针对数学、物理、化学、生物、地理、计算机、科学以及第二外语等课程。从这些课程名称可以看出，培训对象应属于中小学教师，与《英国教师专业标准框架》所规定的教育教学对象为"儿童和青少年"之间是一致的。

（3）《英国教师专业标准框架》规定的教师主体包括合格教师、入职教师（或普通教师）、有经验教师（或资深教师）、优秀教师以及高级技能教师等5种类型。上述产品的培训对象相对于该标准应属于合格教师与入职教师两类，资深教师、优秀教师和高级技能教师在培训中是起着教学设计和学习支持的作用。

（4）上述产品在教学技能培训方面表现出了细致入微的特点，甚至将在课堂讲授课程时如何进行正确发音都作为培训内容。正确的发音不仅可以保护教师的声带，更重要的是在不同教学情境下声音的抑扬顿挫效果可以更加引起学生的关注，增加学生的知识记忆，提高学生的学习兴趣。但是应该注意，汉语发声特点与英语发声特点存在重大差别，汉语语义的识别在很大比例上是依靠4个声调（即元音）来区分，而英语语义的识别在很大比例上是依靠辅音来区分，这也是中国人说话声音较大在技术方面的原因。所以这类产品如果引进中国，必须进行深入的本地化改造才行。

（5）教学技能培训中的课堂行为管理也是非常重要的内容，提高课堂行为管理的能力是为了营造良好的课堂学习氛围。这里的课堂行为既包括教师的教学行为，也包括学生的学习行为，教师的教学行为依靠教师自己来掌控，而学生的学习行为要依靠教师来调动。所以这一心理学技能对教师来说是至关重要的。

（6）我国中小学的信息技术课程简称 IT 课程，英国相应的课程使用简称 ICT，该课程现在使用名称 Computing，所以在表 2.11 中的信息技术课程后面进行了现名标注（详见参考网址：https：//www.tes.com/institute/subject-knowledge-enhancement-teachers）。英国的信息技术课程强调中小学生的数字素养、信息通信技术和计算机科学，并把它们概括性地称为 Computing。[1] "中英教育技术与教育装备比较研究"课题组在对伦敦的中小学进行考察时，注意到这些学校 Computing 课程的教学内容基本都是计算机编程，对小学生进行简单的面向对象的逻辑图形编程教学，而对中学生进行较为复杂的面向过程的语句和指令编程教学。

（7）从上述产品的产品描述、培训方式等信息中可以看出英国教育的传统性，在那里我们看不到慕课（MOOCs）、翻转课堂（Flipped Classroom）、微课程（Micro-Lecture）、建构主义（Constructionism）等这些时髦的名词。英国是个十分传统的国家，在教育上也是这样，并不追求一些新的教学模式或方法。笔者在随"中英教育技术与教育装备比较研究"课题组参观牛津大学、剑桥大学和伦敦大学国王学院时，曾问那里的中国留学生是否知道什么是慕课，他们表现出一脸茫然，当笔者向其解释了"MOOC"（Massive Open Online Courses）的具体含义后，他们表示没有听说过。

（8）表 2.12 教学技能培训的第 8 项是针对残疾儿童的特殊教育培训。将这个课程放到教学技能培训中并对全体教师进行培训，是考虑到随班就读的残疾儿童教育问题。2001 年，英国颁布了《特殊教育法》（*Special Educational Needsand Disability Act 2001*），该法案规定了学龄残疾儿童在家长和本人的意愿下可以到普通学校随班就读，于是就对教师在这方面的教学技能提出了特殊的要求。

（9）从表 2.11 和表 2.12 中的项目数对比可见，教学技能类的培训课程要远多于学科知识类培训课程，这进一步说明了英国基础教育在教师专业技能方面所具有的无微不至的需求和精致的工匠精神。

---

[1] 高雅洁、柏毅：《英国中小学 ICT 教育实施情况分析——〈ICT in schools 2008-11〉述评》，《江苏教育学院学报（社会科学）》，2013 年第 2 期，第 45—49 页。

第三章 中英中小学学习空间建设

学习空间是教育装备的重要构成，中英中小学在学习空间构建上存在着许多不同点，尤其是在建设理念方面。本章重点讨论中英中小学在学习空间建设上的异同。

第一节 教育装备语境下学习空间概念的界定

英国繁荣基金项目"中英教育技术与教育装备比较研究"课题开设了多个分课题，其中"中英中小学教育装备标准比较研究"课题已经基本结题，接下来的一个新的分课题是"中英中小学学习空间比较研究"。进行一项研究首先要明确研究对象、研究目标，要对研究目标中的关键词做出概念的界定，即解决"是什么"与"为什么"的问题。本节内容就是在这个新课题的背景下详细地讨论学习空间的概念。

一、概念界定以及界定语境

要对一个事物的概念做出准确的界定，需要两个基本条件：一个是该事物的本质属性能够被清晰地描述出来，另一个就是参与对该事物基本属性进行描述的人必须处于相同的语境之中。

1. 概念的界定

对概念的界定，有两种不同的理解或处理方式。

第一种方式是"文字界定"，认为概念的界定就是给概念下个确切的文字定义。但概念与定义是两个完全不同的概念，概念是人类对事物本质的思维规定，而定义是对事物概念的语言表达；或者更加具体地说，概念就是停留在人类思维中对事物本质属性的认知，而定义则是用语言或文字将人类对事物本质属性思维的认知正确地描述或撰写出来。其实，《公孙龙子》的"白马非马"论中就存在着区分概念与定义的两种含义：（1）如果将"白马非马"这句话中前面的"白马"理解为具体的马（张家的那匹白马、李家的那匹黑马等），而将该句中后面的"马"规定为马的概念，由于具体的马不是马的概念，则"白马非马"成立。（2）仍然认为句中的"白马"就是具体的马，但将该句中后面的

"马"理解为是马的定义（例如属列举定义），由于具体的白马确实在马的定义范围之内，则"白马为马"成立。从而可以看出概念与定义本质上的不同。

需要特别指出，本节将不采用这种概念界定的方式，并将这种概念界定方式简称为"文字界定"。

第二种方式是"认知界定"，是将概念界定在一定的逻辑上合理的范围之内，让人们对事物的本质属性认知规定在思维上能够基本统一，从而可以做出"此物非彼物"的正确判断即可。本节采用这种概念界定的方式，并将这种概念界定方式简称为"认知界定"。

本节所以采用这种认知界定的方式，是出于以下 3 个理由：

（1）一个事物的本质属性有时是多方面的，当人们根据该事物的本质属性对其下定义时，不同的人会根据事物不同的属性突出其特点而对其进行概念界定，于是就会出现一个事物的概念具有许多种文字定义的情况。例如，对"信息"概念的定义就有近百种，对"人工智能"的定义有几十种，对"教育装备"的定义也有十几种之多。定义的过多，是因为人们在进行概念界定时所处的语境不尽相同，从而对事物不同属性的关注点也就不同（关于这点后文要详细论述），于是在对概念进行界定时就会出现多种定义。同时，太多的定义不仅不会增强人们对事物概念的理解，反而会对概念的建立造成混乱。

（2）给概念下文字定义时有多种不同的方法，如："属 + 种差"定义法、词法定义法、情境定义法、内涵定义法、外延定义法、列举定义法等。每种定义法对事物概念的界定原则都不相同，从而也会产生众多的定义，同样会造成概念认识上的混乱。尤其是一些不够完备的定义法，例如列举定义法，如前所述它违反了"白马非马"的界定原则，使其定义造成人们错误的认知。列举定义的典型形式（如对马的定义）是："对白马、黑马、红马、花马等动物的总称为马。"此时，显然满足的是"白马为马"的论断。但如果"白马为马"成立，则句子后面的马绝不是马的概念。

（3）为了避免上述情形发生，不会造成学生思维上的混乱，在中小学的教材中对事物概念进行界定多是采用认知界定的概念界定方式。中小学生通过对事物概念的学习，能够从本质上区分不同的事物即可。例如：通过学习，学生能够清楚地判断出哪些事物属于人工智能，哪些事物不是人工智能，目的就达到了；而不必让学生去背诵人工智能的各种文字定义和条文。对概念理解的教学目标要远远优于对文字定义生记硬背的教学目标。

2. 概念界定时的语境

对概念进行界定时人们应该处于相同的语境（context）之中。语境，即为参与者生存场（exist field）重叠的部分，或者说是他们生存场的交集。而生存场就是人的专业背景、知识结构以及社会环境等生存境遇。

不能构成共同语境的原因有两种：一种情况是参与者的生存场之间本来就没有相同的可重叠的部分，这种情况少见，除非是与婴幼儿进行交谈；另一种情况是参与者的生存场有相同的部分，但是并没有使这些相同部分重合，这种情况居多。例如：一位教育装备理论研究者与一位教育装备生产企业的老总讨论教育装备的概念问题，这位企业老总认为教室中的空调设备不应属于教育装备的范畴，因为那既不是教师直接使用的教具，也不是学生直接使用的学具。而理论研究者认为空调器既然是构成教学环境的一部分，就属于支撑教学的教育资源，又因为是人工制造，所以根据"教育装备是教育的人工资源"的定义就应该是教育装备。其实，在讨论之前理论研究者与企业老总之间并没有做一个约定，以使他们的讨论处于同一语境当中，理论研究者的语境是教育的大环境，而企业老总的语境是企业产品的类型。所以，在进行概念界定时，创建相同的语境是十分重要的。

一般要想把一个事物的概念界定清楚需要从两个方面着手，一个是要讨论这个事物的起源，另一个是要讨论这个事物的本质，即事物的历史起点与逻辑起点。马克思主义认为，一个事物的历史起点和逻辑起点应该是辩证统一的。所以在下面的讨论中，我们将在一个共同的教育装备的语境下对学习空间的起源与本质进行较为深入的讨论，从而实现对学习空间概念的认知界定。

二、关于学习空间起源的讨论

为了能够对学习空间的概念进行较为准确的界定，先从学习空间发展的历史来对其进行分析，同时在教育装备的语境下对学习空间的概念做详细的说明。

1. 学习空间词源分析

（1）作为汉语专用名词的起源分析

"学习空间"一词在汉语中出现的时间比较晚，或者说它应该属于一个新名词，甚至在有名的《教育大辞典》[①]中竟然没有"学习空间"这个词汇的概念界定，说明这个词汇在20世纪90年代还没有成为一个专用名词。汉语"学习空间"这个词汇是由"学习"和"空间"两个词构成。《教育大辞典》中将"学习"界定为："学习(learning)作为结果，指由经验或练习引起的个体在能力或倾向方面的变化。作为过程，指个体获得这种变化的过程。"《教育大辞典》中没有对

---

① 顾明远主编：《教育大辞典（增订合编本上）》，上海：上海教育出版社，1998年。

"空间"概念的界定,这可以理解,因为该词典是一个教育类的词典。但是其中对相关的"空间观念"做出了定义,对"空间观念"概念的界定为:"物体的大小、形状、结构、位置关系在人脑中留下的直觉的且有一些概括性的形象。"从中可以分析出,"空间"就应该是物体的大小、形状、结构、位置关系。这里需要特别强调指出,之所以必须在《教育大辞典》中去查找"空间"的概念,正是希望让我们的讨论处于教育装备或者起码首先处于教育的语境之中。

在互联网上进行查询发现,汉语"学习空间"这个词汇在杂志上第一次出现是在一篇 1987 年刊出的名为《教室及其多样化》[①]的文章的关键词中。这个词汇在学位论文中第一次出现是在一篇 1991 年完成的名为《儿童节目内容分析之研究》[②]的硕士学位论文中。这个词汇在著作中第一次出现则是在一本 1992 年出版的名为《通向神童的诀窍》[③]的书中,其中提到"制造一个三面封闭的学习空间"。而这个词汇在报纸上第一次出现是在一篇 1999 年 7 月 6 日刊登在《滕州日报》上名为《为全市考生营造宁静的学习空间》的文章标题上。以后,"学习空间"这个词汇逐渐作为专用名词多次在文章中出现。

(2) 作为英语专用名词的起源分析

作为英语专用名词,汉语"学习空间"被译为"learning spaces",这也是由两个单词组成。《教育大辞典》中对英语"教学"teach 与英语"学习"learn 的词源都做了说明,认为"教学""该词英语 teaching 源于日耳曼语的 talkjan,它与'学习'learn 是同源派生出来的两个词",就是说 teach 和 learn 是同源的。但是,英语中的 teach 仅是"教"的意思,其名词化后 teacher 表示教师;而英语中的 learn 仅是"学"的意思,名词化后 learner 表示学习者、学生。而汉语的"教学"则具有"教"和"学"两种行为,这是英语 teaching 与汉语"教学"的区别。英语 space 表示太空的意思,复数形式的名词 spaces 才有空间的意思。所以,"学习空间"的正确英语表述是"learning spaces",而不是"learning space"(学习太空)。

在互联网上进行查询发现,"learning spaces"这个词组作为专用名词有可能最早出现在 1967 年出版、Rosen 与 Marvin J 合著的书名为 *Preparing education specifications for college learning spaces* 的一本书中和书名中。

2. 学习空间起源分析

如前所述,汉语"学习空间"一词是由"学习"和"空间"两个词构成(英语"learning spaces"也基本与此相同),所以我们下面要从学习的起源和空间的

---

① 倪怡:《教室及其多样化》,《全球教育展望》,1987 年第 3 期,第 81 页。
② 兰美幸:《儿童节目内容分析之研究》,台南师范学院硕士学位论文,1991 年。
③ (日)中松义郎著,马庆田译:《通向神童的诀窍》,北京:北京科学技术出版社,1992 年。

起源出发，讨论学习空间的起源问题。

(1)学习的起源

学习与教育、教学有着天然的联系(关于这一点会在学习空间的本质问题讨论时详细说明)，学习的起源和教育的起源是相同的。关于教育的起源一般有4种学说：①教育的生物起源说。认为动物基于它们固有的天赋和保存自己种类的本能才把"知识"与"技巧"传授给幼小的动物，而小动物在此过程中就是在学习。②教育的心理模仿起源说。是从心理学的观点去解释教育起源问题，认为教育起源于无意识的模仿，即无意识的学习。③教育的劳动起源说。20世纪30年代苏联教育理论界认为劳动创造了人，劳动是教育产生的最初的本源，学习劳动技能是劳动的基本条件。④教育的人类社会需求起源说。认为教育起源于社会生活的需要，是社会群体传递文化于个体和个体社会化的需求，而受者在其中的地位就是学习者。其中教育和学习起源于人类社会需求是目前大家比较一致公认的起源学说。

可以看出，学习最开始是出于动物本能的，但是后来逐渐发展成为人类社会活动的必须。所以，如果我们讨论的是人类的学习，则学习应该起源于人类社会活动的出现。

(2)空间的起源

如果将空间理解为物理的场所，则空间分为自然空间和人工(制造)空间。既然本节是在教育装备的语境下进行概念界定，教育装备是人工教育资源，自然空间的起源又涉及宇宙的起源问题，这不在本节讨论的范围之内。而人工空间因为是人造物的属性，它一定是伴随着人类的出现而产生。人工空间物多见于人类生活资源中的人工资源部分，如：房屋、田地、场院、猪栏，等等。随着人类社会活动的加强，具有社会集体活动功能的人工空间物也逐渐被建立起来，同时一些用于宗教祭祀活动的场所、建筑也应运而生。所以，人工空间物起源于人类生产劳动、集体活动的社会需求。

(3)学习空间的起源

学习行为和人工空间物都是起源于人类的社会活动、社会需求，所以学习空间物也就一定起源于人类的社会活动、社会需求了。从教育装备的角度(语境)分析，学习空间物的起源可纳入教育装备的起源。因为学习属于教育教学的范畴，而空间是"物体的大小、形状、结构、位置关系"，其中的那个"物体"是实在物，它可能是一个自然物，也可能是个人工物，当它是人工物并成为教育资源时，学习空间物就具备了教育人工资源(即教育装备)的属性了。下面我们要论证：学习空间物和教育装备一样是与教育同源的。

学习空间物起源于何时，需要考古学的研究结论。考古发现中国最早出现的学习空间物是在公元前 4800 年至公元前 4300 年,从年代上讲那时中华大地应处于夏代之前的原始氏族社会,或者说人类社会刚刚建立的时期。据《中外教育史大事对照年表》中描述,西安市半坡村仰韶时期(公元前 4800～前 4300 年)文化遗址有一间 160 余平方米的大房子,里面有早期的图形文字。① 历史学家认为这是氏族活动的场所,而这些活动起着教育的作用,该场所被认为是最早的学校。而据《中外教育史》一书中所述,国外的考古学家认为古巴比伦在大约公元前 2100 年建立了世界上最早的学校,这些学校主要使用泥板作为书写工具,因此称为"泥板学校",泥板学校显然也属于学习空间物的一种形式。② 古巴比伦时期被认为是奴隶制社会,也是人类早期形成的社会。

由此可见,教育是伴随着人类社会的出现而出现的,因为教育的本质就是人类的社会需求。而教育一旦产生教育装备就随即产生,同时作为教育装备的古代学习空间物(如古代学校)也就以教育的人工资源方式出现在人们的视野中。所以可以说:学习空间物是教育的需求,它是与教育装备同源的,也是与教育同源的。

三、关于学习空间本质的讨论

学习空间的本质涉及学习的本质和空间的本质问题。与学习空间的起源讨论一样,我们先分别讨论学习的本质和空间的本质,再对学习空间的本质做出一个完整的描述。

(1)学习的本质

《教育大辞典》中对"学习"概念的界定除了前文所述部分,还有:"学习(learning)……根据不同标准可作多种分类。按内容可分认知的、情感的和运动技能的三大类。认知学习又可分言语信息、心智技能和认知策略三个亚类。按学习过程特征可分试误式学习与顿悟式学习。按是否理解,可分机械学习与有意义学习。有意义学习又可分接受学习与发现学习等。"从这些详细的分类细目中可以看出学习行为的一些主要功能,同时在《教育大辞典》的相关词语的条目中也可以发现与学习的关系,如:教学、教育等。

《教育大辞典》中将"教学"概念界定为:"教学(teaching)。以课程内容为中介的师生双方教和学的共同活动。学校实现教育目的的基本途径。特点为通过系统知识、技能的传授与掌握,促进学生身心发展。……在学校中是由教师和其他权威人士在制定目标和学习活动时有意安排的。当代中国学者有的认为教学是教师教、学生学的统一活动。"所以,学习与教学是学校教学活

---

① 汪刘生、黄新宪:《中外教育史大事对照年表》,吉林:吉林教育出版社,1990 年。
② 王晓华、叶富贵:《中外教育史》,北京:首都师范大学出版社,2009 年。

动不可分割的两部分，教学强调了教师的教，而学习则强调了学生的学。同时，由于上述界定中教学又是"学校实现教育目的的基本途径"，所以与教育的概念产生了必然的关联性。

《教育大辞典》中将"教育"概念界定为："教育（education）。传递社会生活经验并培养人的社会活动。通常认为：广义的教育，泛指影响人们知识、技能、身心健康、思想品德的形成和发展的各种活动。产生于人类社会初始阶段，存在于人类社会生活的各种活动过程中。狭义的教育，主要指学校教育。"从中可见，教育是个大概念，教学是学校教育的一个重要组成部分，是"学校实现教育目的的基本途径"，所以教学就成为教育概念下一个小一些的概念；又由于教学被《教育大辞典》概念界定中描述为是"以课程内容为中介的师生双方教和学的共同活动"，所以学习又是属于教学概念下一个更小一些的概念。于是可以判断出，学习必然反映着教育与教学的本质属性。

教育的本质在于教育的存在价值，而教育的存在价值由教育的两大功能来体现：第一是教人做人，第二是教人做事。所以，学习的本质就应该是学习做人和学习做事。而在教育装备语境下讨论的学习，则是学校教学环境或条件下学生学习做人与学习做事的学习行为。

（2）空间的本质

空间的本质是最不容易进行描述的，这是因为空间与时间一样都属于"哲学范畴"（即最大的概念）。时间曾被德国现代哲学家海德格尔界定为：由于我们人人都要面对那终将到来的死亡而感悟出来的本征的时间。这一感悟是来自人类心灵的感悟。仿此可以将空间界定为：由于我们人人所具有的肢体和运动而感悟出来的三维的空间。这一感悟则是来自人类肉体的感悟。我们现在已知的所有物理变量，几乎都可以表示为空间和时间的函数：$f(x, y, z, t)$，其中 f 是函数（可代表质量、速度、场强、温度等一切物理量），x、y、z 为三维空间坐标，t 为一维时间坐标。从上面的描述可以感悟出来，空间与时间不是物，而是宇宙这个物质世界的两个最基本的属性。

《现代汉语词典》（第 7 版）将"空间"一词解释为："物质存在的一种客观形式，由长度、宽度、高度表现出来，是物质存在的广延性和伸张性的表现。"《辞海》中对"空间"一词的解释为："物质存在的一种基本形式，指物质存在的广延性"；"一定的范围"。分析《教育大辞典》中对"空间观念"的概念界定可知，"空间"是物体的大小、形状、结构、位置关系。从这些权威词（辞）典中可见，它们对"空间"的概念界定是基本一致的，认为空间不是指物质本身，而是物质的特征或属性，如长宽高、基本形态、广延性、范围、形状、结构、位置等。所以，我们现在讨论的"空间"的本质不是一个实体的本质，而是这个实体属性的本质;而"空间"的属性就是一个实体属性的属性了。应该注意到,汉语对空间的解释与英语对 spaces 的解释是完全不同的,一个是指物体的属性,而另一个则是指物体本身,这一点对我们以下的讨论特别重要。

所以,在教育装备的语境下讨论空间的本质问题,就是谈教育教学人工物质(物理)环境或教育教学人工物质(物理)条件属性的本质。它的本质是反映出教育教学物质环境和物质条件构成的属性,以及这些属性是否真正起着支撑教育教学过程稳定实施的作用。

(3)学习空间的本质

在教育装备的语境下,根据前面对学习本质和空间本质的讨论,基本可以确认学习空间的本质属性应该具有以下特点:

①学习空间主要是指能够支持和保障学生自主学习的物理环境的属性,而不是物理环境本身。

②学习空间所指的学习是学生的学习行为,但在教室的教学过程中,既有教师教的行为,也有学生学的行为,所以普通教室的结构特点及属性也属于学习空间的范畴。

③研究教育装备的目的是发现教育装备的教育教学适用性或其有效性,学习空间既然是反映教育教学物理环境的属性,所以它正是教育装备研究的内容。

④研究学习空间不是研究用于学习的物理实体本身,而是研究这些物理实体的构成属性问题。

四、学习空间概念的界定

综上所述,学习空间并不是人们一般认为的那样:学习空间就是"用于学习的场所"(许亚峰,2015)。如果必须给学习空间下一个文字定义的话,可以将学习空间界定为"用于学习的场所的属性"。

学习空间除了容易与 learning spaces 混淆外,还容易与学习条件、学习环境等造成意义上的混淆。在《教育大辞典》中,学习条件(conditions of learning)被界定为:"促进学习发生的条件。学习在很大程度上依赖于个人和环境的相互作用,是在某些可观察到的条件下发生的事件。"而学习环境(learning environment)被界定为:"为学习者的学习活动提供的条件。在学校教育中,主要包含校园、教室、图书馆、实验室、操场等设施和设备条件,它是完成教育、教学任务,提高教育、教学质量,实现教育、教学目标的重要因素。"所以,学习条件包括了支持学习的物质条件和人力条件(教师、同学等),而学习环境则专指支持学习的物质条件。它们和学习空间概念的不同点在于:

它们与英语学习空间概念一样都是指参与学习过程中的物或人,而学习空间真正的意义所在是指参与学习过程中物的属性。

本节题为"教育装备语境下学习空间概念的另类界定",内容阐述了在对学习空间概念进行认知界定时与一般的文字界定存在以下 3 个方面的区别:

(1)概念界定采取的方式不同,没有采取一般的文字界定的方式,即没有给学习空间做一个确切的文字定义,而是通过对其起源与本质的讨论让人们在头脑中建立起它的思维概念进行认知界定,从而能够正确地判断出什么是学习空间,什么不是学习空间。

(2)本节对空间的理解与英文和国内一般情况下对空间的理解不同,空间不是物,而是物的属性。所以学习空间不是具体物化的用于学习的场所,而是反映用于学习的场所的属性。

(3)本节是在教育装备的语境下讨论学习空间,与一般在信息技术或教育技术的语境下讨论不同。信息技术与教育技术语境下讨论学习空间更加关注学习空间的技术实现和强调教师学生的使用水平,这是对使用者提出的要求;而教育装备语境下讨论的学习空间则更加关注其教育教学适用性或有效性问题,使得这些学习空间物在教育教学中具有"渺无痕迹"的教育装备属性,这是对装备物提出的要求。

五、中英中小学学习空间比较研究的目的

"中英中小学学习空间比较研究"是英国繁荣基金项目"中英教育技术与教育装备比较研究"课题的一个分课题。这个课题采取的研究方法是比较研究法。

在社会科学的研究中,比较研究是一种常用的研究方法。教育装备研究作为社会科学研究的一部分,其研究方法也完全能够采用比较研究方法。比较研究方法,又称类比分析法,是指对两个或两个以上的事物或对象加以对比,以找出它们之间的相似性与差异性的一种分析方法。它是人们认识事物的一种基本方法。比较研究既有在空间上的比较(称地区比较),也有在时间上的比较(称历史比较),空间上的比较研究是最为常用的。在这里我们重点讨论的中英中小学学习空间的比较研究既采用空间上的比较研究,发现中英两国地域之间中小学学习空间上的不同,也注意考察两个国家不同时期中小学学习空间的差异。

通常情况下比较研究法并不给比较的结果下一个孰是孰非、孰好孰坏的结论。但是,不下是非结论不等于不做客观分析,比较研究法必须对结果产生的原因或与结果相关的要素做出详细的分析。两个国家之间的比较结果其

原因往往是由于文化背景的不同，但是教育以及教育装备的发展情况却反映着一个国家的文明程度。"文明一定趋同，文化必须求异"（或"文化必须存异"），两个国家的文化差异不具有可比性，但他们的文明程度是具有可比性的。中英中小学学习空间一定受着各自国家和民族文化的深远影响，发现这些差异性在教育装备上的影响和表现，对于教育装备研究的发展既具有历史意义又具有现实意义。

最后需要说明，中英两国在专用名词"教育装备"和"学习空间"上的理解都是具有差异性的。关于"学习空间"一词理解的差异性在前文已经做了较为详细的论述，此处仅对"教育装备"一词的差异性做一些解释。在英语中没有"Educational Equipment"（教育装备）这个名词，代替中国使用的"教育装备"一词的是英文"Educational Technology"。这里这个英文名词的汉语意思是"教育科技"，而不被翻译成"教育技术"。

为了验证上述分析，在进行"中英中小学教育装备标准比较研究"分课题研究的同时，在课题组走访了英国教育供应商协会 BESA（British Educational Suppliers Association），参观了 2017 年英国教育培训与教育科技会展 BETT Show（British Educational Training and Technology Show），考察了英国伦敦市的 6 所中小学校的基础上做出判断：无论从英国教育科技行业协会的认定上，还是从英国教育科技企业展会展品的认定上，乃至在用户（中小学校）对教育科技产品使用的认定上，他们都是将"Educational Technology"一词译为中国的"教育科技"，并认定它所表达的意思与中国的"教育装备"一词是一致的。

第二节 学习空间的功能及分类

从中小学教育装备的角度去研究学习空间问题是一条比较轻松和高效的路径，这是因为教育装备已经具有了一定的基础性理论，在理论实践方面也有了一定的经验。沿这条路径就可以避免我们从头去建立学习空间基础理论的繁复工作和无休止的争论。

一、讨论学习空间功能与分类的目的

研究学习空间与研究所有的教育装备一样，其目的就是通过这项研究而清楚地知道学习空间在中小学生的在校教育、教学与学习中到底能够起到多大的作用，在哪些方面能够起到更大的作用。从而在此基础上可以设计出更加具有教学适用性的学习空间物或教育、教学、学习装备。其实，进行中英中小学学习空间比较研究的目的从根本上讲就是要对比他们的学习空间在学校教学和学习中所发挥的作用，即学习空间的教学、学习有效性，为进一步设计开发学习空间提供理论与事实支持依据。

讨论学习空间的功能特点有两个目的：一个是为了对今后测量评价学习空间的教学有效性规定出其适用性范围，超出其功能体现的内容不在考虑范围之列；另一个是通过功能特点分析可以对学习空间进行恰当的分类。

而讨论学习空间分类的目的则有3个：第一，通过分类对学习空间的概念更加清晰，能够准确地判断什么是学习空间，什么不是学习空间；第二，根据不同类型学习空间所具有的功能特点确定研究对象的主次地位，使得研究路径的先后顺序更加明确；第三，通过确切的分类为今后的中小学学习空间标准化工作打下基础。

同时，讨论学习空间的功能与分类还会使我们看到，学习空间问题完全属于教育装备所讨论的范畴，必须用教育装备系统化思想与方法对学习空间进行研究，从而使我们坚定从教育装备角度去研究学习空间的信念。

此外，还有一个问题必须在此着重说明。笔者在《教育装备语境下学习空间概念的另类界定》一文中提出了一个观点：学习空间不是物质，而是物质的属性；空间与时间是宇宙这个物质世界的两个基本属性，学习空间与学习时间也必然是作为保障学校教学环境那些物质条件的两个基本属性。[①] 本文仍然承袭这一观点，将中小学校园、教室、实验室等这些教学设施称为"学习空间物"。但是，为了适应人们的习惯，在这里又改用了人们惯用的"学习空间"来代替"学习空间物"一词，这是不得已而为之。所以，下文中的"学习空间"其实表达的是"学习空间物"（即具有学习空间属性的物）或学习场所，而"空间"所表达的就是"空间物"（即具有空间属性的物）或场所。

二、学习空间的功能分析

一个系统的构成主要就是人和物，对人的要求是其作用如何，对物的要求就是其功能怎样。讨论一个存在物的功能及功能有效性是课题研究的最根本问题之一。

1. 教学系统三分论

作为中小学校教育教学的物质条件（或称教育教学人工资源），学习空间的功能与教学系统的构成有着必然的联系。在教育装备理论中将学校教学系

[①] 艾伦：《教育装备语境下学习空间概念的另类界定》，《中国现代教育装备》，2018年第5期，第1—7页。

统做了概念界定，并提出其构成遵循"教学系统三分论"①（如图 3.1 所示）。

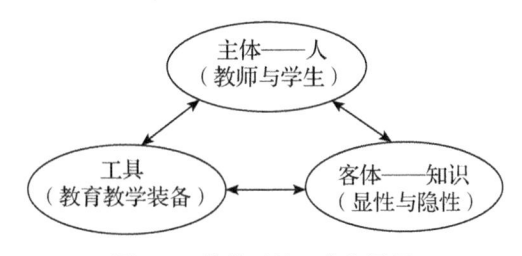

图 3.1 教学系统三分论图解

一个教学系统由三部分构成：(1)作为系统主体的人，包括教师和学生；(2)作为系统客体的知识，包括显性知识和隐性知识（能力）；(3)作为工具的教育教学装备，它既不是系统的主体也不是系统的客体。教学系统三分论强调了这三部分的构成，同时也指出了这三者之间的相互依存关系，即这个系统是个教育生态系统。

学习空间在上述这个系统中属于工具或教学装备的部分，它既不是教学系统的主体也不是教学系统的客体；但是在本节研究的内容中它成为我们现在正在讨论研究的问题客体（或称其为研究对象）。

2. 从教育装备的功能看学习空间的功能

教育装备包括了教学装备，而教学装备又包括了学习空间，这是教育装备与学习空间的隶属关系。能够对学习空间的功能与教育装备、教学装备的功能也做出隶属关系的判断，必须要对教育装备的构成更加清晰，此前在图 1.1（见第 4 页）中已经将教育装备及其相关概念的关系进行了展示。

为了能够对图 3.1 的关系理解得更深刻，在表 3.1 中通过举例和属性界定对不同区域的内容做了较为详细的说明。如果对表 3.1 中开列的例子进行对比分析，可以大致看出，作为学习空间的教育装备在其中的 C 区与 D 区出现的可能性最大。这是因为：(1)学习空间应该是人工打造的，不是自然形成的，所以不会出现在 B 区；(2)学习空间应该是有助于学校师生从事教学的环境，不属于学校办公系统部分，所以出现在 A 区的概率不大；(3)学习空间关注的是教学活动，特别关注学生自主学习活动，与学校教育管理技术关系不大，所以也不应该出现在 E 区。由于 C 区和 D 区覆盖了全部教学装备和部分教育技术装备，所以对学习空间的研究就出现在了教育装备研究领域和教育技术研究领域，这是显而易见的。

---

① 艾伦：《教育装备论》，北京：首都师范大学出版社，2016 年，第 18 页。

表 3.1 教育装备相关概念说明

区域	举例	说明	属性
A区	教师办公室里的办公桌、教室里的空调器等	没有直接用于教学活动，所以不是教学装备、教育技术装备、教具和学具	属于教育装备
B区	空中飞舞的蝴蝶、路边拾来的矿石等	可以成为教具、学具，但由于不是人工制造，所以不属于装备，也就不属于教育装备、教学装备以及教育技术装备	不属于教育装备
C区	课桌椅、实验台、图书、体育设施等	是教具、学具，也是教学装备，但是不属于我们通常说的教育技术装备	属于教育装备
D区	投影机、电子白板等	它们是教具、教学装备，同时还是教育技术装备	属于教育装备
E区	校园网络教学管理系统等	它们是教育信息化设备，所以属于教育技术装备，但不属于教学装备和教具学具	属于教育装备

在笔者的《教育装备功能分类》一文中，将教育装备按照功能分为 3 个类型：辅助认知功能、环境优化功能、教育管理功能。[①] 从前文对学习空间所处区域的分析可知，学习空间的功能应该包含辅助认知和环境优化这两种类型的功能。从教学系统三分论的角度去分析，学习空间的辅助认知功能起着知识载体的作用，是将教学系统中的客体——知识（含隐性知识）传递到系统的主体——学生端的工具。环境优化功能并不只是物理条件的优化问题，它包含着教学系统中对教学主体应该具有的生理、心理、认知、教师、学生、时间、空间、文化 8 个方面的适用性问题。

通过上述分析可知，学习空间的功能应具有以下特性：

(1)学习空间功能 ＝ 辅助认知功能 ＋ 环境优化功能。

(2)学习空间物的构成不仅仅只是一个封闭、半封闭或开放式的场所，还必须包括这个场所中的一切教学装备，即这个空间物的空间属性必须不是"虚空"的。学习空间的功能由它的全部构成集体呈现。

(3)学习空间的功能是辅助学校的师生教学，但同时突出了学生自主学习的环境构建。

3. 学习空间自由度

学习空间的功能是辅助学校教学，作为空间物，它应该具有的空间属性

---

① 艾伦：《教育装备功能分类》，《中国现代教育装备》，2017 年第 2 期，第 7—10 页。

首先是空间自由度(或称其为维度)。学习空间不是简单的物理空间,它的自由度不是用简单的三维坐标表示,它所表现的空间自由度主要体现在教学和学习方面。学习空间具有4个自由度,它们是人们对一个教学系统所最为关心的本质属性,分别为:学习者中心自由度、知识中心自由度、共同体中心自由度、评价中心自由度。[①]

(1)学习者中心自由度:学习者即是指学生,这里强调了学生在教学系统中的主体性,强调了学生的自主学习。教学中,学生将自己的知识、能力、情感、态度、文化素养等带到学习空间,并在其中得到进一步的升华。该自由度是学生核心素养要求中"人与自己"或"自主发展"维度的体现。

(2)知识中心自由度:这里突出了学习空间这个教学环境本身就是知识载体,强调了它的辅助认知工具功能。它应该具有帮助学生学习知识和进行知识迁移的作用。该自由度是学生核心素养要求中"人与工具"或"文化基础"维度的体现。

(3)共同体中心自由度:学生在学习空间中的学习是自主的、独立的,但并不是孤立无援和不顾及他人的。在共同体里,师生们处于协作式的学习模式之中,学生从中被培养人与人之间相互协作的精神,为走向社会打下一定的基础。该自由度是学生核心素养要求中"人与社会"或"社会参与"维度的体现。

(4)评价中心自由度:教学评价不仅是对学习者学习目标达成水平的测评,同时也是对作为教学环境的学习空间其辅助教学有效性的测评。该自由度也是一个合格的学习空间应该具备的功能,是对前三个自由度作用发挥的检验维度。

这里需要特别指出,文中使用了"自由度"一词而没有使用"维度"这个词,这是因为我们现在讨论的是空间物体,即学习空间物或学习场所。习惯上,在讨论"虚空"的坐标时使用"维度",而讨论"虚空"中物体对象时则使用"自由度"来对其状态进行描述。

三、学习空间的类型分析

学习空间的功能可以参照教育装备的功能进行讨论,同样,学习空间的分类也可以参照教育装备的分类进行讨论。

1. 教育装备分类

笔者在《教育装备功能分类》一文中对教育装备进行了详细的分类,并将

[①] 艾伦:《学习空间的功能及分类》,《中国现代教育装备》,2018年第12期,第2—6页。

各个类型都做了细化和举例(见表3.2)。

表 3.2　教育装备分类列表

分类法	类型	举例
行业分工分类	教学设施设备	教室、黑板
	实验仪器设备	示波器、铁架台
	学科设施设备	体育场、乐器
	信息化设施设备	校园网、计算机
	图书设施资料	图书馆、图书
	后勤设施设备	食堂、饮水机
装备功能分类	构建教学环境的装备	课桌椅、投影机
	构建教育管理的装备	校长室、校园网
	构建生活环境的装备	学生宿舍、床位
研究领域分类	教学装备	显微镜、烧瓶
	教育技术装备	计算机、投影机
	教具与学具	挂图、算盘
装备属性分类	作为教学内容的装备	教材、标本
	辅助教学的装备	计算机、投影机
	构成教育环境的装备	教室、实验室

从表3.2中举例的部分可以看到,作为空间场所出现的教育装备频繁出现,如:教室、实验室、体育场、图书馆、校长室、学生宿舍、校园网等。这些场所并不能够全部归入学习空间,如校长室这种场所作为学生学习空间的功能体现几乎没有,而且还有像校园网这样的空间实际上是具有一定"虚拟学习空间"的功能。

2. 学校学习空间分类

参照教育装备分类法,也可以将学校的学习空间分成若干个不同的类型,它们可以分别按照下述原则进行分类:按照场所结构分类、按照学科功能属性分类、按照教学结构分类、按照知识类型分类、按照自然空间分类、按照虚拟与现实分类以及按照自由度分类等。为了能够一目了然地将这些分类呈现出来,这里仿照表3.2的处理方法将学习空间的类型细目开列在表3.3中。

表 3.3　学习空间分类列表

分类法	类型	举例
按场所结构分类	封闭式	教室、展室
	半封闭式	风雨操场、植物园
	开放式	校园绿地、运动场
按学科功能属性分类	人文学科	文学沙龙、英语角
	自然科学	理科实验室、科学角
	社会科学	社会实践基地
	体育	体育场馆
	艺术	音乐室、美术室
按教学结构分类	结构化教学	教室、实验室
	半结构化教学	图书馆、展室
	非结构化教学	校园绿地、文化沙龙
按知识类型分类	知识本位	教室
	知识能力兼顾	图书馆
	能力本位	实验室
按自然空间分类	办公区	办公室、教研室
	教学区	教室、实验室
	运动区	足球场、篮球场
	自由活动区	图书馆、休闲区
按虚实分类	实体学习空间	教室、实验室
	虚拟学习空间	虚拟实验室
按自由度分类	学习者中心	自习室
	知识中心	教室
	共同体中心	实验室
	评价中心	心理咨询室

表 3.3 开列的这些分类从本质上讲属于线性分类，但是教学系统是一个复杂系统，这样的简单线性分类肯定是不够完备的。其实，在真正的学习空间里，学习无处不在地发生着，表 3.3 分类法中所述的那些学习功能彼此是非线性地交融在一起的。当我们的关注点不同时，可以按照表中的不同功能

进行分类,但是如果从教育教学适用性或有效性方面判断,所有分类都应被学习空间自由度的水平进行检验。

正如前文所述,讨论学习空间分类的第一目的是通过分类对学习空间的概念更加清晰,能够准确地判断什么是学习空间,什么不是学习空间。在以下的讨论中,我们将会根据校园中学习空间自然分布顺序依次分析其功能和作用,但是分析的内容则根据学习空间自由度的要求,即按照人与自己(或自主发展)、人与工具(或文化基础)、人与社会(或社会参与)、测量评价4个维度的关注点进行。其中,校园学习空间自然分布可参考中小学校的平面结构图,图3.2是一个于2010年由中华人民共和国住房和城乡建设部制定和批准、并于2012年1月1日开始施行的国家标准《中小学校设计规范(GB 50099—2011)》相配套的《〈中小学校设计规范〉图示(11J934—1)》中提供的标准结构图。从该图可以清晰地看出我国中小学校园中学习空间的自然分布情况。

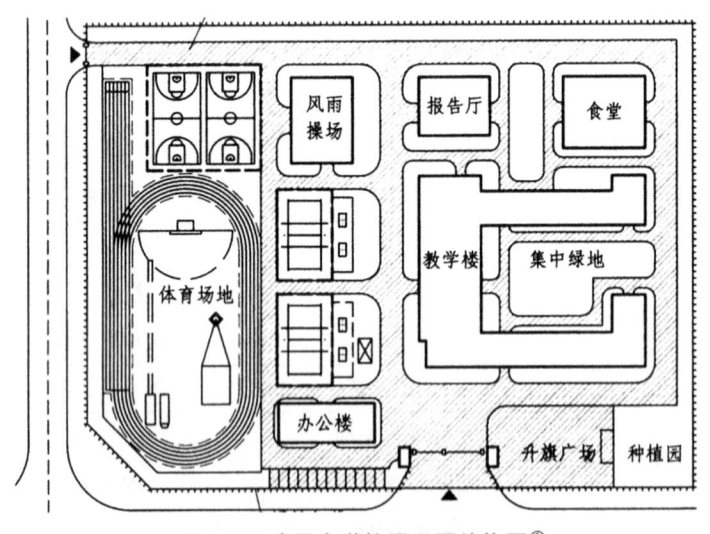

图3.2 我国中学校园平面结构图[①]

四、中英中小学学习空间的功能与分类比较

中英中小学在学习空间的设计理念上存在着很大差异性,其功能定位与分类方法也具有较大差别。图3.3是英国中学校园平面结构图,与图3.2相比可发现一些设计理念上的差别。

---

① 中国建筑标准设计研究院:《〈中小学校设计规范〉图示(11J934—1)》,2011年。

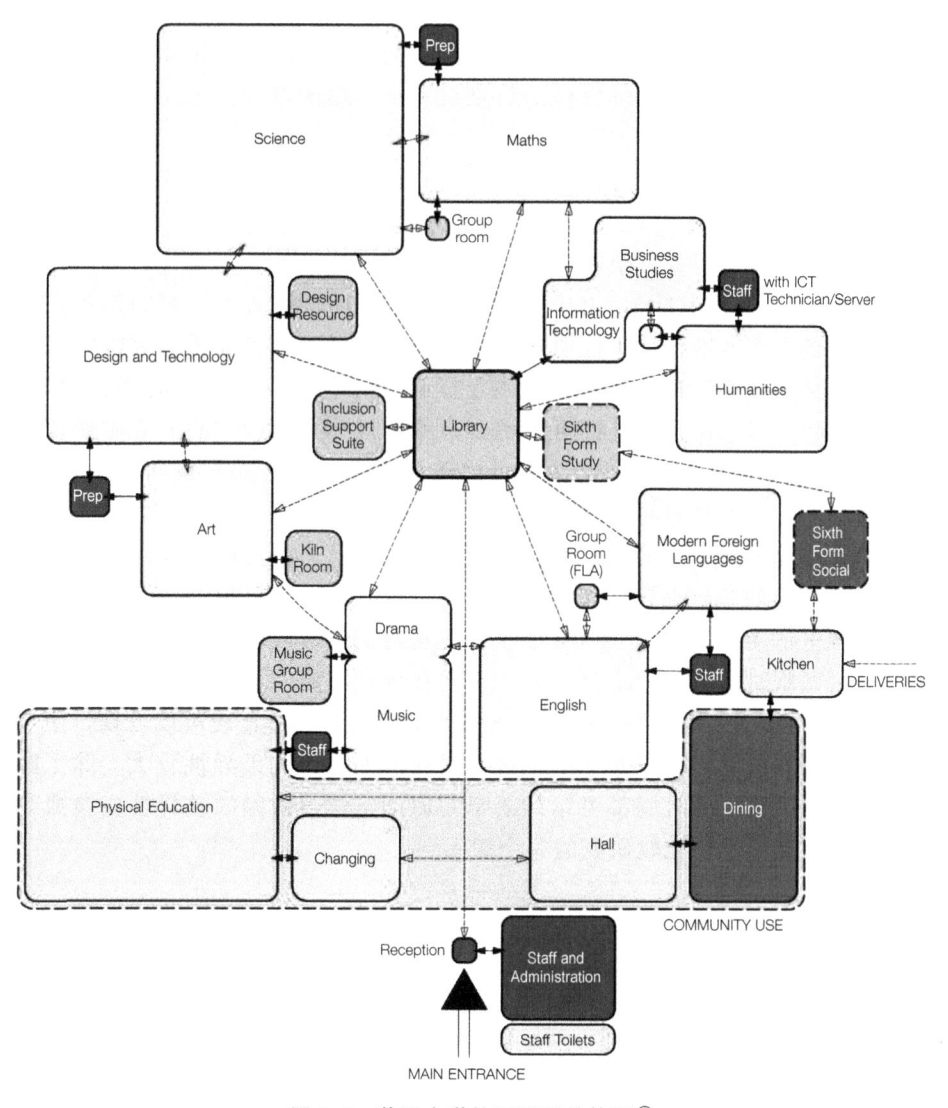

图 3.3　英国中学校园平面结构图[①]

2016年10月4日"中英教育技术与教育装备比较研究"课题组走访了位于英国伦敦市中心的哥本哈根小学（Copenhagen Primary School）。该校的校舍是1886年盖起的楼式建筑，学校的场地不大，但充分利用了现有空间。在这个旧楼的楼顶平台上开辟出了一块学生参加自然活动的"空中花园"，这个特

---

① Department for Education. Building Bulletin 98：Briefing Framework for Secondary School Projects，1999.

>>> 73

殊的学习空间布置了学生自己动手栽培的盆栽植物，除了个别的花卉，大部分是城市中少见的蔬菜和谷物，如西红柿、胡萝卜、小麦等作物。让城市中心的孩子在学习空间中了解农村的信息是一个不错的设计，也反映了其教育理念。

五、"学习时间"研究

空间与时间是宇宙这个物质世界的两个根本属性。西方现代哲学家海德格尔在他的《存在与时间》一书中说：人的存在是时间性存在。时间性存在是人与动物的根本区别。为了证明这一点，与他同时代的犹太哲学家维特根斯坦说：狗从不担心它的主人明天会打它。因为动物的存在不是时间性存在。对于存在物，时间比空间显得更为重要，所以对"学习时间"的研究必然要比"学习空间"的研究更为重要。在进行中英中小学学习空间比较研究的同时，应该考虑对于学习时间的比较研究。

图 3.4 是美国中小学生平均每天的时间分配。从中可以计算出美国中小学生平均每天的睡眠时间为 7.92 个小时，在校学习的时间为 3.36 个小时，家庭与社区活动的时间为 12.72 个小时。从网上可以查询到，中国中小学生平均每天睡眠时间为 8 个小时左右，平均在校学习时间为 8～10 个小时，则可推算出家庭与社区活动时间为 6～8 个小时左右。通过比较可以发现，中美中小学生的在校学习时间和家庭社区活动时间两点上的差异性较大。除了睡眠时间以外，其他的时间都可以纳入学习时间。学习时间的差异性应该成为今后进行中英中小学比较研究的一个切入点。

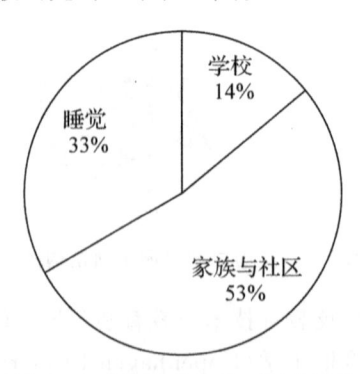

图 3.4　美国中小学生时间分配[1]

---

[1] （美）约翰·D. 布兰思福特著，程可拉等译：《人是如何学习的》，上海：华东师范大学出版社，2013 年。

第三节　知识中心自由度

从教育装备的角度研究学习空间，则学习空间具有 4 个自由度，它们分别为：学习者中心自由度、知识中心自由度、共同体中心自由度、评价中心自由度。本节重点讨论知识中心自由度的设计问题。

一、学习空间知识中心自由度

20 世纪末 21 世纪初，国际上一些组织（如经济合作与发展组织、欧盟、联合国教科文组织等）和发达国家（如美国、英国、法国、德国等）根据人才发展需要而提出了"核心素养"的概念，并将人才核心素养要求分为 3 个维度：人与工具（或人与知识）、人与自己、人与社会。2014 年，我国根据《教育部关于全面深化课程改革落实立德树人根本任务的意见》提出的要求制定了中国学生发展核心素养体系，将学生核心素养要求分为 3 个维度：文化基础、自主发展、社会参与。中国学生核心素养的 3 个维度与国际上人才核心素养 3 个维度是对应的，其中文化基础对应着人与工具，自主发展对应着人与自己，社会参与对应着人与社会。这 3 个维度是对人才或学生的基本要求，它们是完全一致的。

学习空间是为人才培养、为学生学习服务的，所以它必须满足上述 3 个维度的基本要求，同时还要对其是否满足了上述要求而进行考察和做出评价，于是就出现了学习空间的 4 个自由度。学习空间的 4 个自由度中的知识中心自由度和人与工具对应，学习者中心自由度和人与自己对应，共同体中心自由度和人与社会对应，而评价中心自由度则是对前 3 个自由度的考察。

作为学习空间的知识中心自由度，必须能够充分体现两个方面的功能：第一，能够方便学生获得知识；第二，能够提高学生获得知识的能力。其中，第二点比第一点更为重要，因为这一要求是使得学生学会学习和学会自主学习。国际上的人才培养核心素养的人与工具维度和中国学生发展核心素养体系的文化基础维度都是对此做出的明确规定，表 3.4 详细开列了国际上和中国对学生获取知识能力的具体要求。

表 3.4　对学生获取知识能力的要求

素养维度	国际组织与国家	素养要求		
人与工具维度	经济合作与发展组织（OECD）	互动地使用语言、符号和文本；互动地使用知识和信息；互动地使用（新）技术		
	欧盟	母语交流；外语交流；数学素养；科学技术素养；信息素养		
	联合国教科文组织	学会求知		
	国际文凭组织	知识技能		
	世界银行	学习能力；认知能力		
	美国	信息素养；媒体素养；信息技术素养		
	芬兰	信息素养与交际；技术与个体（对环境、健康和可持续发展的未来的责任感）		
	英国	运用数学；信息通信		
	德国	独立学习能力；使用技术的基本知识与能力		
	法国	掌握法语；掌握数学和科学文化知识；掌握基本的人文文化知识；掌握一门外语；掌握常用的信息通信技术		
	澳大利亚	运用数学概念及技巧的能力；运用科技的能力；沟通观念与信息的能力		
	新西兰	运用语言、文字符号的能力；交流能力		
文化基础维度	中国	人文底蕴	人文积淀	
			人文情怀	
			审美情趣	
		科学精神	理性思维	
			批判质疑	
			勇于探究	

在知识获取能力方面，国际上与中国的核心素养体系都将这一内容放到了第一维度上，可见对它的重视。所以作为学习空间构成，首先应该考虑的就是知识中心自由度在设计中的体现，这具有十分重要的意义。

二、知识中心自由度的情境认知作用

知识的获得就是认知，知识的获取能力就是认知能力。人的认知是一个心理过程，但是这个过程又必须在一定的外部条件下进行，而那个适当的外部条件则是我们在此讨论的重点。

《教育大辞典》中将认知(cognition)概念界定为："在意识水平上对思想和表象的加工。……传统上指知觉、想象、推理和判断等心理过程。也有许多心理学家把它看作头脑内的任何活动。其基本特征是具有抽象性，包含符号化、领悟、预期、复杂规则的运用、有意性、信念、解决问题等心理因素。"[1] 彭聃龄的《普通心理学》中定义："认知，是指人们获得知识或应用知识的过程，或信息加工的过程，这是人的最基本的心理过程。它包括感觉、知觉、记忆、思维、想象和语言等。"[2] 梁宁建则在他的《当代认知心理学》中定义："认知(cognition)指人脑中的知觉和认识活动，即人的意识、感知、注意、记忆、问题解决和推理等过程。"[3] 成云在《教育心理学》中指出："认知是指那些能使主体获得知识和解决问题的操作和能力。认知是人类个体内在心理活动的产物。"[4]

通过对上述认知定义的分析可知：

(1)认知是人类获得知识的心理活动过程。即知识的获得就是认知。

(2)认知过程包括感觉、知觉、意识、记忆、想象、推理、语言组织和判断等一系列心理活动。在这些活动中，感觉、知觉、意识、记忆、想象都是直接针对外界事物的心理反应，它们的发生需要借助人类的感觉器官进行；而推理、语言组织和判断则是间接反映外界事物的内心活动，它们是纯粹的心理活动。

(3)认知的基本特征是抽象性和符号化，从这一点上看它与概念的建立是完全相同的，因为概念是人对事物本质的思维规定，而在心理学上则是指符号标志的具有共同关键特征的一类客体、事件、情境或属性。所以可以认为，人类概念建立的过程包括了认知和聚类。

认知是对外界事物的心理反应，所以正确的认知必须以外部世界为依托。皮亚杰认知发展理论的认知相互作用模式(cognitive interaction model)就是强调学习者的学习过程是在内因(心理)与外因(外界事物)的相互作用下实现的，这一过程被称为知识建构。该理论与行为主义理论不同的地方在于内因与外因相互作用时，内因不是被动地接受刺激，而是主动进行顺应与同化；该理论与认知主义理论的不同则在于更强调了外因的作用，认为知识的获得不能

---

[1] 顾明远主编：《教育大辞典(增订合编本上)》，上海：上海教育出版社，1998年。
[2] 彭聃龄：《普通心理学》，北京：北京师范大学出版社，2010年。
[3] 梁宁建：《当代认知心理学》，上海：上海教育出版社，2014年。
[4] 成云：《教育心理学》，成都：西南交通大学出版社，2015年。

只依靠"顿悟"来实现。

情境认知理论(Situated Cognition)是在认知发展理论基础上建立起来的新学习理论。根据情境认知理论的基本观点，认为知识是人类在实践中不断地发现和积累起来的，知识的获得与日常活动和社会交往密不可分。情境（或情景）多指社会环境，在学习过程中也指外部条件，在概念建立的过程中则指语境(Context)。可见，情境虽然是物质构成的，但它反映出一定的精神与文化，而学习者的认知过程依赖这种精神与文化。

中小学校学习空间功能所具有的特性有三点：

(1)学习空间功能 = 辅助认知功能 + 环境优化功能。

(2)学习空间物的构成不只是一个封闭、半封闭或开放式的场所，还必须包括这个场所中的一切教学装备，即这个空间物的空间属性必须不是"虚空"的。学习空间的功能由它的全部构成集体呈现。

(3)学习空间的功能是辅助学校的师生教学，但同时突出了学生自主学习的环境构建。

中小学学习空间的知识中心也应该同时满足上述这些要求，其中环境优化功能、提供一切教学装备和自主学习的环境构建都是针对认知情境的体现而提出的。

三、校园学习空间的知识中心体现

一个系统的构成主要就是人和物，对人的要求是其作用如何，对物的要求就是其功能怎样。讨论一个存在物的功能及功能有效性是课题研究的最根本问题之一。

图 3.5 和前文中图 3.3 显示的是英国教育部颁布的《建筑公告》(Building Bulletin)对英国中小学校园建设的标准规定，其中图 3.5 引自《建筑公告 99：小学建筑设计总体框架》(Building Bulletin 99：Briefing Framework for Primary School Projects)，图 3.3 引自《建筑公告 98：中学建筑设计总体框架》(Building Bulletin 98：Briefing Framework for Secondary School Projects)。图中圈注的部分(Library)为图书馆的位置，位置显著而居中，体现了校园学习空间知识中心的设计理念。

前文中图 3.2 显示了我国中小学校园设计图，该图纸引自我国现行国家标准《中小学校设计规范(GB 50099—2011)》配套的图集《〈中小学校设计规范〉图示(11J934—1)》，这个国家标准于 2010 年由中华人民共和国住房和城乡建设部制定和批准，从 2012 年 1 月 1 日开始施行。

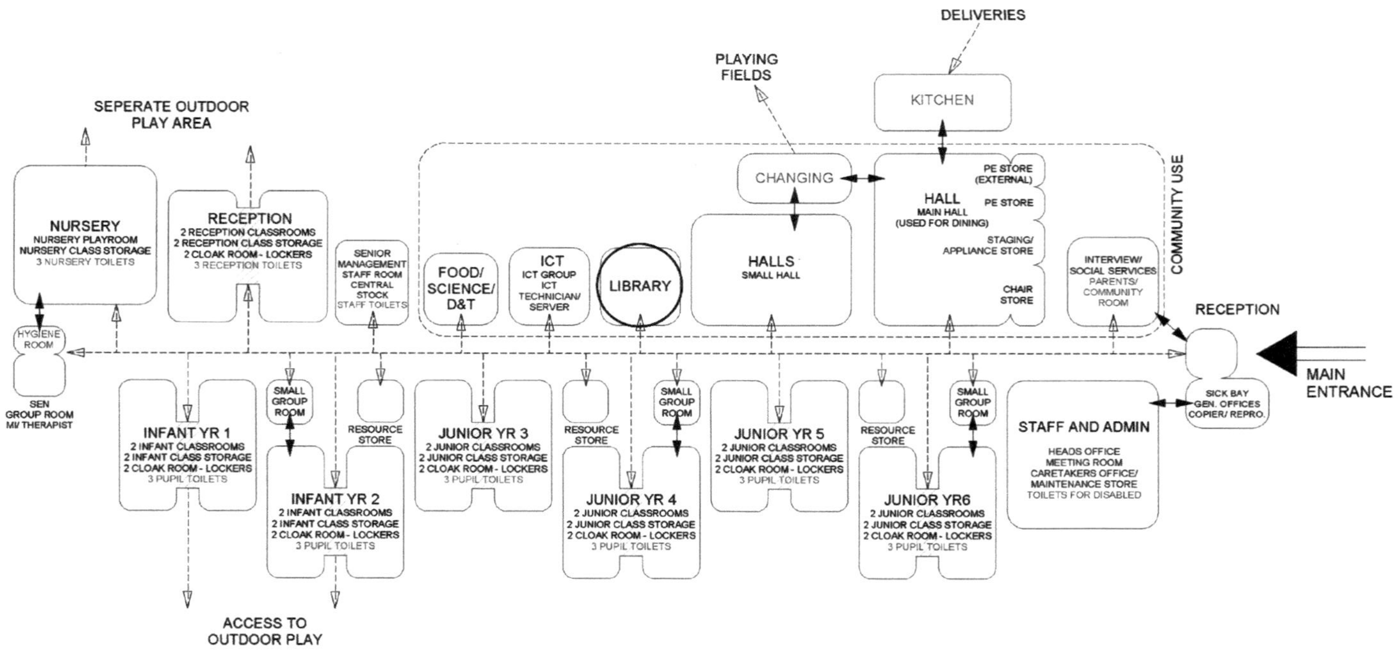

图 3.5　英国小学校园设计图[1]

---

[1] Department for Education. Building Bulletin 99: Briefing Framework for Primary School Projects, 1999.

在我国中小学校园平面结构图中可见，其中没有考虑到图书馆的位置，这应该是一个设计缺陷。教育装备的设计必须首先考虑其教育教学的适用性，这是教育装备研究的一个原则。希望在日后出台的中小学校园建设新标准、新规范中能够充分考虑校园的学习空间知识中心体现和作用，参照国内外高校和英国中小学校园设计的理念进行合理规划。

第四节　学习者中心自由度

从教育装备的角度研究学习空间，则学习空间具有 4 个自由度，它们分别为：知识中心自由度、学习者中心自由度、共同体中心自由度、评价中心自由度。本节重点讨论学习者中心自由度的特点与实现。

一、学习空间学习者中心自由度

在校的教育教学中，学习者就是学生，学习者中心则是强调学生在教学系统中的主体性、主动性和自主性。教学中，学生将自己的知识、能力、情感、态度、文化素养等带到学习空间，并在其中得到进一步的升华。学习者中心应充分体现学生核心素养体系中"人与自己"或"自主发展"维度的要求。

表 3.5 是根据国际经合组织、欧盟、联合国教科文组织和一些发达国家提出的人才"核心素养"要求，以及中国学生发展核心素养体系提炼出的自主学习能力要求。

表 3.5　对学生自主学习能力的要求

素养维度	国际组织与国家	素养要求
人与自己维度	经合组织	与他人建立良好的关系；团队合作；管理与解决冲突
	欧盟	主动与创新意识；学会学习
	联合国教科文组织	学会发展；学会改变
	国际文凭组织	思维能力；身心全面发展；敢于冒险；反思能力；探究能力
	世界银行	问题解决能力；个人能力；情感能力
	美国	创造力与创新能力；批判思维与问题解决；主动性与自我导向
	芬兰	成长为人；安全与交通
	英国	改进学习的能力；问题解决能力

续表

素养维度	国际组织与国家	素养要求	
人与自己维度	德国	问题解决能力；对自己活动陈述解释的能力	
	法国	拥有独立自主和主动进取的精神	
	澳大利亚	与他人合作及在团体中工作的能力	
	新西兰	自主管理能力；思维能力	
自主发展维度	中国	学会学习	乐学善学
			勤于反思
			信息意识
		健康生活	珍爱生命
			健全人格
			自我管理

学习者中心体现学生的主体性和主动性是显而易见的，体现学生的自主性则是我们讨论的主要话题。从表3.5中内容可见，世界各国对"人与自己"的理解是存在差异的，他们分别提出了团队合作、问题解决、情感能力、自我管理、思维能力等要求，但出现最多的是学会学习。其实，对其他能力的要求也是围绕学生学会学习问题展开的，学会学习在本质上是让学生学会自主地去学习，而学生自主学习离不开团队合作、问题解决、情感能力、自我管理、思维能力等方面的训练。学生在学校中的自主学习绝不是脱离教师和同学、没有环境和条件的"闭关"或冥想行为。

二、自主学习概念

以学习者为中心的学习本质上是学习者的自主学习，所以在厘清以学习者为中心的学习时首先应该建立自主学习的概念。人们对学生自主学习的研究已经非常广泛而且深入，从20世纪50年代心理学界就开始了对它的研究，到20世纪90年代达到了研究高峰，并逐渐形成了多种学派。各个学派对学生自主学习赋予了不同的概念和意义，为了更加清楚地了解各个学派的观点，本文根据周炎根、桑青松的《国内外自主学习理论研究综述》一文提供的内容将其归纳整理成表3.6的形式。

表 3.6　自主学习学派观点[1]

序号	学派	自主学习本质	自主学习特征	自主学习过程
1	操作主义（斯金纳，B. F. Skinner）	自主学习是一种操作性行为	基于外部奖赏或惩罚而做出的应答性反应	自我监控、自我指导、自我强化
2	人本主义（麦库姆斯，McCombs）	自主学习是个体自我系统发展的必然结果	自主学习受自我系统的结构和过程的制约	计划、设置目标、选择学习策略、自我监控、自我评价
3	信息加工（温娜，S. H. Winne）	自主学习是信息加工控制	自主学习依赖于一种循环反馈回路	个体获得的信息首先要根据预设的标准进行测验，如果匹配不充分就要对信息进行改变或转换，再进行检测，反复进行直到信息符合检验的标准
4	社会认知（班杜拉，Albert Bandura；齐莫曼，B. J. Zimmerman）	自主学习是学生基于学习行为的预期、计划与行为现实之间的对比、评价来对学习进行调节和控制的过程	行为、环境、个体的内在因素三者之间的交互作用	自主学习包括三个具体的过程：自我观察、自我判断、自我反应
5	自主意志（科尔，J. Kuhl；考诺，L. Corno）	自主学习是一种意志控制过程	学习者作为主体的一面是行为活动的执行者	自主学习过程分为内隐自我控制（认知监控、情绪监控、动机监控）和外显自我控制（学习环境中的事物控制与任务控）
6	言语指导（维果斯基，Lev Vygotsky）	自主学习是一种言语的自我指导过程，是个体利用内部言语主动调节自己学习的过程	是儿童言语内化的结果	儿童的言语发展过程分为外部言语、自我中心言语、内部言语三个由低到高的阶段

---

[1] 周炎根、桑青松：《国内外自主学习理论研究综述》，《安徽教育学院学报》，2007年第1期，第100—104页。

续表

序号	学派	自主学习本质	自主学习特征	自主学习过程
7	建构主义（弗拉维尔，John Hurley Flavell）	自主学习是元认知监控的学习	个体对为什么学习、能否学习、学习什么、如何学习等问题有自觉的意识和反应	学生根据自己的学习能力、学习任务的要求，积极主动地调整学习策略和努力程度的过程

对表 3.6 的内容进行对比、考查和分析，可以得出以下结论：

(1) 各个学派从不同的角度出发对自主学习的概念做界定，但他们的共同点是认为自主学习是学生的一种学习方式。同时，从学生核心素养要求角度分析，自主学习又是一种非常重要的学习能力。

(2) 从各个学派对自主学习特征的描述中可以看出，他们都强调了学习者的心理因素或内部因素（或称内因），但是应该注意到外部环境（或称外因）与学习者自觉意识之间发生的关系。

(3) 从各个学派对自主学习特征的描述中还可以看出，他们所谓的学生学习的自主性并不都是个体的自主性，还包括了群体的自主性（如操作主义、信息加工、社会认知以及自主意志各学派）。学生自主学习的群体性是指学生在脱离教育者（教师）的环境下由学生自发、自主地组织在一起进行学习的情况。在这一点上，与表 3.5 呈现的团队合作素养要求是保持一致的。

(4) 在对自主学习的过程描述中，自我监控与自我评价两个具体内容是被各个学派关注最多的。自我监控是对自己学习动机、学习对象、学习策略、学习情绪等进行监督控制的能力，自我评价则是对自己学习效果进行评价和判断的能力。

(5) 自主学习的表现，即如何从一个学习者的行为表现判断出他是在进行自主学习，这是一个非常重要的问题，但是在各个学派观点的描述中都没有体现。它之所以重要是因为在研究自主学习理论时除了必须能够提出自主学习与非自主学习各自的本质特征外，还应该能够明显地区分它们，以使教育者顺利地指导被教育者，有效地提高自主学习能力。

(6) 对于自主学习的研究，人们公认社会认知主义代表人物齐莫曼（B. J. Zimmerman）对此做出的贡献最为显著。齐莫曼认为，判断学生的学习是否为自主的主要依据是看他在动机、方法、时间、行为表现（自我监控和自我评价）、环境以及社会性这 6 个方面是否能够由自己做出选择或控制，如果能够做到就是充分自主的。此处特别将行为表现考查的内容是自我监控和自我评价标注上，是想强调这其实是自主学习外在特征的判断内容。

(7)仔细分析将会发现，齐莫曼的理论也在逻辑上出现了问题。齐莫曼学派认为"从本质上讲，自主学习的动机应该是内在的或自我激发的"①，而这涉及动机以及学习动机的概念。百度百科定义："动机是由一种目标或对象所引导、激发和维持的个体活动的内在心理过程或内部动力，是人类大部分行为的基础。"《教育大辞典》对动机的定义为："以一定方式引起并维持人的行动的内部唤醒状态。"同时，《教育大辞典》中对学习动机的定义为："在需要的基础上产生，能直接激起、调节、维持或停止学习活动的内部动力。"②可见，无论是动机还是学习动机，它们肯定都是人的内部动力或自我激发，于是无论自主学习动机还是非自主学习动机，由于它们都是动机与学习动机就也应该是人的内部动力或自我激发的，所以强调"自主学习的动机应该是内在的或自我激发的"就在逻辑上不能自洽了。

本节在此指出上述学派自主学习理论上存在的缺陷并不是要否定这些学说，而是希望通过这些分析引起人们的注意：自主学习能力的形成虽然内部因素很重要，但对自主学习外在行为表现的研究以及对形成自主学习行为的外在因素的研究同样是十分重要的内容，过分强调内部因素或过分强调外部因素都是不恰当的。

三、自主学习的外在条件

研究自主学习理论的目的一定是提高学习者自主学习的能力，并引导学习者去采取自主学习的学习方式进行学习。这就提出了两个必须解决的问题：第一，如何对学习者自主学习的过程进行外部监控；第二，如何对学习者自主学习的能力做出外部评价。下面我们根据齐莫曼自主学习研究框架（见表3.7）的6个方面对应考查外部监控与外部评价的实现。

表3.7　齐莫曼自主学习研究框架

序号	科学问题	心理维度	任务条件	自主实质	自主过程
1	为什么学	动机	选择参与	内在的或自我激发的	自我目标、自我效能、价值观、归因等
2	如何学	方法	选择方法	有计划的或自动化的	策略使用、放松等
3	何时学	时间	控制时限	定时而有效	时间计划和管理

---

① 庞维国：《90年代以来国外自主学习研究的若干进展》，《心理学动态》，2000年第4期，第12—16页。
② 顾明远主编：《教育大辞典（增订合编本上）》，上海：上海教育出版社，1998年。

续表

序号	科学问题	心理维度	任务条件	自主实质	自主过程
4	学什么	学习结果	控制学习结果	对学习结果的自我意识	自我监控、自我判断、行为控制、意志等
5	在哪里学	环境	控制物质环境	对物质环境的敏感和随机应变	选择、组织学习环境
6	与谁一起学	社会性	控制社会环境	对社会环境的敏感和随机应变	选择榜样、寻求帮助

仿照齐莫曼自主学习研究框架的结构，对学习者自主学习的外在条件提出要求并开列在表3.8中。

表3.8 自主学习外在条件表现

序号	科学问题	心理维度	外部条件	外部监控	外部评价
1	为什么学	动机	需外在驱动力	对学习者学习动机的内部驱动力与外部驱动力应该能够进行观察与区分	对学习者学习动机的外部驱动力以及驱动强度、所起的作用大小应该能够进行测量和做出评价
2	如何学	方法	学习方法一般不会自发产生，需通过向周围人与物学习	对学习者是否采取了自主学习的学习方法应该能够进行观察	对学习者自主学习方法的有效性应该能够进行测量和做出评价
3	何时学	时间	要与外部进行协调	自主学习者在学习时间的选择上具有的规律和特点应该能够被观察到	根据学习者的不同特点设定不同的学习时间，并应该能够通过对学习时间的选择达到学习效果的提高进行测量和做出评价

续表

序号	科学问题	心理维度	外部条件	外部监控	外部评价
4	学什么	学习结果	要与周围进行比较	学习过程与内容都是无止境的，在哪些方面有了学习结果以及在什么层次上具有学习结果都需要与周围的学习者进行比较，还应该得到同伴的认可	学习的内容与结果应该能够得到他人以及社会的认可
5	在哪里学	环境	合适的学习环境	是在社会环境中还是在学校环境中，自主学习的体现是不同的，但自主学习能力却同等重要	是否在学校环境中学习到了能够适应社会环境的自主学习能力，需要确实地获得测量的方法与评价的结论
6	与谁一起学	社会性	协作学习必要性	如何选择与他人进行合作学习，怎样才能与他人协作工作	对合作学习与协作工作的有效性做出判断

通过对表3.8呈现内容进行分析以及对比目前中小学在校教育教学的实际情况，可以得出以下结论：

(1)中小学在校教育教学中的学生自主学习具有一定的局限性。必须看到，学生在校学习的学习目标、学习内容、学习模式(方法)、学习策略、学习媒体以及学习评价等都是由课程标准与教师的教学设计所规定的，整个学习或教学过程中学生能够自主控制的机会很少，自主性在此基本无法体现。

(2)中小学在校教育教学中的学生自主学习主要是强调学生应培养与提高的一种学习能力，这种学习能力是自主化的。这种自主学习能力是学生必须具备的，是他们今后面对自然世界、社会世界的基本能力。学生从在校学习时期起就应该开始努力培养与提高自主学习的精神和能力。

(3)建立与形成中小学学习空间学习者中心的目的是促进学生能够培养与提高自主学习能力而构成一种有效的学习环境。

(4)翻转课堂、网络教学等新型教学模式对于学生的自主学习能力培养与提高是非常积极有效的，应该在学习空间学习者中心的建立中充分考虑提供这些方面的环境与条件。

(5)作为教育装备的中小学学习空间学习者中心自由度设计必须考虑学习

动机、学习方法、学习时间、学习结果、学习环境、合作学习等重要因素。

四、校园学习空间学习者中心设计

通过前面的分析可知，学习空间学习者中心的设计必须充分考虑其对学习者自主学习能力培养与提高作用的有效性。而学生在校学习又是一个几乎完全非自主的学习条件与环境，所以如何构建学生可以进行自主学习训练的校园环境，并在空间与时间上都能为学生创造自主学习的条件就都是十分重要的研究内容。

图 3.6 为英国中小学校园学习空间设计示意图，图 3.7 则是美国中小学校园学习空间设计示意图。从图 3.6 可见，学生自主学习空间的活动面积要远大于教学区面积，小组工作区、小组讨论区、资料存储区都为学生个体自主学习与群体自主学习提供了必要的环境；教师在邻近的教师备课室内等候学生的资讯和求助，学生在这样的环境中自主学习能力得到锻炼和提升。图 3.7 中的学生团队活动区、小憩区、讨论室、学生工作站、图书馆、小组学习区等也都是为学生自主学习提供相应条件的设计。"中英教育技术与教育装备比较研究"课题组于 2016 年 10 月赴伦敦进行了英国中小学办学条件的实地考

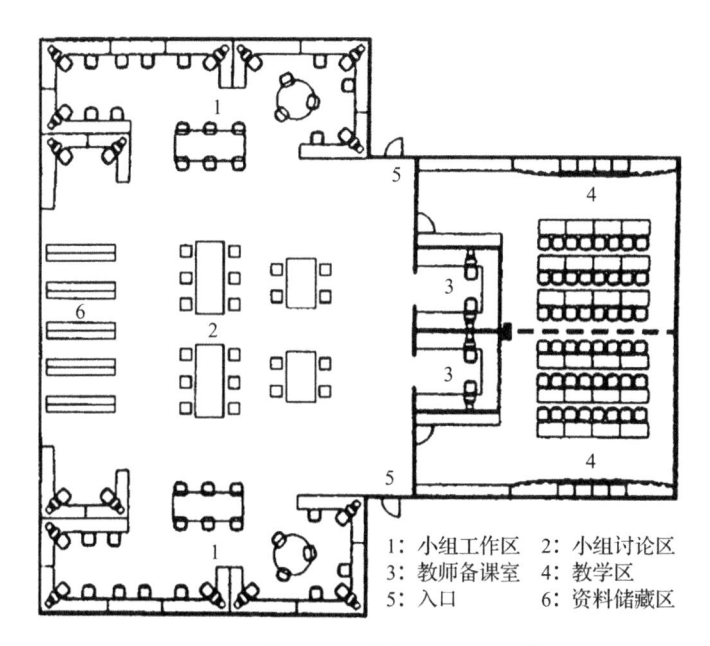

1：小组工作区　2：小组讨论区
3：教师备课室　4：教学区
5：入口　　　　6：资料储藏区

图 3.6　英国中小学学习空间设计[①]

---

① 冯大鸣：《美、英、澳教育管理前沿图景》，北京：教育科学出版社，2004 年，第 82 页。

察，在哥本哈根小学（Copenhagen Primary School）教室楼中的公共区域设置了一些叫作"Peace"的房间，房间很小，仅能容纳一两个人，用于学生在这里独处，调整心理或做祷告。

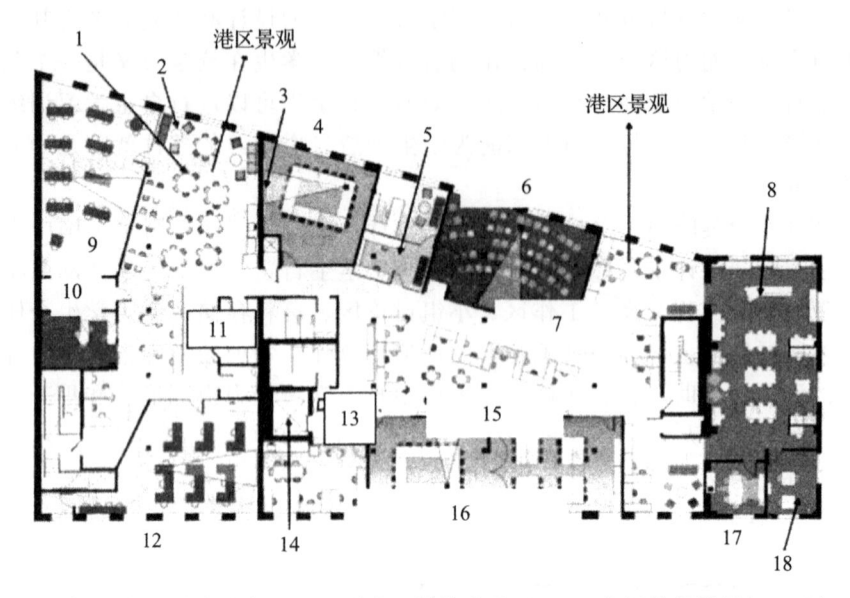

1：餐厅/学生团队活动区　2：沙发、圈椅小憩区　3：白板兼投影屏　4：讨论室　5：办公室　6：68座演讲厅/小剧场　7：学生工作站　8：图书馆/媒介、科技、成就中心（安静）　9：艺术教室　10：储藏室　11：厨房/供餐处　12：理科实验室　13：展示/陈列区　14：电梯　15：小组学习区（安静）　16：组合教室　17：会议室　18：特殊教育专用室

图 3.7　美国中小学学习空间设计[①]

图 3.8 是英国小学校园建设标准《建筑公告 99》中的一幅设计图，笔者在图中做了标注，其中标注 1 的为学生小组活动室，标注 2 的为学生信息技术小组活动室。图 3.9 是英国中学校园建设标准《建筑公告 98》中的一幅设计图，笔者在图中也做了标注，其中标注 1 的为学生小组活动室，标注 2 的为学生音乐小组活动室。在这些设计中都为学生在学校内的自主学习活动留出了一定的空间，创造了一些条件。

---

① 冯大鸣：《西方教育管理 21 世纪进展研究》，北京：高等教育出版社，2014 年，第 172 页。

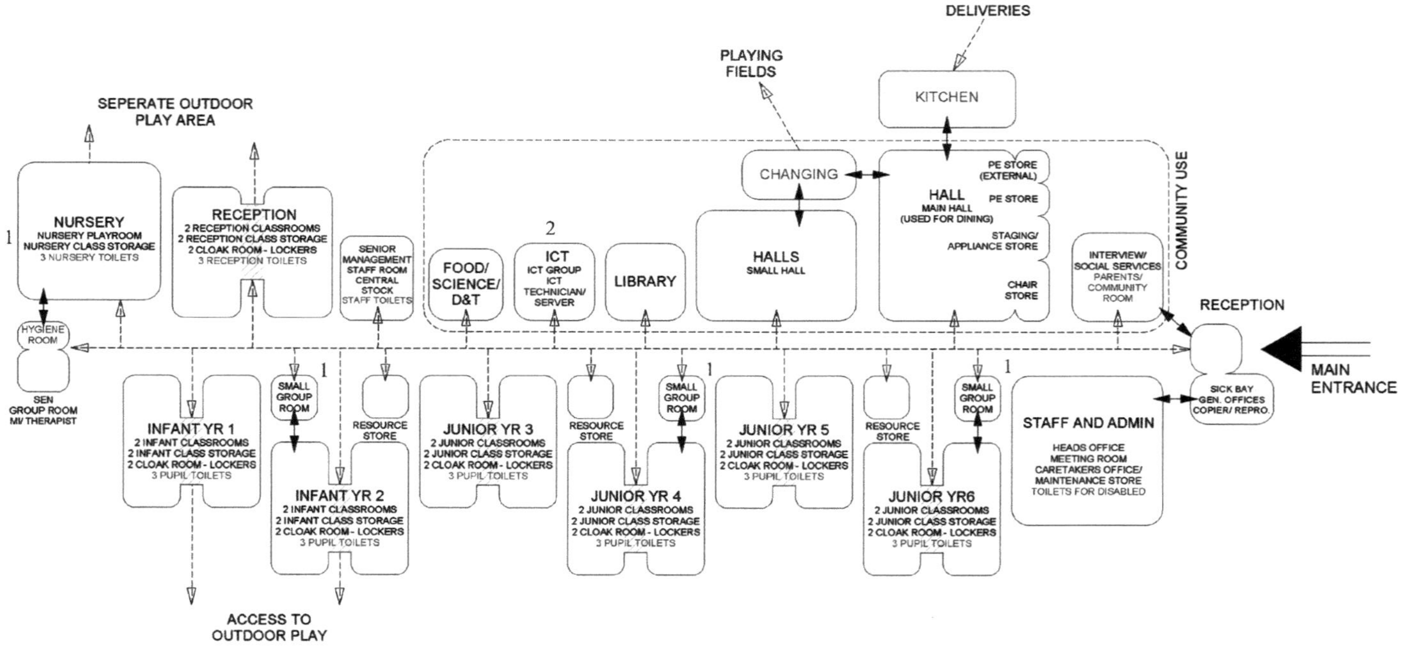

图 3.8 英国小学校园建设标准中学习者中心设计①

① Department for Education. Building Bulletin 99: Briefing Framework for Primary School Projects,1999.

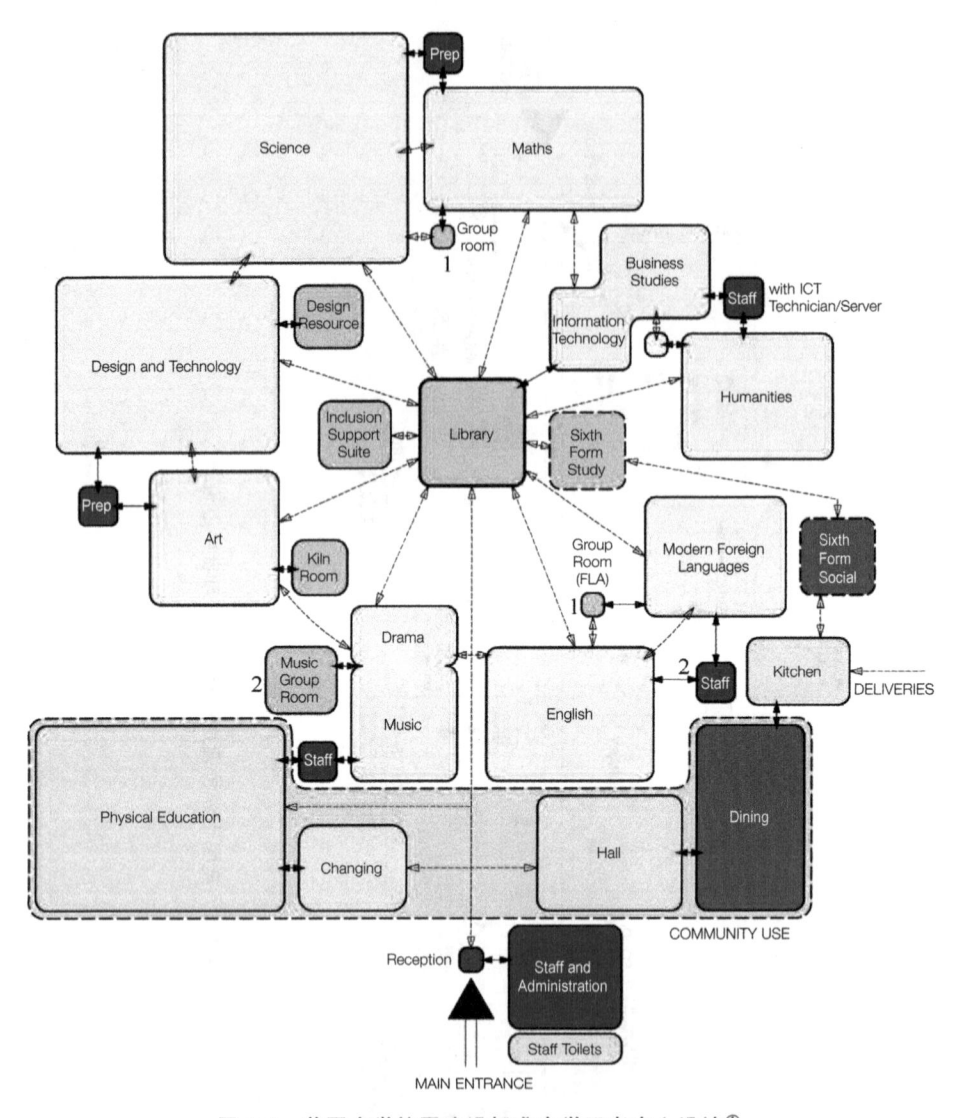

图 3.9　英国中学校园建设标准中学习者中心设计[1]

在我国《中小学校设计规范(GB 50099—2011)》的第 5 章中对教学用房及教学辅助用房类型做了规定,其中包括学生活动室。但在对学生活动室的具体解释中则规定"学生活动室供学生兴趣小组使用。各小组宜在相关的专用教室中开展活动,各活动室仅作为服务、管理工作和储藏用"。所以该学生活动

---

[1] Department for Education. Building Bulletin 98: Briefing Framework for Secondary School Projects, 1998.

室并非用于学生开展自主学习活动，只是"作为服务、管理工作和储藏用"，学生的兴趣小组活动仍在专用教室中进行。相比之下，我国在中小学校校园建设标准的规定中对学生自主学习活动空间或者说是反映学习者中心自由度的设计就较为缺少考虑了，这是在今后进行改进时必须给予充分考虑的重要内容。

第五节 共同体中心自由度

共同体中心是从教育装备的角度出发研究学习空间所确定的第三自由度，在学习空间中相对于其他三个自由度，共同体中心自由度涉及的内容最多，特别是在"人—知识—装备"三者间起着至关重要作用的那些内容。本节重点讨论学习空间共同体中心自由度的特点与实现。

一、共同体及其特征

"共同体"的英文名称为 community，它还可以被翻译成社会、社区、社群、团体等中文名词，所以"共同体"与"社会"两个词具有很大的相似性，但其实这两个概念又被赋予了不同的意义。共同体是一个社会学概念，德国社会学家斐迪南·滕尼斯（Ferdinand Tönnies，1855～1936年）在他的《共同体与社会——纯粹社会学的基本概念》一书中对共同体和社会的概念进行了严格的界定。滕尼斯在最开始就已经区分了这两个概念，他的著作中"共同体与社会"被命名的德文是"Gemeinschaft Und Gesellschaft"，翻译成英文为"Community and Society"。滕尼斯认为，人们之间的关系"是由促进、方便和成效组成的"，人们"通过这种积极的关系而形成族群，只要被理解为统一地对内和对外发挥作用的人或物，它就叫作一种结合"，而作为共同体的这种结合"被理解为现实的和有机的生命"，但作为社会的这种结合则"被理解为思想的和机械的形态"[①]。在滕尼斯看来，共同体是自然生成的群体，最典型的共同体就是家庭；而社会则是人们理性的结合，是人为造成的结果。

我们在这里讨论共同体与社会的关系其实是想说明一个事实，即共同体具有两个非常鲜明的特征：第一，共同体具有社会性，因为它是一种人类群体的结合；第二，共同体具有生态性，因为它的成员构成了一个有机的联合体，且其中人与人、人与物之间具有强烈的相互依存性。社会性和生态性决定了共同体的基本性质，社会性使得共同体的成员间产生明确的分工，生态

---

① （德）滕尼斯著，林荣远译：《共同体与社会——纯粹社会学的基本概念》，北京：商务印书馆，1999年，第52页。

性则使得共同体的成员间存在相互的依赖,而且生态性还强调共同体的生存不仅仅依靠人力资源,同时还需要有自然资源和人工资源的参与。

二、学习共同体及其特征

研究学习空间共同体中心时所关注的核心概念是学习共同体。学习共同体是在上述讨论的共同体这个词汇之前冠以学习的定语,它继承了共同体的性质,同时又被赋予一些新的意义与内涵。

1. 学习共同体概念

学习共同体(learning community)也曾被称为"学习社区",描述的是一个其成员以完成共同的学习任务、促进全面成长为目的,以沉浸在周边环境中为物质条件,以人与人、人与物整体的相互作用推进学习过程,以人际沟通、交流和分享学习资源为学习目标的学习群体。从词意上说,学习共同体就是用于学习的共同体,所以它具有共同体的特征:社会性与生态性。学习共同体中的成员是以学习者为主体,但学习共同体并非"学习者共同体",因为它的构成除了学习者之外还有属于教育的人力资源教学者与教育管理者、教育的人工资源教育装备以及教育的自然资源。同时,学习者在其间的角色也在不断地发生着变化,他们有时是学习者,有时又成为助学者,甚至还可成为学习情境的一个组成部分。

将 learning community 译为学习社区时人们给它赋予了地域性,强调了这是一个用于学习的地区环境;学习共同体则只是描述了其构成和成员的相互关系,它与地域无关。当人们在网络上构筑学习群体环境时常使用"虚拟学习社区"一词,而基本上不使用"虚拟学习共同体"这个词。所以,我们讨论学校作为学习空间的学习共同体特性时更加关注的是其内部构成,强调其成员之间的社会性与生态性,重视成员相互之间的分工与相互依存特点。

2. 学习共同体的社会性

学习共同体的社会性反映在对其成员的社会参与能力训练、培养与提高的作用方面。在校教育中,对学生的三大素养维度的社会参与能力要求具有十分明确的规定。表 3.9 是根据国际经合组织、欧盟、联合国教科文组织和一些发达国家提出的人才"核心素养"要求以及中国学生发展核心素养体系中提炼出的社会参与能力要求。

表 3.9 对学生社会参与能力的要求

素养维度	国际组织与国家	素养要求	
人与社会维度	经合组织	在复杂的大环境中行动；形成并执行个人计划或生活规划；保护及维护权利、利益、限制与需求	
	欧盟	社交和公民素养；文化意识与表达	
	联合国教科文组织	学会做事；学会共处	
	国际文凭组织	交流能力；富有同情心；心胸开阔；有原则性	
	世界银行	交流能力；社交能力；心理动力技能	
	美国	沟通交流与合作能力；灵活性与适应性；社会与跨文化技能；生产力与社会义务；领导与责任心	
	芬兰	文化认同与国际化；公民与企业家意识	
	英国	沟通交流能力；合作能力	
	德国	团队合作与工作能力；金钱管理能力；对节约原则的掌握	
	法国	具有较强的社会交往能力和公民意识	
	澳大利亚	收集、分析与组织信息的能力；解决问题的能力；计划及组织活动的能力	
	新西兰	参与和贡献能力	
社会参与维度	中国	责任担当	社会责任
			国家认同
			国际理解
		实践创新	劳动意识
			问题解决
			技术运用

通过对表 3.9 中开列的内容进行分析可以看出以下规律：

(1) 国际上对学生社会参与能力的具体要求主要在沟通交流、社会交往、合作共处、公民意识等几个方面；我国在这些方面没有非常明确地提出来。

(2) 国际上对学生社会参与能力的要求体现出作为社会人只需要能够融入社会即可，要求不高；而我国对学生的要求是责任担当和实践创新，强调个人在社会中应该发挥主导作用。

(3) 学校作为具体的学习共同体，其社会性应该注重学生社会参与能力的培养与提高，而对于社会参与度的衡量应该有量化标准，在这方面国内外的研究都表现不足。

3. 学习共同体的生态性

生态原指生物在一定的自然环境下生存与发展，以及它们之间、它们和环境之间相互依存的关系。生态学（ecology）是"研究有机体或有机群体与周围环境的关系的科学"[①]。而教育生态学（ecology of education）则是研究教育系统中人与人、人与环境（或人与物）之间的依存关系，特别是学校作为教育系统的一种学习共同体形态，重点研究其成员之间以及成员与环境、条件之间的相互依存性。[②] 生态学、教育生态学具有许多基本原理，如胜汰原理、拓适原理、反馈原理、循环原理、机巧原理、乘补原理、瓶颈原理等，但是它们反映的最根本问题就两个：生态平衡与可持续性发展。

(1) 学校作为共同体的生态平衡。学校的成员包括教育管理者、教师、学生，学校的物质条件则包括一切教育装备和其所处的自然环境，这些构成之间形成了生态平衡，则学校是一种良性结构。在成员结构上的生态平衡表现为比例合适、分工到位；在教育装备上的生态平衡表现为配备合理、充分应用；在自然环境上的生态平衡表现为绿色校园、节能环保。

(2) 学校作为共同体的可持续性发展。学校的可持续性发展表现为其进入一种良性循环。教育界存在一个非常普遍的现象，一些优秀学校的管理、师资、生源水平都处于相对稳定且逐步提高的状态之中，教育装备的配备也都逐渐趋强，社会生态与自然生态良性发展，良性的生态结构促成了良性的循环。但是另有一些学校只要在管理、师资、生源上某一方面处于不利，并且没有及时调整，便会处于恶性循环之中。

学习共同体的生态性要求与社会性要求不同，社会性重点反映共同体中学习者的社会参与能力，生态性则是对共同体构成的整体协调发展规定。

4. 学习共同体提出的目的

在国际上，学习共同体的提出尤其是学校作为学习共同体问题的出现其实并不遥远，它是在20世纪90年代开始才引起人们的关注和讨论。[③] 学习共同体问题提出的目的主要集中在以下几个方面：

(1) 对教育产业化现象的批判。从20世纪20年代起在教育界兴起的实用主义思潮其影响主要表现在教育的产业化方面。教育的产业化有两种表现形

---

① 范国睿：《教育生态学》，北京：人民教育出版社，2000年，第4页。
② 范国睿：《教育生态学》，北京：人民教育出版社，2000年，第15—19页。
③ 赵键：《学习共同体——关于学习的社会文化分析》，上海：华东师范大学出版社，2005年，第1—2页。

式,一种是教育的商业化,另一种是教育的工业化。教育的商业化特征是学生花钱向学校购买知识,教师与学生之间建立的是商家与客户的关系;教育的工业化特征是学校将学生视为机械化大批量生产的制品,研究者希望发明一种"教育技术"、设计一个教学机器,并按照一个标准模式成批培养人才,学校与学生之间建立的是工厂与产品的关系。学校作为学习共同体概念的提出是希望改变上述状况,让学校中的成员之间建立类似家庭成员一样(又非家庭成员)的和谐关系。

(2)知识构成的社会性。一个人知识构成的过程本质上就是对外界事物概念的建立。人在初生时对外部世界的认知是混沌的,以后通过家庭、社会生活对外界事物逐渐建立起一个个概念,形成知识和认知的逻辑结构。所以,知识既是个人头脑中建立的,也是社会共有的,是社会共同的认知。不符合这个共同认知的知识都应该属于错误概念。将学校这个学习空间铸成具有社会性的学习共同体,对学习者的认知具有促进作用。

(3)教育的社会起源说。教育有4种起源学说(生物起源说、心理模仿起源说、劳动起源说和社会需求起源说),它们各自从一个视角描述了教育开始的过程,其中更被现代人们接受的学说是教育的社会需求起源说。学校教育构筑生态的社会条件形成学习共同体可以回归教育的初衷,使教育教学健康而持续发展。

(4)新型的学习模式。学习共同体作为一种学习模式出现,这种学习模式不同于小组学习、合作学习、团队学习等。小组学习、合作学习、团队学习往往是以一个特定的教学目标为前提,其成员共同去完成一个具体的学习任务。共同体学习模式则是更加关注其全部成员的整体进步,其中对学习者的教育教学是面向整个人生的规划。

三、校园学习空间共同体中心设计

中小学校园学习空间对学习共同体的体现应该重点表现在社会性与生态性两个方面。在世界各国学生核心素养的社会性要求中提出了学生社会参与的问题,而且在这方面各个国家也都投入了不少的物力财力。2016年,教育部联合国家10个部门发布了《教育部等11部门关于推进中小学生研学旅行的意见》,提出全国中小学生要"读万卷书、行万里路",积极参加社会实践活动。这一活动是必要的,但是必须指出,这与学校校园作为学习空间体现共同体中心的意义完全不同。中小学校园的学习共同体社会性体现重点在于其成员与环境条件的完整、和谐,类似家庭一样的特点,但又是一种不同于家庭的人与人、人与物的有机构成。所以在其学习空间的设计上应该考虑体现社会性的整体化、有机化，还要考虑生态性的持续化、平衡化。

1. 校园学习空间社会性设计

图 3.10 是英国小学校园设计图，原图来自英国教育部颁布的学校建设标准《建筑公告 99：小学建筑设计总体框架》(*Building Bulletin 99：Briefing Framework for Primary School Projects*)[①]，此处做了简单的翻译。

对图 3.10 的观察可以发现以下特点：

（1）校园中各个功能性空间的设计没有使用冷冰冰的建筑示意方框图，而是将学校中成员间需要进行各种活动的场所以一个平面的方式展现出来，即使校园的主要建筑是多层楼也不影响这种整体考虑的社会性设计。

（2）校园中各个功能空间之间使用线段与箭头联系起来，表达出这个整体的组成之间具有相互的关联性。这些线段与箭头并不只是简单地表示通道与行进方向，它们指出了整个校园是一个教育有机体、学习共同体。

（3）校园并不是一个封闭、孤立的空间，设计中考虑了多处与外界社会的交互区域，如：与社区共同使用的场所、户外（校外）游戏区、社区运动场、社会接待处，等等。

2. 校园学习空间生态性设计

图 3.11 是英国中学校园设计流程，原图来自英国教育部颁布的学校建设标准《建筑公告 98：中学建筑设计总体框架》(*Building Bulletin 98：Briefing Framework for Secondary School Projects*)[②]，此处做了简单的翻译。

这一设计流程体现的生态性主要表现在可持续性发展方面，校园的建设要具有长远规划，既要考虑到今后的发展需求，也要顾及目前的现实条件。设计中强调了"全寿命成本"(whole-life costs)，或者称"终身成本"。《建筑公告 98：中学建筑设计总体框架》中规定，"校园设计需要计算出理论上的'全寿命成本模型'，其原理是在初始建造成本的基础上，并在合理的'寿命期'（如 25 年至 60 年）内增加构成建筑物的项目的运行成本和重置成本。"这种依据全寿命周期管理理论(Life Cycle Cost，简称 LCC)进行建设的设计是体现生态化可持续性发展的根本举措。

[①] Department for Education. Building Bulletin 99：Briefing Framework for Primary School Projects，1999.

[②] Department for Education. Building Bulletin 98：Briefing Framework for Secondary School Projects，1999.

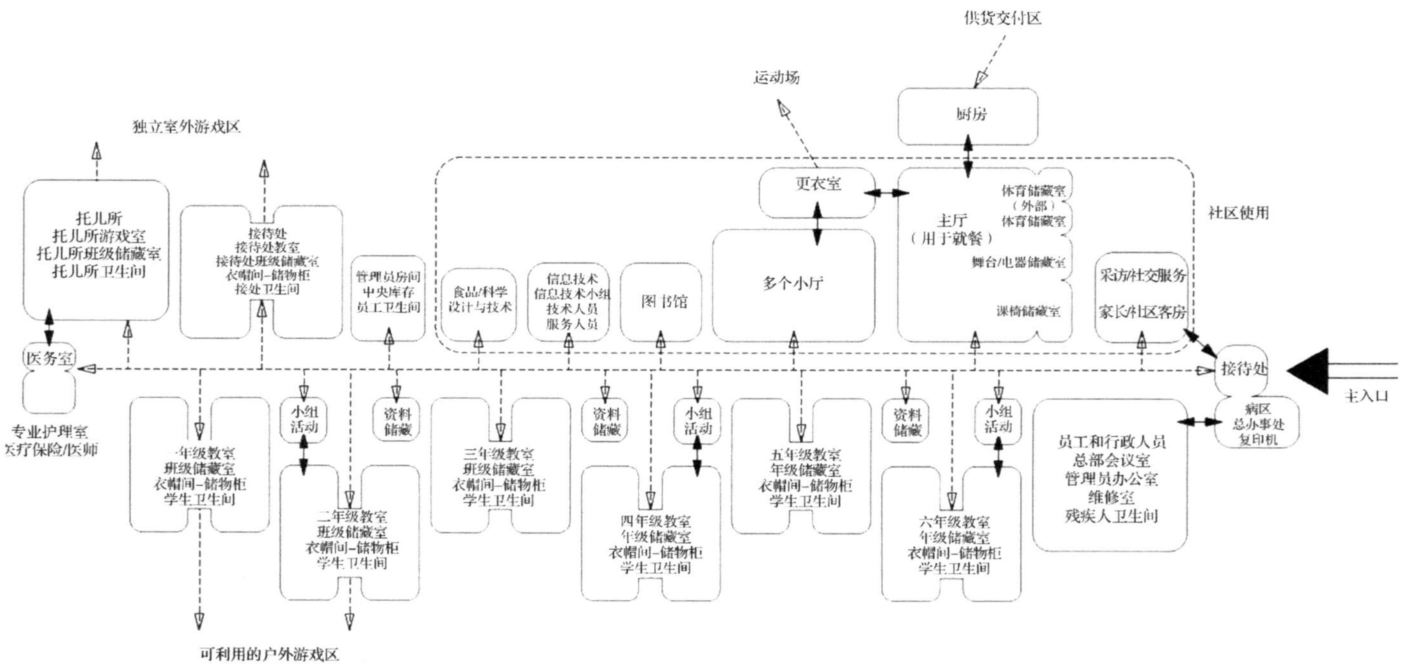

第三章 中英中小学学习空间建设

图 3.10 英国小学校园学习空间设计

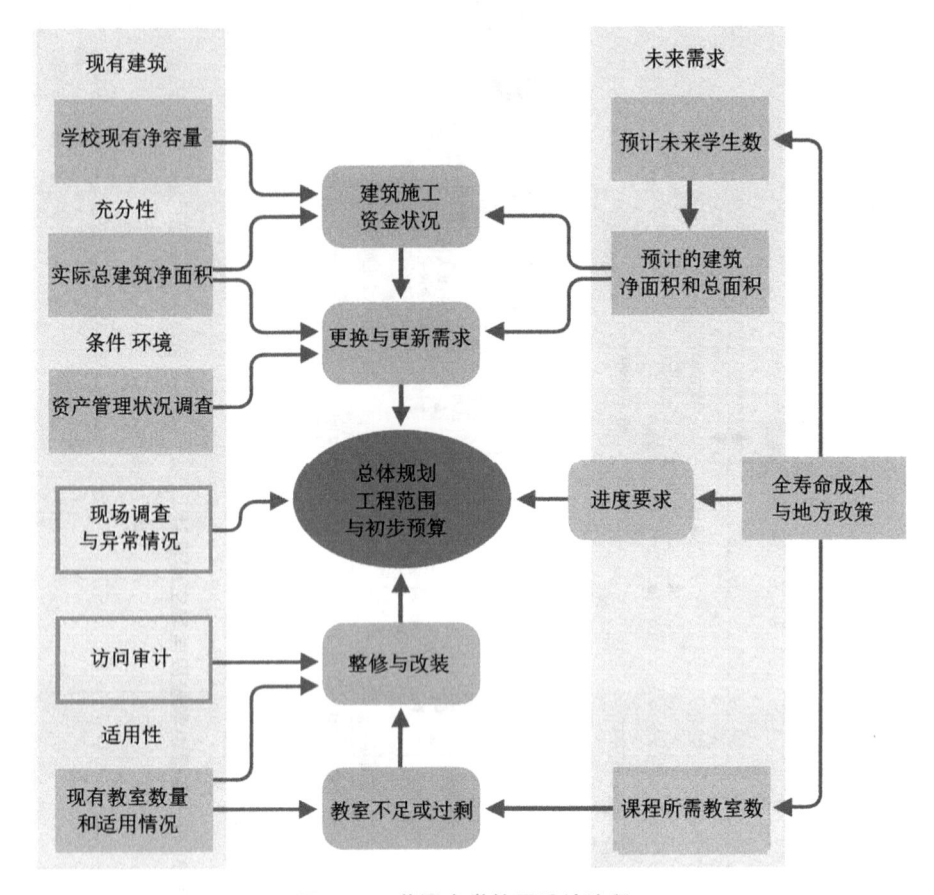

图 3.11　英国中学校园设计流程

第六节　评价中心自由度

评价中心是从教育装备的角度出发研究学习空间所确定的第 4 自由度，在学习空间中相对于其他 3 个自由度，评价中心自由度涉及的内容是最为全面的，特别是在"人—知识—装备"构成的教学系统中，测量与评价几乎无处不在。本节重点讨论学习空间评价中心自由度的特点与实现。

一、学校教学评价

学校教育评价是对学校一切教育资源与教育活动有效性做出的判断。学校教育评价的内容十分庞杂，包括了学校办学质量评价、办学水平评价、学校管理评价、教学水平评价、学校人力资源（校长、主任、教师）评价等内容。

其中，教学水平评价是对学校教学系统进行评价，可简称为教学评价，是学习空间评价中心自由度问题讨论的重点。

评价既然是人们对事物做出的判断，则该判断必须要有依据，获得判断依据的手段往往需要通过测量，所以人们将评价和测量连在一起使用，称测量与评价，或简称测评。

1. 教学评价的对象

教学系统三分论将学校教学系统分为 3 个部分(见表 3.10)：作为主体的教师和学生，作为客体的知识以及作为工具(既非主体也非客体)的教育装备。学校教学评价就是针对这 3 个部分展开的。

对教学系统主体(人)的评价包括教师教学的情况和学生学习的情况，对教学系统客体(知识)的评价包括教学内容、教学模式(方法、策略等)、教学效果的情况，对教学工具的评价包括其安全性、性能指标以及功能作用教学适用性的情况。表 3.10 开列了对学校教学系统进行评价的对象和评价的内容。其中，对学生学习的评价和对教学效果的评价应为教学评价的主要内容，对教师的评价以及对教学内容、教学模式的评价为次要内容，而对教育装备功能作用适用性的评价虽然是辅助性的，但也应该被重视起来。

表 3.10　学校教学系统评价对象

评价对象		评价内容
人(主体)	教师教学	教师的专业知识水平
		教师的教学能力水平
		教师的德育能力水平
	学生学习	学生的知识水平
		学生的能力水平
		学生的德育、体能水平
知识(客体)	教学内容	是否符合课程标准
	教学模式	是否适合学生对象
	教学效果	是否实现教学目标
装备(工具)	安全卫生	安全卫生适用性
	性能指标	性能指标适用性
	功能作用	功能作用适用性

2. 教学评价的类型

在学校教学中根据不同的对象和情况应采取不同的评价方式方法，此处重点讨论对学生进行评价的类型问题。

(1) 评价与判断属性

评价是人们对事物做出的判断，由判断依据的主体不同评价可分为主观评价与客观评价，而由判断依据的测量不同评价可分为定性评价与定量评价，于是就存在 4 种不同的评价方式：主观定性评价、主观定量评价、客观定性评价和客观定量评价。其中，主观定性评价属于价值判断，主观定量评价属于认知判断，客观定性评价属于经验判断，客观定量评价则属于科学判断，科学判断的评价方式应该是"价值无涉"的。图 3.12 列出了评价方式与判断属性的关系。

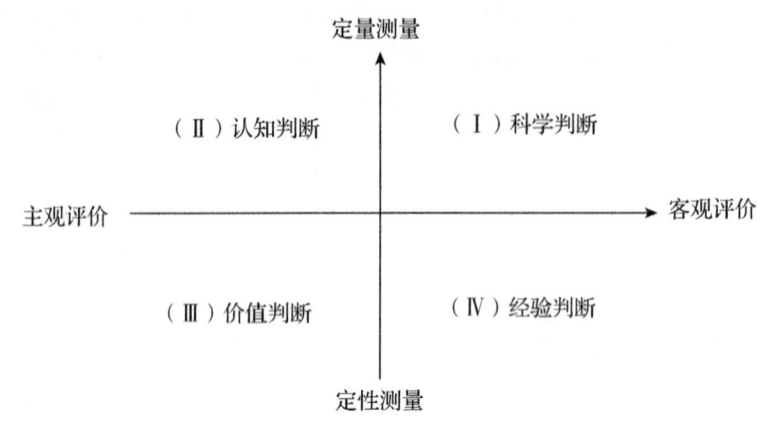

```
                    定量测量
                      ↑
        (Ⅱ) 认知判断  |  (Ⅰ) 科学判断
                      |
主观评价 ─────────────┼─────────────→ 客观评价
                      |
        (Ⅲ) 价值判断  |  (Ⅳ) 经验判断
                      |
                    定性测量
```

图 3.12　评价方式与判断属性的关系

(2) 时机与评价方法

从评价的时机进行区分，可将其分为诊断性评价（或称预测性评价）、过程性评价（或称形成性评价）、终结性评价（或称总结性评价）3 种类型。其中，诊断性评价的测量工作被设置在教学活动前期或教学活动之前进行，目的是了解学习者所具有的原始水平和原来的认知起点；过程性评价的测量工作被设置在教学活动中间的几个时间点，目的是及时发现和纠正教学中存在或产生的问题，同时用来鼓励或鞭策学习者做进一步的学习活动；终结性评价的测量被设置在教学活动的最后阶段，目的是检验教学目标是否达成，判断学习者的学业水平是否达到标准。

二、教学测量与评价的工具

此处重点讨论学生知识水平与能力水平测量工具，集中在科学判断的客观定量评价方面。

1. 学生知识测量工具

在校教育中，针对中小学生获得知识水平的教学测量与评价的主要工具就是纸笔试卷。当然，许多情况下这种测量也可以在计算机上进行，但是对于具有汉字文化的中国学生来说，用纸笔手写答卷比计算机答卷更为重要，因为长期不书写汉字会产生提笔忘字的情况。相对而言，英国的中小学生目前更多地使用计算机答卷的形式，这对他们并无本质上的影响，因为他们毕竟只有 26 个英文字母需要记忆。

纸笔考试的最大问题是公平性问题，在信息化时代，为了保证考试的公平性，在中国的许多中学校建立了标准化考点，中学生各个学科的中考、高考都集中在这里进行。标准化考点配备了网络视频监控系统、网络巡查系统、人脸识别系统等，并通常都使用考务专网进行视频传输、存储和管理，以确保信息安全，维护国家考试的严肃性、权威性和公平性。

2. 学生能力测量工具

学生能力水平的测量是一个难点，但同时是一个重点。"德育为先，能力为重"的教育理念必须通过学生德育水平和能力水平的测量与评价来实现。而测量工具的研究就显得十分重要。

（1）试卷

对学生获取显性知识的检验多使用纸笔试卷的测量方法，而对学生能力提高的检验一般无法采用纸笔试卷的测量方法。但是，对于能力中的分析能力（也仅对于分析能力）仍然可以采用试卷作为检验工具来进行测量，最典型的实例就是 PISA 项目。PISA 的全称是 Programmer for International Student Assessment，中文被译为"国际学生评价项目"，是由国际经济合作与发展组织举办的大型国际性教育成果比较与监控的测量项目。其形式为纸笔试卷测验，对象是 15 岁的学生（在中国为义务教育阶段末期，即初中三年级学生），内容为学生的阅读能力、数学能力和科学能力，目的是以此了解学生是否具备未来生活所需的知识和技能。

（2）量表

量表（scale）是一种特殊功能的问卷，最开始被设计来测量人的智力（如比奈-西蒙量表），以后则在心理学、教育学、医学、社会学等领域广泛使用。量表这种测量工具由多个项目构成，形成一个复合分数，用于揭示不易用直接方法测量的理论变量的水平。在教育测量中的量表很多，常见的如学习焦虑倾向测量、父母养育方式问卷、儿童孤独量表、家庭环境量表、儿童行为量表、儿童自我意识量表、考试焦虑自评量表、同学关系问卷、儿童学习适应性调查表、师生关系诊断、大学生人际关系量表、抑郁量表、职业兴趣测评（艺术型和研究型）、中学生学习动机测验问卷等。而用于学生能力测量的量表也有一些，如智力测验、思维能力测试、创造能力自测、意志力测试、创造力倾向测验、言语理解能力测试、数学运算能力测试、空间想象能力测试、知觉速度能力测试等。

（3）仪器

下面介绍几种中小学常用能力测量仪器[①]。

①综合反应时仪。这是一种用于测量人们基线反应时的仪器。仪器启动后，被试在看到仪器面板上的灯光或听到仪器发出的声响后马上做出按键反应，仪器会自动记录被试的反应时间。

②手指灵活仪。这是一种用于测量人们手指灵活性的仪器，可用于间接测量学生的动手能力水平。仪器启动后，被试按照要求完成插拔评估针、翻转评估棒、旋紧或松开螺栓等规定动作，仪器会根据被试操作的准确性和迅速性给出客观成绩。

③镜画仪。这是一种用于测量人们学习迁移率的仪器，可用于间接测量学生的知识迁移能力。仪器的遮挡板挡住被试的视线，被试只能从镜子中看到一个上下左右都相反的镜像的图，并要求其用笔沿着这个镜像的图进行描绘。被试必须改变原来的操作习惯，将图像描绘下来，仪器根据描图时间和准确性给出客观成绩。

④逻辑思维仪。亦称概念形成仪或叶克斯选择仪，可用于测量学生提出假设、进行验证、概括规律以及形成概念的能力。仪器由若干个一一对应的按键和指示灯组成，指示灯按照一定规律闪亮，要求被试通过尝试找到规律并按下按键，使得按键与灯亮同步，并根据尝试次数和正确性给出客观成绩。

（4）软件

英国在中小学学生能力测量与评价方面具有多年的经验，进入信息化时代，研究机构和企业将这些研究成果转变为计算机软件产品。第二章表2.3中列出了一些学生能力测评软件的名称及其功能。

（5）体能测评

学校中的任何一件体育设施与器材几乎都可以被认为既是体能训练工具又是体能测量工具。所以，在中小学校园这个学习空间中，无论是中国还是英国，体能测评工具都是最为充足和完备的。

三、中英中小学学习空间教学评价条件对比

中英在中小学学习空间教学评价的认知上存在着较大的差异性，主要表

[①] 郭秀艳、王弘毅：《心理学仪器在中小学教育中的应用》，上海：华东师范大学出版社，2012年。

现在学校建设标准与学校测评相关设施和方式方法上。

1. 校园建设标准中关于测评条件的规定

中国中小学校园建设目前依据的标准是由中华人民共和国住房和城乡建设部与中华人民共和国国家质量监督检验检疫总局于 2010 年 12 月 24 日联合发布、于 2012 年 1 月 1 日开始实施的《中小学校园设计规范(GB 50099—2011)》。该标准中对中小学教学测量评价空间的规定共有两条,分别为第 5.15 条"体质测试室"和第 5.16 条"心理咨询室"。对体质测试室的具体要求为:"体质测试室宜设在风雨操场或医务室附近,并宜设为相通的 2 间。体质测试室宜附设可容纳一个班的等候空间。体质测试室应有良好的天然采光和自然通风。"对心理咨询室的具体要求为:"心理咨询室宜设为相连通的 2 间,其中有一间宜能容纳沙盘测试,其平面尺寸不宜小于 4.00m×3.40m。心理咨询室可附设能容纳 1 个班的心理活动室。心理咨询室宜安静、明亮。"

英国中小学校园建设主要依据英国教育部颁布的《建筑公告 98:中学建筑设计总体框架》(*Building Bulletin 98:Briefing Framework for Secondary School Projects*)和《建筑公告 99:小学建筑设计总体框架》(*Building Bulletin 99:Briefing Framework for Primary School Projects*)这两个标准。这两个标准中对中小学校应该设置的各种功能教室与学习活动空间有详细的规定,但是其中没有用于教学测量评价功能的描述。

从中英中小学校园建设标准对比中可见,中国的建设标准中对教学评价条件和设施的关注度要大于英国。

2. 中英中小学测量评价方式的差异性

近年来中国中小学校园建设开始关注测量评价功能空间的添置,一些新建校则将这些教学空间作为校园建设配备标准,它们的作用已经超出对学生知识水平的测量范围,而主要用于对学生各种能力水平和德育水平的评价。

(1)学校教学监控与评价系统。该系统由视频网构成,学校各个教室的上课情况被网络摄像头采集,通过校园网将数字视频信号传输存储到服务器上,并在校长室或校长监控室的监控大屏及多屏上显示。系统可以记录教师的教学情况和学生的学习情况,同时将学生的学习状况和教学管理平台中记录的学生学习表现放在一起进行分析,对学生进行评价。

(2)表演与报告厅。这是学校组织学生表现才艺、汇报演出的必要场所,学生表演或报告时除学校领导、教师、其他学生外还可以有家长在观众席上观看。

(3)"智慧课堂"。这是"智慧校园"的主要组成部分,是信息化、数字化以及智能化教学的重点表现空间。"智慧课堂"除了支持教师讲授、学生学习以外，必须具备科学的教学测量与评价的功能。2018年6月7日国家市场监督管理总局和中国国家标准化管理委员会联合发布了《智慧校园总体框架(GB/T 36342—2018)》国家标准，该标准于2019年1月1日开始实施，标准对"智慧校园"的智慧教学环境分级和功能提出了基本要求(见表3.11)。这些要求对"智慧校园"中教学测量与评价功能的规定基本没有涉及，只是在分析决策功能部分提到了运用教学活动的信息和数据进行分析，而且该功能在智慧校园的基础型和拓展型中没有要求，在高级型中规定为"可选"。

表3.11 《智慧校园总体框架》中智慧教学环境分级与功能

功能	要求	基础型（一级）	拓展型（二级）	高级型（三级）
智能感知	能够实现对环境内所有装备（软硬件设备）及状态的信息采集，对环境指标及活动情境的识别、感知和记录	必选	必选	必选
智能控制	能够实现对教学设备的控制和管理，且实现对控制全过程及其效果的监视	必选	必选	必选
智能管理	能够实现环境内各类信息或数据的生成、采集、汇聚和推送，便于实现对环境内所有装备（软硬件设备）、环境指标及教学活动进行管理	必选	必选	必选
互动反馈	具备受众者通过互联网在任何时间、任何地点都能够根据权限许可加入的条件，支持教师和学生在活动过程中的全方位交互，包括课程通知、课堂互动、在线答疑、课程讨论区交流以及获取所需的资源和服务，并且可及时进行信息反馈	—	必选	必选
跨域拓展	具备通过互联网跨域远程拓展同步教学活动的环境空间或跨域构建虚拟教学活动同步课堂的条件	—	必选	必选
环境条件检测与调节	具备基于室内自然光、照明、空气质量、温度及湿度等环境数据实现智能调节控制的条件	可选	可选	可选
虚拟现实与增强现实	宜具备仿真、虚拟现实或增强现实系统，强化视觉、听觉及触觉等效果进行案例教学、实验教学或科研活动的条件	—	—	可选
分析决策	宜具备综合运用教学活动的信息和数据，为数据分析和决策提供支持的环境与条件	—	—	可选

目前，英国中小学校虽然在教育装备硬件配备上比中国要落后许多，但是在测量与评价的软件应用方面却表现得非常突出。2016年10月，"中英教育技术与教育装备比较研究"课题组赴英国伦敦进行实地考察。10月4日，课题组到伦敦市的哥本哈根小学（Copenhagen Primary School）参观。学校教室内没有摄像头，教师是用自己的手机拍摄记录学生学习活动的图片或视频以及一些相关资料，由"2Simple"这家公司负责将这些资料上传至公司的服务器，最后通过测量与评价软件对学生的成长过程和能力提高情况做出分析和判断。

从教育装备研究的角度去讨论学习空间问题，特别是学习空间评价自由度问题确实是一条比较高效且严谨的路径。利用教育装备研究已经具备的基础性理论，并结合教育装备管理实践方面的经验，必将会使得建立学习空间基础理论的工作更加迅速而有效。

第四章 中英基础教育及装备标准化

中英基础教育(即中小学教育)都存在着标准化问题,但是各自有着不同的取向和特征。中英中小学教育装备的标准化问题也具有较大差异性。本章重点讨论中英基础教育的标准化问题和教育装备在配备上的异同。

第一节 中英基础教育相关标准

目前教育装备标准化是一个热门话题,有众多的单位、企业、甚至个人都在积极参与研究和制定教育装备标准的工作。为了使该项工作更加规范而有效,需要参考国际上具有丰富经验的国家的标准化成就。繁荣基金项目"中英教育技术与教育装备比较研究"课题组于2016年10月和2017年1月两次赴伦敦进行实地考察,走访了6所伦敦的中小学校和多个相关单位,并对教育与教育装备标准化问题进行了研讨。本节希望通过分析中英两国在本领域的工作,找出差距,积累经验,达到促进我国教育装备标准化工作科学发展的目的。

一、中英标准化管理机构

国家标准化工作由国家标准化管理机构指导,教育标准化与教育装备标准化工作也有相应的机构负责,了解中英两国标准化管理机构的情况并加以比较是进一步掌握中英教育与教育装备相关标准差异研究的基础。

1. SAC 与 BSI

中国国家标准化管理委员会 SAC(Standardization Administration of the People's Republic of China)于 2001 年成立,为中国国家质量监督检验检疫总局管理的事业单位,是国务院授权的履行行政管理职能、统一管理全国标准化工作的主管机构。SAC 代表国家参加国际标准化组织 ISO(International Organization for Standardization)、国际电工委员会 IEC(International Electrotechnical Commission)和其他国际或区域性标准化组织,负责组织 ISO、IEC 中国国家委员会的工作。

英国标准协会 BSI(British Standard Institution)被称为世界标准之源,在

世界标准认证领域占据了举足轻重的位置。BSI 成立于 1901 年，并于 1929 年获得英国皇家特许，成为世界上首家国家级标准机构，同时它也是国际标准化组织 ISO 的创始成员之一。

SAC 与 BSI 除了在历史上和国际影响力上的差距以外，他们在各自国家中的地位和作用是基本相当的。

2. 中英基础教育相关标准管理机构

(1) 中国教育部基础教育司

由教育部组织成立基础教育课程教材工作领导小组，教育部基础教育司具体负责，于 2000 年和 2014 年分别成立两届基础教育课程教材专家工作委员会，并组织国家课程标准编写组负责对中小学各个学科课程标准进行编写。但是，上海市的不采用全国标准，而是由上海市教委基教处组织编写上海市中小学课程标准。

(2) 全国教学仪器标准化技术委员会

1988 年，当时的国家教育委员会(1998 年更名为教育部)在国家技术监督局的支持下成立了全国教学仪器标准化技术委员会，代号 CSBTS/TC125。该委员会旗下有力学和热学(CSBTS/TC125/SC1)、电学和磁学(CSBTS/TC125/SC2)、光学和原子物理(CSBTS/TC125/SC3)、生物学(CSBTS/TC125/SC4)、化学(CSBTS/TC125/SC5)、小幼教(CSBTS/TC125/SC6)等 6 个分委员会，负责组织教学仪器设备国家标准与行业标准的制定、修订和复审工作。[1] 2016 年该委员会更名为全国教育装备标准化技术委员会。

(3) 中国教育部教育信息化技术标准委员会

2000 年，教育部科技司组织力量研制现代远程教育技术标准，并于 2001 年成立了现代远程教育技术标准化委员会，2002 年更名为教育部教育信息化技术标准委员会。同年，经国家标准化管理委员会(SAC)批准成为全国信息技术标准化技术委员会(SAC：TC28)教育技术分技术委员会(CELTSC)，授权承担全国教育技术、教育信息化相关标准的研制、认证和应用推广工作。[2]

(4) 英国 Ofsted 与 Ofqual

教育标准局 Ofsted(Office for Standards in Education)是英国中央层面教育管理的重要机构，但它是一个非政府部门，在其网站上清楚地标明："Ofsted is a non-ministerial department."Ofsted 依据英国 1992 年颁布的《教育(学校)法 1992》[*Education (School) Act 1992*]于 1993 年正式成立。2007 年它的全

---

[1] 教育部高等教育评估中心：《高等学校教学工作评估与教学成果评审实用手册第 4 卷》，北京：高等教育出版社，2005 年。

[2] 教育部教育信息化技术标准委员会，http://www.celtsc.edu.cn/index.html.

称改为"教育、儿童服务及技能标准局"(Office for Standards in Education, Children's Services and Skills),但是目前仍沿用 Ofsted 这个英文缩写名称。Ofsted 虽然被称为英国教育标准局,但其主要工作并不是制定各种教育相关标准,而是对学校教育进行督导,它的主持人是由教育大臣任命的皇家总督学。①

英国资格与考试管理办公室 Ofqual(Office of Qualifications and Examinations Regulation)于 2007 年成立,为独立法人组织,直接对英国议会负责,承担国家教育考试和测验管理事务。而 Ofsted 是对影响国家课程评价标准的相关问题进行监测并向 Ofqual 报告检测信息。②

(5)英国 QCA 与 QCDA

资格与课程委员会 QCA(Qualification and Curriculum Authority)是代表英国政府具体负责在全国范围内推行发展各级教育和培训课程与资格的权威部门,于 1997 年由国家职业资格委员会(National Council for Vocational Qualifications)和学校课程评审委员会(School Curriculum and Assessment Authority)合并而成立。在英国,QCA 的主要任务是制定国家课程标准。③

英国资格与课程发展局 QCDA(Qualification and Curriculum Development Agency)于 2008 年成立,取代 QCA 来负责开发和制定国家课程标准,同时负责与国家考试相关的一系列事务。2010 年英国撤销 QCDA,并成立新的机构负责原来 QCDA 的工作。④

二、中英标准文号与标识

标准文件一般都应具有文号与标识,而各国的标准文件所采用的编号方法不同,它们之间存在一些差别,本节对此进行简单的说明。

1. 中国标准文件

中国国家标准标识为 GB,文号格式采用"GB 顺序号—批准年号",如:GB 50099—2011。带有 GB 标识的标准是由中国国家标准化管理委员会 SAC 起草、审查,由国务院标准化行政主管部门审批、编号和发布的。国家标准又分强制执行标准与推荐执行标准,强制标准的标识就是上面所述的 GB,推荐标准的标识是在其基础上加有"/T",如:GB/T 21747—2008。中国国家标

---

① Office for Standards in Education, http://www.gov.uk/government/organisations/ofsted.
② Office of Qualifications and Examinations Regulation, http://dera.ioe.ac.uk/14514/.
③ Qualification and Curriculum Authority, http://www.qca.org.uk/.
④ Surhone L M, Tennoe M T, Henssonow S F, et al. Qualifications and Curriculum Development Agency, Whitefish: Betascript Publishing, 2010.

准有时会等同采用国际标准，如《管理体系审核指南》GB/T19011—2012 就是等同采用国际标准英文版的 ISO19011：2011。

对没有国家标准而又需要在全国某个行业范围内统一技术要求的则是制定行业标准。中国的行业标准由国务院有关行政主管部门制定，并报国务院标准化行政主管部门备案。行业标准的文号格式为"行业标识 顺序号—批准年号"。教育行业标准标识为 JY，文号格式为"JY 顺序号—批准年号"，如：JY 0001—2003。行业标准也有强制型与推荐型之分，标识方法与国家标准相同，如：JY/T 0386—2006。

除此之外，中国还有企业标准(标识为 Q)和地方标准(标识为 DB)等。

2. 英国标准文件

英国标准文件使用的标识为 BS(British Standard)，文号格式采用"BS 专业代号 顺序号-制定(修订)年号"。非专业性的一般标准没有专业号项。当文件为同一标准的不同部分时，文号则使用"BS 专业代号 pt. 顺序号-制定(修订)年号"的格局，如：BS 594 pt. 2-1996。

带有标识 BS 的标准是英国标准机构 BSI 制定的标准，属于英国国家标准。但英国并非所有的标准都要由自己重新制定，而是经常直接使用欧盟标准(标识 EN)、国际标准(标识 ISO)、国际电工委员会标准(标识 IEC)等进行转化或等同采用为自己的标准。例如，文号为 BS EN ISO/IEC 19796-1-2006 的标准文件就是一个经转化或等同采用英国、欧盟、国际以及国际电工委员会的标准。该标准的英文名称为"Information technology. Learning, education and training. Quality management, assurance and metrics. General approach"，中文名称为"信息技术；学习、教育和培训；质量管理、保证和度量；一般方法"。[①]

三、中英基础教育相关标准

涉及基础教育的相关标准有国家课程标准、教师标准、校长标准、学校质量管理标准和教育装备标准等，下面逐一进行介绍。

1. 国家课程标准

"国家课程"是国家控制的全国统一性的教育质量标准，是衡量基础教育质量的标尺。中英两国都有自己国家的课程标准，并都为此付出巨大努力。

(1)中国基础教育国家课程标准

1912 年，当时的国民政府颁布了中国课程发展史上的第一个课程标准：

---

① BSI, http://www.bsigroup.com/.

《普通教育暂行课程标准》。此后，在1923年颁布了中小学课程暂行标准纲要，1929年颁布了中小学课程暂行标准，1936年、1942年、1948年先后颁布了中小学课程修正、修订、二次修订标准。中华人民共和国成立初期颁布过小学各科和中学个别科目课程标准（草案）。1952年起，改用教学计划、教学大纲。[①] 2001年，在新一轮课程改革中教育部制定并颁布了2001年版"新课程标准"，该课程标准涉及义务教育各个学科的19门课程和高中的13门课程。2011年对2001年版的课程标准进行了修订和改造，重新颁布了2011年版的义务教育阶段各门课程标准（小学科学课程除外）。

(2)英国基础教育国家课程标准

1988年，英国议会通过《教育改革法》，规定在全国中小学实施"国家课程"。1989年，当时的英国教育和科学部正式颁布了国家课程标准。国家课程由10个学科的课程组成，其中英语、数学和科学为3个核心学科，历史、地理、技术、美术、音乐、体育和现代外语则为7个基础学科。此后，英国教育和科学部分别在1991年和1995年对其进行了修订和调整。2000年，英国新成立的教育与就业部和资格与课程委员会共同颁布了面向21世纪的新国家课程标准。目前，英国中小学课程标准使用2014年教育部颁布的《英国国家课程框架文件》(The National Curriculum in England: Framework Document)。[②]

中英基础教育国家课程标准文件都没有使用各自国家标准文件的统一文号，也不带有国家标准文件的标识。

2. 教师标准

(1)中国基础教育教师专业标准

2012年，中国教育部根据《中华人民共和国教师法》和《中华人民共和国义务教育法》制定并正式颁布了《幼儿园教师专业标准（试行）》、《小学教师专业标准（试行）》和《中学教师专业标准（试行）》等3部教师专业标准。标准文件提出了"学生为本，师德为先，能力为重，终身学习"的基本精神，确立了"专业理念和师德、专业知识、专业能力"3个核心标准化内容。[③]

(2)中国义务教育师资配置标准

2016年，在《中华人民共和国国民经济和社会发展第十三个五年规划纲

---

① 顾明远主编：《教育大辞典（增订合编本上、下）》，上海：上海教育出版社，1998年。
② Department for Education: The National Curriculum in England: Framework Document, http://www.gov.uk/government/publications/national-curriculum-in-england-framework-for-key-stages-1-to-4.
③ 中华人民共和国教育部：《教育部关于印发〈幼儿园教师专业标准（试行）〉〈小学教师专业标准（试行）〉和〈中学教师专业标准（试行）〉的通知》，http://www.gov.cn/zwgk/2012-09/14/content_2224534.htm。

要》第五十九章中提出了九项教育现代化重大工程,其中在第一项"义务教育学校标准化"中规定:"实施加快中西部教育发展行动计划,逐步实现未达标城乡义务教育公办学校的师资标准化配置和校舍、场地标准化。"义务教育阶段公办学校的师资配置标准即将出炉。

(3)英国基础教育教师专业标准

1988年,英国议会通过《教育改革法》,教育和科学部公布了《合格教师身份》咨询文件。1989年,英国成立教师教育认证委员会 CATE(Council Accreditation of Teacher Education),并颁布了《合格教师资格标准》。1998年,英国师资教育署颁布了《英国中小学教研组长的专业标准》,2002年,颁布了《英国合格教师专业标准与教师职前培训要求》。2007年,英国开始实行《英国教师专业标准框架》,该框架的3个核心标准化内容为:专业品质、专业知识和理解、专业技能。[1]

同样,中英基础教育涉及教师专业标准的标准文件也都没有使用各自国家标准文件的统一文号,也不带有国家标准文件的标识。中国义务教育师资配置标准尚在研制之中,是否使用标准文号和标识还未可知。

3. 校长标准

(1)中国基础教育校长专业标准

中国国家教育部于2013年制定印发了《义务教育学校校长专业标准》,又于2015年制定印发了《普通高中校长专业标准》,至此,中国基础教育校长专业标准全部具备。这些标准中提出了"以德为先、育人为本、引领发展、能力为重、终身学习"的办学理念,在专业要求方面规定了"规划学校发展、营造育人文化、领导课程教学、引领教师成长、优化内部管理、调适外部环境"6个方面的专业职责。

(2)英国基础教育国家校长标准

英国《国家校长标准》(National Standards for Headteachers)于1998年首次颁布并实施使用,又于2004年做了重要的修订。该标准规定了校长工作的三项基本原则:以学习为中心的、重视领导作用的发挥、体现出最高的专业水准;指出校长工作的核心目的是为学校提供专业领导和管理;详细说明了校长工作的6个领域为规划未来、领导学与教、发展自我和与他人一起工作、对组织的管理、明确责任、加强与社区的联系。2015年,英国又颁布了《国家卓越校长标准》(National Standards of Excellence for Headteachers)。

中英基础教育校长标准也未配有标识与文号。

---

[1] 章云珠:《论英国教师专业标准框架的特征》,《教育评论》,2012年第2期,第156—158页。

4. 学校质量管理 ISO9001 标准认证

（1）ISO9001 标准与质量管理体系认证

ISO9000 标准是国际标准化组织 ISO 于 1994 年发布的标准，称为 1994 版 ISO9000 族系列标准，在 2000 年又正式发布了 2000 版 ISO9000 族系列标准。ISO9001 标准是 ISO9000 族系列标准的一个子项，2000 版 ISO9001 标准的使用截至 2010 年 11 月，目前使用的最新版是 ISO9001：2008 版标准。根据 ISO9001 标准建立起来的质量管理体系是全世界公认的各个行业进行质量测量和评估的依据与工具。ISO9001 质量管理体系认证就是对各个行业法人单位的质量管理机制和监督机制进行认证。ISO9001 认证适用的行业一共有 39 个，大部分为生产制造业和服务业，其中公共行政管理被排到第 36 位，教育行业被排到第 37 位。

（2）中英基础教育学校 ISO9001 认证

为了提高与保证学校教育质量，中国与英国的中小学都有一些学校申请并获得了 ISO9001 质量管理体系认证。中国申请 ISO9001 认证的中小学以民办学校最为踊跃。1998 年，无锡南洋国际学校（从幼儿园到高中的民办 15 年一贯制学校）成为中国首家获得认证的学校。1999 年，广东东莞民办的东方明珠学校也通过了 ISO9001 认证。2002 年，南京市赤壁路小学成为我国第一个获得认证的公立学校。2003 年，北京市 25 中通过了 ISO9001 质量管理体系和 ISO14001 环境管理体系的双认证。据不完全统计，到 2013 年，全国获得 ISO9001 认证的中小学达 500 多所，其中大部分为民办学校。但是根据教育部网站上提供的信息，截至 2013 年，全国公办中小学校为 26 万多所，民办中小学也达到了 1 万所左右；而且到 2013 年 11 月对全国各个行业发放的 ISO9001 证书数已经达到 31 万张。从哪个角度看，这 500 多所中小学校的认证数都显得太少了。造成这种情况的原因除了对学校与校长的管理理念和管理水平要求非常高之外，也与一些业内专家反对中小学申请 ISO9001 认证的观点和宣传有着直接的关系。这些专家最主要的一个观点是：依据 ISO9001 质量管理体系对学校进行管理是"文本管理"，而学校是育人单位，需要"人本管理"。其实，ISO9001 认证的过程就是对一个单位进行文本评估或评价，这种文本的评价体现了客观与量化的特点，相对于人本的主观与定性评价要科学得多。另外，ISO9001 质量管理体系运用的是目标化管理，与"人本管理"的过程性管理方式相比有着明显的优势。

英国中小学申请 ISO9001 质量管理体系认证的学校数量也不是很多。"中英教育技术与教育装备比较研究"课题组在英国伦敦走访的 6 个中小学是随机抽取的学校，这 6 个学校中只有一所学校（东伦敦科学学校，East London Science School)的校长在介绍本校情况时提到了申请 ISO9001 标准质量管理体系认证的问题。

5. 教育装备标准

(1)教育装备配备标准

中国的教育装备类标准主要是配备标准，如：实验室仪器设备配备标准、学校信息化建设标准(计算机机房、校园网等)、房屋建筑标准(教室、实验室等)、图书配置标准(图书馆、图书等)、运动场所建设标准(跑道、风雨操场等)、教室条件建设标准(课桌椅、黑板等)、班级环境建设标准(照明、空调、通风系统等)、辅助设施建设标准(食堂、校园文化等)，除此之外还有各种专用教室(录播教室、创新实验室、走班制教室等)的标准。这些条件取向性的教育装备标准是中国特色，在英国不存在此类标准。

(2)教育装备质量标准

教育装备质量标准属于产品质量标准，包括功能质量、性能质量和安全质量。性能质量是指产品在几何结构、物理、化学、生物、电气等特性上的技术指标规定，它是由生产该产品的行业进行认定的，因为教育装备基本都属于工业产品，所以它们的性能质量几乎都是由相应的工业标准来规定。安全质量是指产品在涉及使用者(或消费者)个人、生态环境、社会与国家安全方面的规定，它是由国家进行强制认证(如 3C 认证、QS 认证等)的。功能质量是对产品在教育教学适用性方面的规定，是目前处于研究阶段而尚未解决的问题。教育装备质量标准在中国分为国家标准、行业标准和企业标准，在英国则只采用国家标准(BS)以及进行转化或等同采用的欧盟标准(EN)、国际标准(ISO)。

6. 其他标准

(1)学生学业质量标准

学生学业质量标准其实就是标准化考试。中国基础教育阶段的标准化考试有两个，一个是中考，另一个是高考。英国标准化考试较多，有每年分别针对 7 岁、11 岁、14 岁、16 岁学生进行的核心课程(英语、科学、数学)学业成绩的标准化考试，还有对应于中国中考的 GSCE(General Certificate of Secondary Education)标准化考试和对应于中国高考的 A-Level(General Certificate of Education Advanced Level)标准化考试。

(2)教师教育技术能力标准

这是中国特色标准。2004 年 12 月 25 日，教育部正式颁布了《中小学教师教育技术能力标准》。

(3)教师教育信息技术能力标准

这也是中国特色标准。2014年5月27日,教育部办公厅印发了《中小学教师信息技术应用能力标准(试行)》。

四、中英基础教育相关标准对比

为了对中英基础教育相关标准有一个更加系统的认识,将这些类型的标准开列在表4.1中进行对照。从对照中可以看出,中国基础教育相关标准无论从数量上还是种类上都远大于英国,尤其在教育装备的标准方面表现突出,而且在配备标准方面是中国独有的。一般来讲,质量标准是具有目标取向性的,而配备标准则是具有条件取向性的,英国对条件取向性的配备标准不予以关注,而更加重视目标取向性的质量标准。英国BSI是世界标准之源,英国的标准化工作走在世界前列,中英基础教育相关标准对照应该对我们的教育与教育装备标准化工作具有重要启示。

表4.1 中英基础教育相关标准对照表

		质量标准	配备标准	国际标准	国家标准	行业标准	企业标准
课程标准	中国		√		√		
	英国		√		√		
教师标准	中国	√			√		
	英国	√			√		
校长标准	中国	√			√		
	英国	√			√		
学校标准	中国	√		√			
	英国	√		√			
装备标准	中国	√	√		√	√	√
	英国	√		√	√		
标准考试	中国				√		
	英国	√			√		
其他标准	中国	√				√	
	英国						

第二节　中英基础教育标准化取向

英国繁荣基金项目"中英教育技术与教育装备比较研究"课题组在英国进行考察期间特别关注了英国的教育装备标准化问题，此后又对英国的教育装备标准做了较为深入的调研。本节是在此次考察和英国教育标准文献研究的基础上，提出了目标取向标准化与条件取向标准化的概念，并对它们的特点和优劣进行了客观分析。

一、英国教育标准化

英国是一个十分重视教育的国家，政府将教育摆在了国家发展战略的首位。有人曾问及英国首相其政府发展目标的重点是什么时，回答是："教育，教育，教育。"

1. 英国教育改革

西方教育在经历了"进步"、"平等"和"卓越"三大标志性进程后，由"经济动力"、"社会动力"与"政治动力"驱使于 20 世纪 80 年代进入了较为彻底的教育改革时期。英国则在 1988 年正式颁布了著名的《教育改革法》(*Education Reform Act*)。该法案在基础教育方面的重大变革主要表现在以下 5 个方面：[1]

(1) 国家课程。有详尽的课程内容说明和对 7 岁、11 岁、14 岁、16 岁学生的评估安排。

(2) 地方学校管理委员会。把经费和资源管理权移交给学校管理团体和学校的员工，并由此大大削减地方教育当局的权力。

(3) 开放式入学。去除对学校能力的人为限制，使家长能够为其孩子选择就读的学校，只要学校的物理容量允许即可。学校的预算经费与学生数量紧密关联，鼓励学校为维持或提高其经费收入而竞争生源。

(4) 学校可以"不接受"地方教育当局控制而成为直接拨款的条件。直接拨款从基金代理机构获取经费和资本预算，该机构的成员由教育大臣任命。

(5) 引入国家控制的督导制度，该制度将确保所有学校每 4 年接受一次督导，督导的标准由教育标准局 Ofsted (Office for Standards in Education) 制定。

在此之后英国政府又于 2002 年颁布了《传递结果：到 2006 年的战略》，它全面勾画出英国国家教育改革发展的战略目标（见表 4.2）。

---

[1] 冯大鸣：《美、英、澳教育管理前沿图景》，北京：教育科学出版社，2004 年。

表 4.2　英国国家教育部战略目标(2002—2006 年)

战略目标		
通过下述目标旨在帮助构建一种竞争性的经济和全纳的社会： 　・为每个人发展其学习创造良机 　・释放人的潜力，以发挥其最大作用 　・在教育标准和技能水平上达成卓越		
具体目标 1	具体目标 2	具体目标 3
给予儿童一个卓越的教育开端，以使他们对未来的学习拥有一个更好的基础	使所有年轻人能够发展并拥有生活与工作所需要的技能、知识和个人素养	鼓励并使成人能够学习、改善其技能并丰富其生活

从上述这些教育改革发展目标与措施中可以清楚地看出，此次改革的重点突出表现在标准化、经费放权、关注学生能力等几个方面。

2. 英国教育标准化方向

英国中央层面教育管理的一个重要机构就是前面提到的教育标准局 Ofsted，它的全称目前已经改为"教育、儿童服务及技能标准局"(Office for Standards in Education, Children's Services and Skills)，但是仍沿用 Ofsted 这个英文缩写名称。虽然 Ofsted 并非一个政府机构，却对英国的教育行政决策和教育管理事务发挥着广泛而重要的作用，Ofsted 的主持人是由教育大臣任命的皇家总督学。[1]

英国 Ofsted 注重的是以学生成就为核心的教育质量标准体系。反映学生成就的教育质量标准主要涉及以下几个方面：[2]

(1)学生学业质量标准。根据该标准，在学生学完每个义务教育阶段的课程后要进行学业成绩测评，测评科目主要是英语、数学、科技知识 3 科，其目的是评价学生学业成就质量的优劣。

(2)教师专业标准。根据该标准，学校要对教师进行测评，从而不断提高教师的专业水平，用以保障学生的学业成就质量。

(3)国家课程质量标准。根据该标准，Ofsted 要对 7 岁、11 岁、14 岁和 16 岁学生各门课程的学业成绩进行检查，检查方法包括任课教师对学生所做的形成性测评和 QCA(资格与课程委员会)组织的全英统一终结性测评。

(4)学校质量标准。英国教育的首要目标是提高学生的成就，学校系统改革的关键不在于结构变化而在于关注学生的成就标准。所以学校质量标准仍

---

[1]　冯大鸣：《西方六国政府学校关系变革》，上海：上海教育出版社，2011 年。
[2]　王小飞：《英国教育质量标准评述》，《中国教育政策评论》，2010 年第 00 期，第 273—290 页。

然仅包括这些内容：①学生学习质量，包括课堂获得的知识和胜任学习的能力；②学校效率，即学校是否充分利用了资源；③学校总体质量标准，反映学生纪律、文化、精神、道德发展情况；④教学质量。

3. 英国基础教育标准化特点

通过对上述标准问题的分析可以看出，英国基础教育标准化的一个显著特点是其制定的标准为目标取向的。所谓目标取向是说政府仅对通过教育使学生所应达到的目标进行标准制定，而对可能达成这一目标的各种条件几乎都不进行标准规定，即标准化不是条件取向的。在针对基础教育的各类标准中，除了教师专业标准外，我们看不到对学校规模、设施设备、教学环境等办学条件方面的标准化规定，即使在学校质量标准的规定中也都反映出对最终目标的追求。目标取向的教育标准化就如同目标管理责任制，不管以什么样的条件为基础，也不管通过什么样的办法，只要能够达到规定的建设目标即可，而仅对是否达到了所规定的目标建立标准和依据此标准进行测量评价。我们不得不承认这种目标取向的标准化是科学的，它经历了历史的磨炼，在英国的基础教育中发挥着重要的作用。

4. 英国教育装备标准化

"中英教育技术与教育装备比较研究"课题组在英考察期间与英国教育供应商协会（British Educational Suppliers Association，BESA）进行了深入交流，并对中英教育装备的标准化问题展开讨论。关于教育装备的配备标准和质量标准，中英之间存在巨大的差异，在英国不存在教育装备的配备标准，而教育装备的质量标准就是产品的工业标准，由行业和企业对其进行规定。英国教育更加注重目标取向的教育质量标准的制定，而对条件取向性的教育装备配备标准并不关注。

二、我国教育装备工作定位分析

2016年7月13日，我国教育部印发了《教育部关于新形势下进一步做好普通中小学装备工作的意见》（以下简称《意见》），这是自1999年教育部印发《关于进一步加强中小学教育技术装备工作的意见》之后又一关于基础教育阶段教育装备工作的重要指导性文件。

1. 教育装备标准化工作定位

对于教育装备的作用及其标准化工作的重要性，《意见》强调指出，教育教学装备是教书育人的"必要条件"和"标准引领、专业支撑"，要"以课程标准规定、装备标准体系和规范工作机制为引领，强化法治意识、规范意识和专业意识，坚持推进装备规划、实施、管理的制度化和专业化"。而对于教育装备标准建设的种类，教育部发布的解释文件《加强中小学装备工作服务立德树人根本任务——教育部印发〈关于新形势下进一步做好普通中小学装备工作的意见〉》一文中指出："《意见》强调要贯彻创新、协调、绿色、开放、共享发展理念，建立与基础教育改革发展相适应，与学生发展核心素养培育相协调，与国家课程标准相匹配的国家装备配备和质量标准体系。"同时，《意见》还特别提到："加强装备工作是推进义务教育均衡发展、促进教育公平的必然要求，是实施素质教育、促进学生全面发展的重要基础，是提高教育质量、加快推进教育现代化的重要举措。"

对上面教育装备标准化工作的定位进行分析，可以得出以下几点结论：

（1）我国的教育装备标准化具有条件取向的性质。

（2）我国教育装备标准具有法律文件的属性，执行配备标准是依法治教的具体体现。

（3）我国教育装备标准主要关注配备标准与产品质量标准两种。

（4）实施教育装备标准化配备是推进教育均衡性和公平性的重要举措。

2. 教育装备配备标准及其取向属性

配备标准是教育领域所特有的，并且我国中小学教育装备工作所涉及的标准几乎都属于配备标准。一般，人们容易把对配备标准的理解局限于学校理科、文科实验室的实验仪器设备标准化配备方面，但实际上学校信息化建设（计算机机房、校园网等）标准、房屋建设（教室、实验室等）标准、图书配置（图书馆、图书等）标准、运动场所建设（跑道、风雨操场等）标准、教室条件建设（课桌椅、黑板等）标准、班级环境建设（照明、空调、通风系统等）标准、辅助设施建设（食堂、校园文化等）标准以及地方性的各种学校建设达标标准等一系列标准都应该属于教育装备配备标准的范围。

上述林林总总的配备标准是对构成学校教育教学环境、条件的标准化规定，所以它们具有明显的条件取向的特征，于是我们可以认为，教育装备配备标准是条件取向性的标准。而我国教育标准化则更多的是关注这些条件取向的标准建设，对目标取向的标准问题研究和重视不够。况且，教育装备的配备对学生的学业水平是否能够发挥良性作用还是值得怀疑的，美国（American, A）1966年的《科尔曼报告》、英国（British, B）2006年KCL（伦敦国王学院）和UCL（伦敦大学学院）的相关调研以及中国（China, C）2016年的全国基础教育装备调研（以下合并简称"ABC调研"）都显示出：教育教学环境与学生学业水平不具有相关性（见表4.3）。[①] 对于学生的学业水平，规定条件性的工

---

① 艾伦：《新形势下教育装备工作定位分析》，《教育与装备研究》，2016年第9期，第15—19页。

作繁杂而无效,规定目标性的工作倒有可能产生好的效果,所以目标取向的标准化优于条件取向的标准化在很大可能性下是成立的。

表 4.3 教育装备与教学成果相关性研究

时间	国家	研究	结论	
1966 年	A. American 美国	《科尔曼报告》	学生学业水平与教育装备投入无关	学生学业水平与学生家庭经济水平呈高度相关,相关系数为 0.75
2006 年	B. British 英国	KCL&UCL 的相关研究	学生学业水平与教育装备投入无关	学生学业水平与学生家庭住址的邮政编码呈现高度相关性
2016 年	C. China 中国	全国基础教育装备专项调研	学生学业水平与教育装备投入无关	学生能力水平与学校教育装备投入在 $p < 0.01$ 水平上呈现显著相关性

教育装备标准化由条件取向性向目标取向性转化是必由之路。目前,太多的各种各样的配备标准已使教育装备工作不堪重负,而且配备标准的规定正在逐渐失去其现实意义,人们不再重视它的作用,"一校一标准"甚至"一班一标准"的现象普遍存在,配备标准的严肃性、权威性面临挑战。教育装备工作必须开始研究和建立目标取向的统一标准,"教育装备元标准"就是典型的目标取向性标准。教育装备元标准对教育装备的教学适用性做了严格规定,而教学适用性的本质是教学有效性,即要求教育装备必须能够对教育教学效果产生良好的作用,必须经过教育教学有效性的实际检验。规定和测评教育装备教学适用性是教育装备元标准的核心内容。[1] 教学适用性或教学有效性的规定与 ABC 调研的结论并不矛盾,原因有 3 个:

(1) ABC 调研的中国调研中有一条结论,虽然教育装备对学生学业水平(中、高考成绩)不产生作用,但是与学生各种能力的提高的确呈现显著相关性。

(2) 不得不考虑到,在此之前的教育装备配备是没有进行深入的教学适用性或有效性设计、检验和认定的,而经过这些处理的教育装备就应该会对教学效果发挥作用。

(3) ABC 调研是对教育装备整体表现进行的判断,并未对单个装备的教学有效性表现进行相关性分析,所以具有教学有效性的教育装备存在的可能性是有的。

---

[1] 艾伦:《教育装备元标准建立的必要性》,《中国现代教育装备》,2015 年第 23 期,第 1—5 页。

3. 标准化文件的法律属性分析

1993年，中共中央、国务院颁布的《中国教育改革和发展纲要》系统提出了教育法制建设的目标和任务，明确要求"加快教育法制建设，逐步走上依法治教的轨道"。教育装备管理部门为了响应政府的号召，将"依法治教"落实到装备管理工作中，在制定的《意见》中强调通过"标准引领"来体现教育装备工作的"依法治教"。这无形中就将课程标准、装备配备标准等标准文件定位在了法律文件上面。于是，教育装备配备标准是否真的具有法律文件的性质便成为我们现在需要认真讨论的问题。

道德与法律是两种不同的对人进行约束的精神，但是道德讲求自律，法律则强调他律；道德告诉人们应该怎样做，而法律则规定人们不应该做什么。从法权关系角度去分析，法理规定人与人之间可以建立法权关系，如监护人与被监护人的关系；人（此处为人格）与物之间也可以建立法权关系，如人与私有财产的关系；但物与物之间无法建立法权关系，我们不能说"此物占有彼物"。再来看教育装备配备标准，它规定了何物必须放在何处，此物与彼物之间如何关联，所以该类标准不具有法律文件所应具有的一些特征，不能归入法律的范畴。倒是教育管理部门颁布的一些与教育装备相关的限令（或禁令）反而具有法律文件的性质。有关教育装备限令的讨论，将在本节第三部分展开。

4. 教育装备产品质量标准分析

教育装备产品质量标准是对产品质量3方面的规定：①性能质量；②安全质量；③功能质量。

(1) 性能质量标准

性能质量标准是指产品在几何结构、物理、化学、生物、电气等特性上的技术指标规定，它是由生产该产品的行业进行认定的，因为教育装备基本都属于工业产品，所以它们的性能质量几乎都是由相应的工业标准来规定的。在教育装备领域人们热衷于建立几乎所有装备产品的性能质量标准，但是由于教育装备的"非限定性"特性，使得其他任何领域的装备都可以拿到学校里作为教育装备使用，若给它们都制定一个性能质量标准是不可能的，其实也是没有必要的。据粗略统计，教育装备中除了通用产品（如计算机、电视机、工具类产品、化学药品、玻璃仪器等）外，专门用于学校教学的仪器产品就有514个品种（注：每个品种又有许多类型和型号）。根据《JY/T 0386 初中理科教学仪器配备标准》和《JY/T 0388 小学数学科学教学仪器配备标准》中描述的情况，仅九年义务教育阶段的理科实验室教学仪器就有1471件之多。

一台用于校园网的交换机与用于其他领域的商用机在技术参数上是否应

该存在差别呢？网络交换机的技术指标需求由它所工作的网络环境决定，网络的吞吐量、无阻塞、可靠性等要求决定了包转发率、背板带宽、可扩展性、冗余度等技术指标方面对网络交换机的选型。相同的技术环境下对交换机提高或降低技术要求标准，以及制定一个完全相同的标准显然是毫无意义的。

（2）安全质量标准

安全质量标准是指产品在涉及使用者（或消费者）个人、生态环境、社会与国家安全方面的规定，它是由国家进行强制认证（如 3C 认证、QS 认证等）的。同样，为用于学校的产品再去做一个完全相同的安全质量标准也没有任何意义。

（3）功能质量标准

功能质量标准是对产品在教育教学适用性、有效性方面的规定，必须由教育领域的相关部门进行科学测量和认定，但它还仅处于研究阶段。教育装备具有 8 个方面的教学适用性问题，分别是对教学主体的生理、心理、认知、教师、学生、时间、空间、文化方面的适用性。

例如，基于 Pad 形式的电子书包是在苹果公司 iPad 的基础上衍生出来的，而乔布斯的设计理念是尽量简化用户使用这一电子产品的操作，用单击图标的动作代替了几乎全部相关操作指令。这样的设计理念或许对于具有西方文化使用拼音文字的学习者毫无影响，因为他们毕竟只有 26 个字母需要记忆。但是对于使用象形文字的中国学生来说，由于有成千上万的汉字需要记忆，乔布斯的设计必定会对他们产生适用性方面的问题，长期使用电子书包而造成"提笔忘字"的现象是该类装备在文化适用性方面不匹配的典型表现。[1]如果我们必须要给中国学生使用的电子书包制定一个产品质量标准的话，那么首先要解决的就是其文化适用性的功能质量标准。

5. 均衡性与公平性的取向特点

"加强装备工作是推进义务教育均衡发展、促进教育公平的必然要求"，[2]均衡性是针对义务教育阶段提出的，而公平性则是针对高中与高等教育提出的。

（1）教育均衡性具有条件取向性

《中华人民共和国教育法》第十九条规定："国家实行九年制义务教育制度。各级人民政府采取各种措施保障适龄儿童、少年就学。适龄儿童、少年的父母或者其他监护人以及有关社会组织和个人有义务使适龄儿童、少年接

---

[1] 艾伦：《教育装备的文化适用性》，《中国现代教育装备》，2013 年第 20 期，第 77—80 页。
[2] 中华人民共和国教育部：《教育部关于新形势下进一步做好普通中小学装备工作的意见》，2016 年。

受并完成规定年限的义务教育。"此处特别指出了国家各级政府要为义务教育采取各种保障措施,教育的均衡性就是让全国各个地区学校的这些保障措施(或教育教学条件)尽量达到一个平均、一致、标准化的水平。所以,教育装备配备标准的必要性主要体现在义务教育阶段,这是因为如前文所述——配备标准是具有明显条件取向性特征的。

(2)教育公平性具有目标取向性

"民不患寡而患不均",人们对教育公平性的关注度非常之高,而且主要表现在高中教育与高等教育阶段。国内高等教育资源的缺乏和获得高等教育后的利益使得它成为人们追求的焦点,而教育公平应表现为获得高等教育的同等机会。其实,人们对同等机会的理解是这样的:即无论身处全国的任何地方,无论什么样身份的家庭背景,只要满足报考高等学校条件,那么他所在的那个地区或学校都具有高等教育普通学校、重点高校以及名校的相同考中比例。这是一个十分明确的目标,或者说公平性是具有明显目标取向性的。但现状是考中高等学校的机会集中在一些城市中的重点高中,于是使得能够进入这些重点高中的机会又表现出教育公平问题。对于一所高中校,教育装备投入量是否均衡人们并不关心,人们最关心的是它的学生考入重点高校的比例,而且 ABC 调研的结论说明了教育装备投入其实对学生高考成绩没有贡献,所以高中校的教育装备配备标准在目标取向的公平教育需求下就显得无足轻重了。

三、教育装备限令的作用

限令(ordering)或禁令(injunction)是政府颁布的法律文件,起着限制或禁止从事某项活动或使用某物的规定作用。教育限令是政府在教育领域颁布的法律文件,是依法治教的具体体现。教育装备限令则是教育管理部门对教育装备的推广使用所做出的法律规定。英国在基础教育阶段基本不存在教育装备配备标准,体现法律作用的是一些必须颁布和执行的限令。

前些年我国一些学校出现了毒跑道事件。"从新疆到东北,从内蒙古到深圳,近两年来,校园'毒跑道'事件层出不穷,学生家长怒发冲冠,社会各界反应强烈。而其产生根源之复杂、持续时间之长、涉及地域之广、带来危害之大可能超乎想象。"[①]该事件对教育装备管理的科学性提出了更高的要求。为避免此类事件再次发生或在事前就能够防止此类事件发生的办法是制定相关的法律文件。与此相关的法律文件有两种形式:一是制定标准,二是颁布限令。

---

① 李丽、周凯:《五问"毒跑道"事件》,《新华每日电讯》,2016年6月14日,第4版。

1. 制定相关标准的困境

对于塑胶跑道这个产品,当我们对其在中小学校表现出的安全质量还没有进行深入研究和测试时,制定能够满足学校适用性的标准是一个十分困难的事情。首先,我们并不知道像《GB/T 22517.6—2011 体育场地使用要求及检验方法第 6 部分:田径场地》与《GB/T 14833—2011 合成材料跑道面层》等这些标准所规定的那些对于成人可以适应的材料是否同样能够适用于中小学生,或者说成人与中小学生是否应该使用同一个标准文件。另外,在采购、施工与验收时,原来适用于其他领域的方法是否同样适用于中小学校这个环境。制定一个具有教学适用性的产品标准是个长期的过程。同时,对以次充好等奸商行为用制定标准的办法来约束也是无济于事的。

除了制定相应标准外,证书制也是非常重要的措施。在英国使用塑胶跑道的学校占全部学校(大中小学和学前班)的比例不足 1%,而学校田径跑道的实施必须具有证书,"申请证书的新跑道或需要重新测量的跑道必须在有官方机构授权的测量师监督下,通过一个完整的调查问卷。在英国田径协会收到所需的全部手续后,将会递交给国家/地方设施统筹机构,该机构将会派出评估员进行参观评估。根据评估报告的建议,将颁发相应水平的证书。证书一般自检查日起有效期 5 年。"[①]

2. 颁布相关限令的有效性

毒跑道事件出现后最有效的补救办法不是修订标准,而是颁布相关限令。塑胶跑道并不是一个十分成熟的产品,而且这种产品在中小学校中使用的必要性和安全性也没有经过科学的论证。"中英教育技术与教育装备比较研究"课题组在英国进行考察时发现,所参观过的中小学和幼儿园的操场都没有铺设塑胶跑道和塑胶草皮,而是使用真草皮。

在中小学校中使用一个新产品必须慎重,应经过科学的需求和安全论证,需求分析必须充分,安全认证一定可靠。当所有这些都不具备时,出现问题后教育管理部门应立即发出限令,禁止中小学校使用此类产品。同样,对于一种未经检验的产品或技术,在中小学校推广使用之前一旦发现苗头应立即颁布限令。例如,目前校园网室内无线路由器的载波频率普遍为 2.4GHz,新产品则开始使用 5.8GHz 载波频率。其中 2.4G 是成熟技术,其安全性经过检验,而 5.8G 安全性还有待考验,在中小学校盲目推广使用 5.8G 产品是不负责任的。出现此类苗头时,相关部门应颁布限令,在中小学校目前阶段禁止使用 5.8G 产品才对,只有这样做才能在教育装备工作中真正体现出依法治教

---

① 赵松、夏雪:《校园"毒跑道"追踪:国外校园跑道采用什么材质、安全监管如何?》,http://world.people.com.cn/n1/2016/0620/c1002-28456847.html?from=singlemessage.

的精神和科学管理的态度。

通过中英教育装备标准化特点对比分析得出的目标取向与条件取向概念是一个应该给予重视的现象,更是一个值得研究的课题。中英两国在教育标准和教育装备标准上取向的不同反映出在教育管理方式上的巨大差异。英国教育的改革与发展经历了不同的阶段,在教育装备管理方面也有近一个世纪的经验,他们曾经遇到的问题或许我们也正在经历。了解他们的历史和现状,对我们与他们之间的差别进行分析,取长补短、发现机遇,提高我们的教育装备管理水平,推进我们教育事业更加快速发展,是该项研究的目的。

第三节 中英教育装备标准化运行机制

分析讨论中国与英国在教育装备标准化运行机制方面存在的差异,归纳出其原因和优劣,对进一步发展我国教育装备标准化建设具有特殊的意义。本节以中英基础教育为背景,将双方教育装备标准化运行机制进行对比,以此来实现研究目的。

一、教育装备标准化运行机制

在讨论中英教育装备标准化运行机制之前,应该对一些相关概念进行界定,才会使我们的讨论更有针对性、更反映事物本质、更有实际意义。本节将对标准、标准化、运行机制等相关概念一一进行介绍。

1. 运行机制

运行机制(operating mechanism)是指在人类社会有规律的运动中,影响这种运动各因素的结构、功能、相互关系,以及这些因素产生的影响、发挥功能的作用过程和作用原理及其运行方式。因此,在讨论运行机制时应该涉及参与一项活动(或称运动)的机构、人群,还应涉及活动的作用过程、运行方式和产生的社会作用与影响。

2. 标准化运行机制

标准化(standardization)是为了在一定范围内获得最佳秩序,对现实问题或潜在问题制定共同使用和重复使用的条款的活动。标准化工作的任务是为制定标准、组织实施标准和对标准的实施进行监督,标准化工作应当纳入国民经济和社会发展计划。标准化的目的是改进产品、过程和服务的适用性,防止贸易壁垒,促进技术进步。[1] 而标准(standard)则是为了在一定的范围内

---

[1] 中华人民共和国国家质量监督检验检疫总局:《标准化工作指南第1部分:标准化和相关活动的通用词汇(GB/T 20000.1—2002)》,2002年。

获得最佳秩序,经协商一致制定并由公认机构批准,共同使用的和重复使用的一种规范性文件。①

标准化运行机制一般是由中央政府或政府委派的行政机构进行标准化管理与推行工作,由地方政府的相关部门和市场进行监督,由企业或研究部门对标准进行制定、修改与完善,由企业与用户参照标准执行的社会活动。

3. 教育装备标准类型与运行

讨论教育装备标准化运行机制问题与教育装备标准的类型有着非常紧密的关系,不同类型的装备标准有着不同的制定部门、推行部门与检查部门,且运行方式也不大相同。

(1)教育装备标准类型

教育装备标准按照涉及对象主要分为两类:一类是配备标准,另一类是产品质量标准。其中配备标准是教育领域所特有的,特别是基础教育,如:文理科实验室仪器设备标准、学校信息化建设标准、房屋建设标准、图书配置标准、运动场所建设标准、教室条件建设标准、班级环境建设标准、辅助设施建设标准等。这些标准由国家政府标准化管理行政部门或教育部门制定与发布,由各级教育部门推行,教育装备管理部门监督,学校用户执行。产品质量标准又分性能质量标准、安全质量标准和功能质量标准。这些标准是工业标准,多由企业制定,由国家标准化管理机构发布,教育装备管理部门监督,企业与学校用户执行。

(2)教育装备标准体制

教育装备标准按照适用范围分类可以分为国际标准、国家标准、行业标准、地方标准和企业标准,也称为标准体制或标准制式。其中,配备标准多为国家标准、行业标准和地方标准,而产品质量标准多为国际标准、国家标准、行业标准和企业标准。从这些类型的名称上就能够看出该制式标准制定、发布、执行与监控机构的性质。

(3)教育装备标准执行强度

教育装备标准按照要求程度分类可以分为强制标准、推荐标准、规范、规程、指南等,对这些类型标准的要求强度或执行强度是按上述顺序逐次递减的。教育装备配备标准很少出现强制类型的标准,而质量标准中的安全卫生质量要求常在强制性标准范围内。

教育装备标准化运行机制具有非常复杂的作用过程和运行方式,而中英在标准化运行机制方面又有所不同,需要分别进行详细说明才是。所以,本

---

① 中华人民共和国国家质量监督检验检疫总局:《标准化工作指南第1部分:标准化和相关活动的通用词汇(GB/T 20000.1—2002)》,2002年。

节所涉及的教育装备标准化运行机制更多的是针对配备标准问题进行的讨论。

二、中国基础教育装备标准化运行机制

《中华人民共和国标准化法》(以下简称《标准化法》)于 1988 年 12 月 29 日发布,并于 1989 年 4 月 1 日起实行。同期,"全国教学仪器标准化技术委员会"正式成立(2016 年该委员会更名为"全国教育装备标准化技术委员会"),从此中国基础教育装备标准化工作开始逐步走向正轨。

1. 标准化需求

教育装备标准化是国家基础教育发展战略需求的重要组成部分,是在《标准化法》指导下的政府行为。2016 年 3 月,《中华人民共和国国民经济和社会发展第十三个五年规划纲要》正式发布,提出了 9 项教育现代化重大工程,其中规定:"实施加快中西部教育发展行动计划,逐步实现未达标城乡义务教育公办学校的师资标准化配置和校舍、场地标准化。"其中师资标准化配置应属于人力教育资源配备标准问题,而校舍、场地标准化则属于教育装备(人工教育资源)配备标准问题。2016 年 7 月,中国教育部印发了《关于新形势下进一步做好普通中小学装备工作的意见》,提出要建立"与国家课程标准相匹配的国家装备配备和质量标准体系"的目标,同时还提出了"标准引领、专业支撑"和"实现标准化与特色化的有机统一"的建设原则,并在文件中明确指出需要建立和完善的标准体系主要包括教育装备配备标准和质量标准。

这些国家级的文件发布,说明中国基础教育装备标准化的需求是国家的教育发展战略需求,对基础教育装备标准化工作的认识必须上升到国家战略层面。

2. 标准体制与管理

教育装备标准体制与其适用范围类型有关,国家标准、行业标准、地方标准和企业标准的制定部门都由《标准化法》规定。国家《标准化法》第二章第六条是对标准体制适用范围和制定部门的规定,以下对这些规定进行重述并加以解释。

(1)国家标准

对需要在全国范围内统一的技术要求,应当制定国家标准。国家标准由国务院标准化行政主管部门制定。其中,国务院标准化行政主管部门就是中国国家标准化管理委员会(Standardization Administration of China,简称 SAC),于 2001 年成立,为中国国家质量监督检验检疫总局管理的事业单位,是国务院授权的履行行政管理职能、统一管理全国标准化工作的主管机构。教育装备的国家标准与其他领域国家标准一样,都要由 SAC 统一制定与管理。

(2) 行业标准

对没有国家标准而又需要在全国某个行业范围内统一的技术要求,可以制定行业标准。行业标准由国务院有关行政主管部门制定,并报国务院标准化行政主管部门 SAC 备案,在公布国家标准之后,该项行业标准即行废止。教育装备行业标准由国家教育部组织制定,基础教育的装备标准多为配备标准,一般由教育部教育装备研究与发展中心(原教育部教学仪器研究所)负责编写并提交给教育部,教育部向 SAC 报备后正式发布。

(3) 地方标准

对没有国家标准和行业标准而又需要在省、自治区、直辖市范围内统一的工业产品的安全、卫生要求,可以制定地方标准。地方标准由省、自治区、直辖市标准化行政主管部门制定,并报国务院标准化行政主管部门和国务院有关行政主管部门备案,在公布国家标准或者行业标准之后,该项地方标准即行废止。教育装备地方标准多为配备标准,有时各地根据本地特点和经济情况自行制定地方标准,并向 SAC 报备。

(4) 企业标准

企业生产的产品没有国家标准和行业标准的,应当制定企业标准,作为组织生产的依据。企业的产品标准须报当地政府标准化行政主管部门和有关行政主管部门备案。已有国家标准或者行业标准的,国家鼓励企业制定严于国家标准或者行业标准的企业标准,在企业内部适用。教育装备很少使用企业标准,除非是在一些特殊应用方面需要严于国家标准或行业标准的情况下才采用,如某些课桌椅、厨房用具等。

(5) 团体标准

由团体按照团体确立的标准制定程序自主制定发布,由社会自愿采用的标准。其中,团体是指具有法人资格,且具备相应专业技术能力、标准化工作能力和组织管理能力的学会、协会、商会、联合会和产业技术联盟等社会团体。

在 SAC 网站上可以查询到主管部门为教育部(编号 360)的国家标准,这些标准开列在表 4.4 中。表中 23 项标准中属于教育装备的共计 14 项,其中以中小学体育器材与场地方面的标准为多数,涉及实验室与教学仪器设备的标准只有 5 项。这 5 项占教育装备类国家标准(14 项)的 35.7%,占全部教育类国家标准(23 项)的 21.7%。在 14 项教育装备标准中为强制标准的有《教学仪器设备安全要求仪器和零部件的基本要求(GB 21748—2008)》、《学校安全与健康设计通用规范(GB 30533—2014)》、《教学仪器设备安全要求总则(GB 21746—2008)》和《教学仪器设备安全要求玻璃仪器及连接部件(GB 21749—

2008)》等 4 项，它们全部都是关于教育装备安全质量的标准，其他大部分则为推荐标准。

表 4.4 教育部制定的国家标准

序号	标准文号	中文标准名称	备注
1	GB/T 15834—2011	标点符号用法	
2	GB/T 19851.18—2007	中小学体育器材和场地第 18 部分：实心球	2007 年 6 月 1 日实施
3	GB 21748—2008	教学仪器设备安全要求仪器和零部件的基本要求	2008 年 8 月 1 日实施
4	GB/T 19851.13—2007	中小学体育器材和场地第 13 部分：排球网柱、羽毛球网柱、网球网柱	2007 年 6 月 1 日实施
5	GB/T 13504—2008	汉语清晰度诊断押韵测试(DRT)法	2008 年 12 月 1 日实施，代替 GB/T 13504—1992
6	GB/T 19851.20—2007	中小学体育器材和场地第 20 部分：跳绳	2007 年 6 月 1 日实施
7	GB/T 30240.1—2013	公共服务领域英文译写规范第 1 部分：通则	2013 年第 27 号公告
8	GB 30533—2014	学校安全与健康设计通用规范	2014 年第 8 号公告
9	GB/T 28920—2012	教学实验用危险固体、液体的使用与保管	2012 年第 25 号公告
10	GB/T 16159—2012	汉语拼音正词法基本规则	2012 年第 13 号公告
11	GB/T 28039—2011	中国人名汉语拼音字母拼写规则	
12	GB/T 15835—2011	出版物上数字用法	
13	GB/T 19851.21—2007	中小学体育器材和场地第 21 部分：毽球、花毽	2007 年 6 月 1 日实施
14	GB/T 19851.16—2007	中小学体育器材和场地第 16 部分：跨栏架	2007 年 6 月 1 日实施
15	GB/T 19851.19—2007	中小学体育器材和场地第 19 部分：垒球	2007 年 6 月 1 日实施
16	GB/T 19851.15—2007	中小学体育器材和场地第 15 部分：足球门	2007 年 6 月 1 日实施

续表

序号	标准文号	中文标准名称	备注
17	GB/T 19851.22—2007	中小学体育器材和场地第22部分：软式橄榄球	2007年6月1日实施
18	GB/T 19851.14—2007	中小学体育器材和场地第14部分：球网	2007年6月1日实施
19	GB/T 19851.17—2007	中小学体育器材和场地第17部分：跳高架	2007年6月1日实施
20	GB 21746—2008	教学仪器设备安全要求总则	2008年8月1日实施
21	GB/T 21747—2008	教学实验室设备实验台（桌）的安全要求及试验方法	2008年8月1日实施
22	GB 21749—2008	教学仪器设备安全要求玻璃仪器及连接部件	2008年8月1日实施
23	GB/T 20532—2006	信息处理用现代汉语词类标记规范	2007年3月1日实施

（资料来源：http://www.sac.gov.cn/）

3. 标准执行

中国基础教育的装备标准是在教育部正式发布后由地方政府教育部门负责推广执行。但是，地方政府往往会参照教育部发布的标准，根据当地具体情况再重新制定一个相关的地方标准推广使用。2006年7月教育部正式发布了《中小学理科实验室装备规范（JY/T 0385—2006）》、《初中理科教学仪器配备标准（JY/T 0386—2006）》、《初中科学教学仪器配备标准（JY/T 0387—2006）》和《小学数学科学教学仪器配备标准（JY/T 0388—2006）》4个行业标准。教育部对此发布的通知（教基〔2006〕16号）是发给全国各省、市、自治区教育厅（教委）的文件。但是，各省、市、自治区教育厅（教委）多是依据这4个行业标准又重新制定了各自的地方标准。例如：2006年，北京市教委印发了《北京市中小学办学条件标准细则（试行）》的小学部分、初中部分和高中部分3个文件；同年，河南省教育厅印发了《河南省小学数学科学教学仪器配备标准》、《河南省初中理科教学仪器配备标准》和《河南省高级中学教育装备标准》等文件；2007年，福建省教育厅印发了《福建省初中理科教学仪器配备标准（试行）》和《福建省小学数学科学教学仪器配备标准（试行）》等文件。其实，全国各省、市、自治区都有这样的地方标准印发，此处不一一列举。

4. 标准监控

中国基础教育的装备标准执行情况由各地教育装备管理部门进行监督和

控制。教育装备管理部门多为事业单位，各省、市、自治区对它们的命名不大相同，有的称为"教育装备管理中心"，有的称为"教育技术装备管理中心"等。一般，省一级单位称"中心"，县及县以下单位称"站"。这些"中心""站"负责监督本地中小学的教育装备按照标准进行采购和管理，并将教育装备建设、配备、管理及应用的情况统计上来向主管上级报告。

三、英国基础教育装备标准化运行机制

英国基础教育的装备标准化运行机制与中国有着本质的不同，这不仅与英国标准化发展特点有关，也与英国基础教育的发展有着重要联系。所以在讨论英国基础教育的装备标准化运行机制时，不能够采用对中国该项社会活动的讨论方式。

1. 英国基础教育特点

英国国民教育制度的建立始于19世纪，最具代表性的是英国的第一部教育法，即1870年出台的《初等教育法案》(Elementary Education Act 1870)，该法案又称《福斯特法案》(Forster Act)，它的建立为义务教育的发展奠定了基础。1918年英国开始实行完全免费的初等义务教育制度。此后，《1902年教育法》(Education Act 1902)巩固了英国公共中等教育制度。但是，基础教育的不平等问题一直没有得到解决。直至《1944年教育法》(Education Act 1944)的正式颁布，英国的初等教育、中等教育以及继续教育的教育体制完成了很大的飞跃发展，教育的公平性得到了充分的体现。1988年的《教育改革法》(Education Reform Act 1988)促使英国的基础教育进入了一个全新的发展阶段，卓越教育已经成为教育发展的最高追求。近150年来几次大的变革，使得英国的基础教育具备了以下一些特点。

(1) 具有明显的西方教育发展的三个阶段特点

1870年《初等教育法案》至《1944年教育法》为"进步"阶段；《1944年教育法》至1988年《教育改革法》为"平等"阶段；1988年《教育改革法》至今为"卓越"阶段。进入21世纪的英国基础教育，公平性已经不是特别需要关注的问题，而学校的均衡性对于英国的基础教育或义务教育来说一直就未曾被提出过。

(2) 英国的基础教育存在明显的"市场化"特点

虽然英国的基础教育受执政党政纲的影响，但其市场化特点一直保持。1988年《教育改革法》规定基础教育要"开放式入学"(Open Enrolment)，去除对学校能力的人为限制，只要学校有容纳空间，家长就可以为其孩子选择在此就读。学校的预算经费与学生数量紧密关联，政府鼓励学校为维持或提高

其经费收入而竞争生源。这一政策除了使学校办学水平与办学条件逐步提高以外，也使学校管理层的财政大权得到巩固，学校采购活动的目标多由学校管理层决定。

(3)英国中小学的学校领导具有绝对的经费支配权

英国中小学校的管理层由学校董事会、校长和高级管理团队共同组成。1988年《教育改革法》规定地方成立学校管理委员会，把经费和资源管理权移交给学校管理团体和学校的员工，并由此大大削减地方教育当局的权力。学校的需求可以不接受地方教育当局控制而成为直接拨款的条件。直接拨款从国家基金代理机构获取经费和资本预算，该机构的成员由教育大臣任命。[1] 在教育经费中，立法规定了其中大部分由学校负责，只有基本建设费、地方教育行政管理费、培训费用等仍归入地方预算，由地方教育当局支配与控制。同时，政府鼓励地方教育当局采取措施为学校修建保安墙、安装闭路电视监视器等，以减少学生受到攻击侵害、财产受损、被盗或纵火等事故的发生。[2] 可见，地方教育当局除了在基本建设和安全防护方面具有权限外，在学校财政上的控制权还是十分有限的。

以上所述特点决定了英国基础教育的装备配备特点，学校除了基本建设、安全卫生方面的装备有比较统一的规定外，其他方面的装备并没有统一的配备要求，学校需要配备什么装备不是由政府决定，而大多数情况下是由学校管理层根据学校具体需求决定是否进行采购。

2. 英国标准化运行机制特点

英国的标准化运行机制与中国有着很大的不同，在标准化管理、标准体制、制定推行、监督与评估、国际化等方面都具有其显著特点。

(1)标准化管理

英国标准化管理机构的名称为 British Standard Institution，简称 BSI，中文译为英国标准化协会或英国标准化学会。BSI 的前身是 1901 年创建的英国工程标准委员会 ESC(Engineering Standards Committee)，是世界上最早的标准化机构，1929 年得到英国《皇家宪章》认可，于 1931 年改为现在的名称 BSI。BSI 虽然是非政府机构，但具有国家标准化机构的地位，它是由英国政府根据《皇家宪章》和《英国政府就国家标准机构活动的谅解备忘录》(以下简称《谅解备忘录》)赋予的权力，政府只负责涉及国家安全、人民健康等强制执行的法规类文件的制定，其他涉及技术问题的自愿性标准则由 BSI 进行统一管理。

---

[1] 冯大鸣：《美、英、澳教育管理前沿图景》，北京：教育科学出版社，2004年，第116页。
[2] 祝怀新：《英国基础教育》，广州：广东教育出版社，2003年，第51—52页。

(2)标准制定依据

英国国家标准的标准文号标识为 BS，格式为：BS 专业代号 顺序号-制定（修订）年号。其中一个文号为"BS 0"的标准名称为《英国标准导则制定标准用的标准》(British Standard Guidelines：A Standard for Standards，以下简称《BS 0》)，这也就是我们所说的"元标准"(Meta-Standard)。该元标准于 1981 年正式颁布，它规定了标准制定、标准管理、组织架构、标准格式等内容，是英国制定标准的根本依据。

(3)标准体制

英国的标准体制虽然将标准分为国家标准、专业标准和公司标准 3 种类型，但全国基本上以单一国家标准(标识 BS)为主。专业标准以国家标准的形式出现，在标准文号中用专业代号加以标识。公司标准则较少出现。BSI 管理的标准基本都属于自愿性标准，或者称为推荐性标准，标准本身不具有强制性。

(4)标准推行、监督与测评

英国的标准化具有市场化特点，标准的立项和编制建立在市场经济的基础上。企业根据市场需求和自身发展需要自愿提出申请，再由 BSI 进行立项、通报、拟订草案、公共评论、批准、签署、发布、复审等一系列工作。所以，英国标准推行的特点是"企业主导，政府推行"。

英国标准的执行受到社会和市场的监督，更具体地讲就是通过发布技术法规的形式对企业的产品进入市场规定准入制度，并由政府授权检验检测机构依据标准对进入市场产品的合格性进行测评，社会的监督使得企业的任何违法行为都将导致严重的惩罚和市场的丢失。

英国政府会经常委托一些大学对 BSI 当年的标准化工作做第三方的绩效评价，并以此作为对 BSI 进行财政拨款的依据。测评的内容主要包括：标准对宏观经济、微观经济、推动市场竞争、企业发展与消费者等方面的影响。[①]

(5)标准国际化

BSI 是国际标准化组织 ISO、国际电工委员会 IEC、欧洲标准化委员会 CEN、欧洲电工标准化委员会 CENELEC、欧洲电信标准学会 ETSI 等国际标准化机构的创始成员，与这些机构有着天然的联系。所以，英国经常直接使用欧盟标准(标识 EN)、国际标准(标识 ISO)、国际电工委员会标准(标识 IEC)等进行转化或等同采用为自己的标准。例如，文号为 BS EN ISO/IEC 19796-1-2006 的标准就是一个经转化或等同采用英国、欧盟、国际以及国际

---

① 胡泽君：《公共管理与社会服务》，北京：中央编译出版社，2008 年，第 200 页。

电工委员会的标准。同时，BSI 还向 ISO 提供大量标准，使其国家标准进入国际标准的行列。

3. 英国基础教育的装备标准化运行机制特点

英国基础教育的装备标准化运行机制由英国基础教育的特点与英国国家标准化的特点所决定，它具有以下特点。

(1) 无教育装备配备标准

英国基础教育没有专门的教育装备配备标准，配备什么完全根据学校的教育教学需求，由学校领导来决定。但是，配备采购的产品、学校的校舍建设等，在其质量方面都需要按照国家标准进行操作，而在安全与卫生方面则要根据政府法规执行。在学校设施方面，校舍维护费、改扩建基础需求费、小型设备采购费用等要分别按照不同的规定进行具体操作，政府部门根据各类标准或经验模型提供分配方式、搭建制度框架，采购与建设的具体方案则由地方教育当局和学校自主决定。例如，在校舍建设方面，学校需要按照《2010年建筑条例》(*Building Regulations*, *2010*)设计和建设校舍。校舍建设首先要确保安全及校舍内外和周边人员的健康。[①]

(2) 使用单一的自愿性国家标准

英国基础教育学校采购的教育装备或称教育科技(Educational Technology)产品的质量标准遵照国家标准 BS 执行，这些标准有时也同时属于国际标准 ISO 或欧洲标准 EN。产品质量的国家标准虽然没有注明，但往往不具有强制性。在英国《BS 0》元标准中规定了自愿性原则：英国标准是在为了保证能普遍接受而进行的共同商议过程中产生的、自愿同意的、公众适用的文件。[②]

(3) 市场化特点

前文谈到，英国的基础教育具有市场化特点，英国的标准化运行机制也具有市场化特点，这就决定了英国基础教育的装备标准化运行机制同样会具有市场化特点。在英国，当一个中小学校根据教育教学需求进行教育装备采购或校舍建设时，通过招投标方式，学校的管理层会直接与社会上的相关企业建立联系，提出需求并做出说明，由企业根据说明和学校具体情况做出需求分析、可行性分析、技术方案、项目实施方案等一系列相关文件，集体论证后，参照国家标准进行实际操作。国家标准执行得如何，由社会、市场以及家长进行监督。这种情况相当普遍，例如，英国"繁荣基金"项目的"中英教育技术与教育装备比较研究"课题组曾于2016年10月和2017年1月两次赴伦敦，对那里的中小学办学条件进行实地考察，其间共走访了6所学校，这些

---

① 李建民：《G20国家教育研究丛书英国基础教育》，上海：同济大学出版社，2015年，第184页。
② 英国标准学会：《英国标准导则制定标准用的标准(BS 0)》，1981年。

学校的教育装备采购或校舍建设以及对标准的执行都是采用上述模式进行的。

(4)标准化的目标取向性特点

英国中小学没有教育装备配备标准，也就是不具备条件取向性的教育装备标准化，对学校采取的是目标取向性的标准化。针对基础教育，《英国国家课程框架文件》以及 GSCE 和 A-Level 标准化考试都是对学校教学效果的考查标准，英国教育标准局 Ofsted 负责对学校的教育教学进行督导，社会、家长则对标准的执行与效果进行监督。也就是说，对学校不去考查其办学条件如何，只关心它教育教学效果怎样。这样原则下的标准化，具有明显的目标取向性特点。

四、中英教育装备标准化运行机制差异分析

中国与英国基础教育的装备标准化运行机制存在着巨大差异，这些差异中许多是由于两国体制和文化不同造成的。发现这些差异，找出其产生的原因，分析它们的优劣，对于推动我国教育装备标准化发展具有重要的意义。

1. 标准种类差异分析

中国基础教育的装备标准有配备标准和产品质量标准两类。其中，配备标准包括仪器设备的配备标准和校舍场地的配备标准；产品质量标准则包括仪器设备设施的质量标准和房屋建筑的质量标准。质量标准中特别重要的是安全卫生方面的质量。英国基础教育的装备标准除了没有配备标准以外，其他与中国的情况基本相同。

推行配备标准（或达标配备标准）是在中国基础教育强调均衡性发展的战略决策大环境下提出的具体措施。教育的均衡性不等于教育的公平性，均衡性是为所有的学校创造相同的学习环境与条件，公平性是为每个人提供均等的教育各个学段的入学机会。于是，英国所具有的目标取向性的标准化特征，使得其教育在从"进步"阶段走向"平等"阶段，再向"卓越"阶段迈进的各个过程中，基础教育的教育均衡问题一直没有被提上议事日程，教育装备的配备标准也就一直没有机会出现。

2. 管理体制差异分析

中国教育装备标准化与其他领域的标准化一样，实行"统一领导、分级管理、分工负责"的管理体制。从标准化的法律体系看，既有国家一级的《标准化法》和《中华人民共和国标准化法实施条例》，也有国家标准化管理机构 SAC 与各个行业发布的标准化规章制度，还有各级地方标准化管理条例等配套规章，整个体系较为复杂。英国教育装备标准化也与其他领域标准化一样，管理体制较为简单，而且具有"市场化、集中型"的特点。英国没有建立标准化

法，只是根据《皇家宪章》和《谅解备忘录》由 BSI 统一管理全国的标准化工作。中国的 SAC 于 2001 年成立，而英国的 BSI 是在 1901 年成立，它们成立的时间相差整整 100 年，所以中国在标准化管理体制上还有很长的路要走。

3. 标准制定、审批与发布差异分析

中国教育装备标准的制定与其他领域的标准一样，实行"政府主导、企业参与"的管理机制，这是根据《标准化法》第六条规定形成的制度。国家标准的审批与发布工作由政府授权的行政机构 SAC 全权负责，行业标准、地方标准、企业标准虽然由各相关部门制定，但审批发布都需要向 SAC 报备，所以标准的审批与发布具有"政府负责"的特点。英国与中国不同，在标准制定上实行"企业主导、政府推动"的管理机制，而在标准的审批发布上具有"政府授权、社会组织负责"的特点，即由 BSI 全权负责。

4. 标准体制差异分析

中国的教育装备标准具有国际标准（ISO）、国家标准（GB）、行业标准（JY）、地方（DB）标准、企业标准（Q）等不同类型，形制比较复杂。而英国的教育装备标准基本上只有单一的国家标准（BS）。

根据英国元标准《BS 0》中的规定，国家标准（BS）都属于"自愿性"执行的标准，这相当于中国带有标识"/T"的推荐性标准。而中国 SAC 颁布的国家标准（GB）既有强制性标准，也有推荐性标准（GB/T）。但是，这种情况正在发生改变。2016 年 1 月，国务院办公厅颁布了《强制性标准整合精简工作方案》，该方案规定"对现行强制性国家标准、行业标准和地方标准及制修订计划开展清理评估"，要求将大部分强制性标准进行废止或转化为推荐性标准。根据这种逐渐走向国际化的趋势分析，教育装备标准除了保留关于安全与卫生的强制性规定外，将全部成为推荐性标准。通过对英国教育装备标准情况的分析可以看出，在英国教育装备标准化并不是十分重要，尤其对条件取向性的配备标准根本就不曾考虑。中国的教育装备标准化发展趋势也将会向这个方向靠拢，其实，标准化的本质是"趋同"，而绝对的均衡和绝对的公平都势必会导致竞争机制的缺失与效益的降低。随着教育装备标准化的不断发展，各种配备标准都将失去其效用，取而代之的将是教育装备元标准的建立和实施。

5. 标准化监督机制差异分析

中国教育装备标准化的监督主要依靠地方相关的行政机构，具体地讲就是各地各层次建立的教育装备管理"中心""站"，它们是在各地教育局、委领导下的事业单位，负责各地中小学教育装备的采购和对标准的执行情况进行考查与监督，并将统计结果向上级汇报。前文谈到，英国标准的执行受到社会和市场的监督，并且有检验检测机构依据标准对教育装备产品合格性做准入认证。与英国这方面比较，中国的教育装备标准化监督机制相对落后且没有保障，尤其缺乏地方的检验检测机构的建立，对教育装备标准化的评价停留在主观评价的基础上，无法实施客观量化的科学评价。

还有一个问题必须特别申明，教育装备的检验检测机构与一般工业产品检验检测机构的性质不应该完全相同，这是因为对教育装备的质量要求除了安全质量、性能质量以外还有一个不容忽视的教育教学功能质量需要进行检验检测，即要对教育装备的教育适用性与教学适用性进行测评。这一实质性的监督工作随着教育装备标准化的发展必将建立起来，它反映了教育装备管理工作的本质。

6. 标准国际化差异分析

标准国际化有两方面含义，一个是国家标准对国际标准的等同采用；另一个是国家标准向国际标准的转化，即向 ISO 提供标准。中国的教育装备标准在这方面是没有什么建树的，这一方面是因为英国与其他国家基本上不存在教育装备配备标准，另一方面是中国标准化工作还处于初始发展阶段，到 2008 年，BSI 对 ISO 的标准贡献率大约为 17%，而 SAC 对 ISO 的标准贡献率仅为 0.2%。[①] 中国教育装备标准如果不在装备的元标准和教学适用性方面进行深入的研究，要想为 ISO 做出贡献几乎是不可能的。

第四节　教育装备标准分类

2018 年 11 月 14 日，教育部发布了《关于完善教育标准化工作的指导意见》（以下简称《指导意见》）。在该《指导意见》的"完善教育标准体系框架"部分明确指出："加快制定、修订各级各类学校设立标准、学校建设标准、教育装备标准、教育信息化标准、教师队伍建设标准、学校运行和管理标准、学科专业和课程标准、教育督导标准、语言文字标准等重点领域标准，加快建成适合中国国情、具有国际视野、内容科学、结构合理、衔接有序的教育标准体系，实现教育标准有效供给。"[②] 可见《指导意见》将教育装备标准的制定与修订工作放在了非常重要的位置，而明确教育装备标准的种类对于教育装备标准化工作将具有重大的指导意义。

一、教育装备标准分类法

教育装备标准具有四种分类方法，第一种是制式分类，亦称纵向分类；

---

① 胡泽君：《公共管理与社会服务》，北京：中央编译出版社，2008 年，第 199 页。
② 中华人民共和国教育部：《关于完善教育标准化工作的指导意见》，2018 年。

第二种是功能分类，或称横向分类；第三种是执行强度分类；第四种是管理取向分类。本节重点讨论教育装备标准的功能分类。

1. 教育装备标准的制式分类

根据《中华人民共和国标准化法》第一章第二条，教育部《指导意见》做出了"教育标准包括国家标准、行业标准、地方标准和团体标准、企业标准"的相关规定。根据此规定，教育装备标准在制式上也应具有国家标准(标识GB)、行业标准(部颁标准，教育行业标识JY)、地方标准(标识DB)、团体标准(标识T)和企业标准(标识Q)。

需要说明，教育领域有时也使用国际标准，例如国内一些民办学校与个别公立学校根据国际标准化组织的 ISO9001：2008 标准进行学校质量管理，并通过了学校质量 ISO9001 管理体系认证。而在教育装备的产品质量方面，有时也使用进行转化或等同采用的欧盟标准(EN)、国际标准(ISO)。

2. 教育装备标准的功能分类

教育装备标准按照功能分类可以分为学校配备标准、产品质量标准和服务质量标准3个大类，其中产品质量标准又可以分为产品的安全质量标准、性能质量标准和功能质量标准(如图 4.1 所示)。

```
                  ┌── 学校配备标准
                  │                    ┌── 安全质量（国家强制标准）
教育装备标准体系 ──┼── 产品质量标准 ────┼── 性能质量（工业标准）
                  │                    └── 功能质量（教育装备元标准）
                  └── 服务质量标准
```

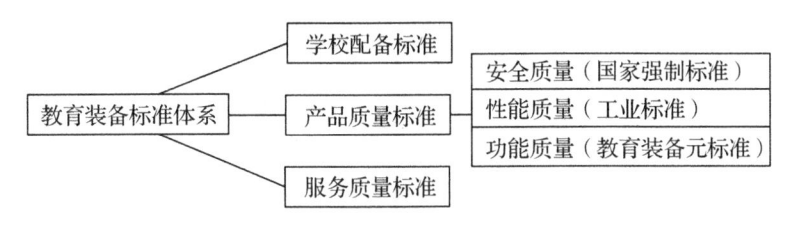

图 4.1 教育装备标准的功能分类

(1) 教育装备的配备标准

其实，在《中华人民共和国国家标准(GB/T 20000.1—2002)》(即《标准化工作指南第1部分：标准化和相关活动的通用词汇》)中只是提出了产品标准与服务标准，其中产品标准是"规定产品应满足的要求以确保其适用性的标准"，而服务标准则是"规定服务应满足的要求以确保其适用性的标准"，并没有配备标准的相关规定[①]。配备标准是教育领域的专属标准，它是对学校提出的基本要求，是办学的基本物质条件，是最低要求的标准。2016 年 7 月 13 日印发的《教育部关于新形势下进一步做好普通中小学装备工作的意见》中明确指出："教育教学装备是教书育人的必要条件。"所以，教育装备的配备标准有

---

① 中华人民共和国国家质量监督检验检疫总局：《标准化工作指南第1部分：标准化和相关活动的通用词汇》，2002 年。

时也称为学校办学条件标准或者学校办学达标标准,这意味着,若一个学校没有达到这一配备标准,则该学校就不具有办学条件。教育装备配备标准在制式上多为国家标准(GB/T)、教育行业标准(JY)以及地方标准(DB),它是根据教育教学需求和经济、科技等发展状况而制定的学校建设标准,内容涉及学校场地、房舍、运动场馆、图书馆室、教室、实验室、仪器设备、教学设施、办公用品、教育信息化软硬件条件等教育装备。

(2)教育装备的产品质量标准

教育装备产品质量标准具有对产品质量三方面的规定:安全质量、性能质量以及功能质量。其中安全质量是国家强制性的规定,性能质量属于工业产品生产要求;只有功能质量才是教育领域专属的,它是对教育装备教育教学适用性方面的规定。

①安全质量标准。安全质量标准是指产品在涉及使用者(或消费者)个人、生态环境、社会与国家安全方面的规定,它是由国家进行强制认证(如3C认证、QS认证等)的。对于中小学尤其是幼儿园配备的教育装备,其安全性具有特殊性,对它们的安全性规定与社会通用产品的要求不同,安全性涉及的范围更大、程度更高。例如,幼儿园桌椅边缘必须没有尖锐的棱角,游戏设备的安全绳网孔径必须能够防止儿童头部进入等等。教育装备产品的安全质量标准一般为国家强制执行标准(GB)。

②性能质量标准。性能质量标准是指产品在几何结构、物理、化学、生物、电气等特性上的技术指标规定,它是由生产该产品的行业进行认定的,因为教育装备基本都属于工业产品,所以它们的性能质量几乎都是由相应的工业标准规定。一般,教育装备产品的性能质量直接使用工业标准,而没有必要对它们再做出新的规定。例如,一台用于校园网的交换机与用于其他领域的商用交换机在技术参数上是不应该存在差别的。网络交换机的技术指标需求由它所工作的网络环境决定,网络的吞吐量、无阻塞、可靠性等要求决定了包转发率、背板带宽、可扩展性、冗余度等技术指标方面对网络交换机的选型。相同的技术环境下对交换机提高或降低技术要求标准,以及专为学校制定一个完全相同的标准都是毫无意义的。教育装备产品的性能质量标准一般使用工业领域的行业标准或者企业标准,而不具备教育领域的行业标准,即没有以"JY"为标识的行业标准。

③功能质量标准。功能质量标准是对产品在教育教学适用性、有效性方面的规定,必须由教育领域的相关部门进行科学测量和认定。教育装备具有8个方面的教学适用性问题,分别是对教学主体的生理、心理、认知、教师、学生、时间、空间、文化方面的适用性。对教育装备功能质量标准的研究尚

处于初级阶段,而解决该问题的最有效方法是建立教育装备元标准。[①]

(3)教育装备的服务质量标准

学校的教育信息化设施设备、大型仪器设备、计算机软件平台等都需要有日常的运行维护工作,这些运维工作属于对教育装备管理的服务,其服务质量必须具有标准化的规定,以确保教育装备的正常运行和有效使用。教育装备服务质量标准是目前尚缺的,这类标准还没有引起人们的重视,但建立教育装备服务质量标准的工作已在教育部《指导意见》"完善教育标准体系框架"的"教育信息化标准"任务中明确提出。PPP(Public-Private-Partnership)是政府向社会(或私人)购买服务的一种融资与项目管理模式,学校在教育信息化方面向社会购买服务是今后的发展方向。云服务、云计算、虚拟机等必将代替校园网的服务器群,而教育装备服务质量标准必须尽快地建立起来。

3. 教育装备标准的强度分类

在教育部的《指导意见》中仅提及了强制性标准和推荐性标准两种强度类型。但其实在以往的教育装备配备标准中存在着最少5种强度不等的标准类型,它们是:强制性标准、推荐性标准、规范、规程、指南。这5种标准的执行强度按照上述顺序逐项递减。强制性标准只出现在国家标准中,中国国家标准化管理委员会(SAC)颁布的国家标准(GB)既有强制性标准,也有推荐性标准(GB/T),而行业标准、企业标准、地方标准和团体标准都只具有推荐性标准。

2016年1月,国务院办公厅颁布了《强制性标准整合精简工作方案》,该方案规定"对现行强制性国家标准、行业标准和地方标准及制修订计划开展清理评估",要求将大部分强制性标准进行废止或转化为推荐性标准。根据这一方案,教育装备的国家标准除了安全与卫生类标准仍保留为强制性标准外,其他类型的国家标准都改为推荐性标准。而此后制定的教育装备新标准都要根据这一精神执行。

4. 教育装备标准的取向分类

教育装备标准按照取向性进行分类可以分为3种类型:条件取向性标准、目标取向性标准、过程(方法)取向性标准。教育装备配备标准属于条件取向性标准,因为它规定了学校办学的基本物质条件;教育装备产品的安全质量标准属于目标取向性标准,因为它为装备的安全性规定了一个确切的目标;教育装备产品的功能质量标准(即教育装备元标准)属于过程(方法)取向性标准,因为它是对判断教育装备教学适用性与有效性的测量方法做出了具体规定。

---

① 艾伦:《教育装备元标准建立的必要性》,《中国现代教育装备》,2015年第23期,第1—5页。

二、教育装备标准分类的意义

教育部的《指导意见》明确指出了教育标准化工作的意义:"加快教育现代化、建设教育强国、办好人民满意的教育,引导我国教育总体水平逐步进入世界前列,必须增强标准意识和标准观念,形成按标准办事的习惯,提升运用标准的能力和水平,形成可观察、可量化、可比较、可评估的工作机制,充分发挥标准的支撑和引领作用。"教育装备的标准化也包括在其中,所以制定与修订教育装备标准是当前教育装备研究领域的重中之重。但是,教育装备标准的制定与修订绝不能是盲目的,必须对其中不同制式、不同功能、不同强度以及不同取向的标准进行准确的分类,从而确定这些标准的意义、目的、目标及其作用,使我们的工作更有针对性,效率更高,效益更显著。

三、对教育装备标准化工作的意见建议

标准化(standardization)是为了在一定范围内获得最佳秩序,对现实问题或潜在问题制定共同使用和重复使用的条款的活动。标准化工作的任务是为制定标准、组织实施标准和对标准的实施进行监督。标准化的目的是改进产品、过程和服务的适用性,防止贸易壁垒,促进技术进步。教育装备的标准工作化除了上述这些基本要求外还具有其特殊性,为此必须对其过程中出现的部分问题提出相关的处理意见建议。

1. 趋同与求异

教育部《指导意见》中提出教育标准的制定要处理好"统一性和特色化"的关系,其中统一性就是"趋同",而特色化则是"求异"。"文明一定趋同,文化必须求异",文明与文化是两个完全不同的概念,教育的均衡性与统一性是教育文明性发展的体现,教育的个性化与特色化是教育文化性发展的基础。教育装备配备标准的作用是对一个学校的基本办学条件做出的规定,同时也是对教育均衡性的衡量,所以教育装备配备标准应该建立国家的统一标准,并定位在义务教育阶段,而尽量不使用地方标准。对于学前教育和高中教育阶段,可建立地方性的教育装备配备标准,这些标准甚至可以体现出地方文化特色,与地方经济发展相关。

2. 配备与配置

教育部《指导意见》中对教育装备标准化工作的要求是:"完善学校、幼儿园教学装备配置标准,出台教育装备分类标准,组织研制装备标准建设规划,加快完善教育装备配备标准和质量标准体系建设。研制寄宿制学校生活设施标准,加强实验实践、艺术、体育、卫生、心理健康教育教学设备配置标准

建设，制定、修订特殊教育资源教室和康复设施设备配备标准并开展无障碍环境改造。"其中使用了两次"配备"标准和两次"配置"标准。建议这两个词统一规范使用，对于教育装备（物）应该使用配备，因为配备一般指调配或分配各种物品；而对于人员（如教师）应该使用配置，因为配置一般指将缺位补足并设置好。

3. 建立教育装备元标准

完善教育装备标准化工作的目的是推动教育的良性发展，而能够保障教育装备在教育教学中充分发挥效能技术标准是教育装备功能质量标准，教育装备元标准就是为此而建。为了保证教育装备的产品生产与配备能够满足学校教育教学的适用性，在教育教学中能够充分起到促进作用，进而成为建立各种教育装备标准的依据，或者直接用于指导教育装备产品的生产、配备与服务，建立教育装备元标准是完全必要的。该元标准中应具有教育装备适用性规定与测评，对教育装备的教育教学适用性进行分类详细描述，并提供装备是否具有适用性的测量方法和评价手段。同时，还应具有教育装备安全性规定与测评，对教育装备的学校使用安全性进行分类详细描述，并提供装备是否具有安全性的测量方法和评价手段。[1]

---

[1] 艾伦：《教育装备元标准建立的必要性》，《中国现代教育装备》，2015年第23期，第1—5页。

第五章　中英中小学教育装备标准

本章重点讨论了中英中小学在校舍与场地配备、实验室配备、图书配备、体育器材配备和教育信息化配备等方面的标准问题，发现它们的异同点，找出它们的优劣，并做归因分析，使其成为教育装备标准化发展的依据。

第一节　中英中小学校舍与场地标准

分析讨论中国与英国中小学在校舍、场地标准化方面存在的差异，找出其原因和优劣，对进一步发展我国教育装备标准化建设具有特殊的意义。本节以中英中小学为背景，将双方校舍、场地标准特点进行对比，以此来实现研究目的。

一、中小学校舍、场地与教育装备

教育装备被定义为：人工制造的教育资源。按照此定义，中小学校舍、场地应属于教育装备的范畴。首先，学校的校舍、场地属于教育资源，这是毋庸置疑的事实，同时它们又都是人工建造的。在这里，我们将学校校舍、场地与教育装备联系起来，其目的是希望用教育装备的研究方法来研究校舍、场地，用教育装备标准化的分析方法来分析校舍、场地的标准化问题。

此处应该注意，我们必须区分场地、用地与土地这些不同的概念。土地一般指原始未开发的土地，校园范围内未开发的原始土地属于教育的自然资源，由于没有经过人力加工，所以不在教育装备的范畴之内。学校场地则是人力加工过的教育资源，属于教育装备的范畴，如运动场地、实验场地、教学场地等。而学校用地也是一个经常使用的概念，如建筑用地、体育用地、绿化用地、道路用地、广场用地、停车场用地等，它们多为经过初步人力加工后的土地，是预留发展用地，也属于教育装备的范畴。

校舍、场地是中小学教育教学的必要条件，在日常教学活动中起着重要的作用。2016年3月正式发布的《中华人民共和国国民经济和社会发展第十三个五年规划纲要》中规定："实施加快中西部教育发展行动计划，逐步实现未达标城乡义务教育公办学校的师资标准化配置和校舍、场地标准化。"将中小学义务教育学校的校舍、场地标准化问题纳入国民经济和社会发展的规划当中，可见国家对中小学校舍、场地建设的重视程度。

二、中小学校舍、场地标准类型

2016年7月，中国教育部印发的《关于新形势下进一步做好普通中小学装备工作的意见》中明确指出："需要建立和完善的标准体系主要包括教育装备配备标准和质量标准。"前文讨论过，中小学校舍、场地属于教育装备，而教育装备标准体系又包括配备标准和质量标准，所以中小学校舍、场地标准也就应该包括配备标准和质量标准两种类型。

1. 校舍、场地配备标准

教育装备配备标准是作为学校教育教学必要条件的规定，是对学校构成学生学习环境、学校生活环境、教师工作环境、学生活动环境等条件的基本要求。配备标准一般是对教育装备种类与数量的规定，中小学校舍、场地配备标准的指标规定与学校的规模（学生人数）有关，与学校学制（小学、初中或高中）有关，与学校地域属性（城市、乡镇或农村）有关。表5.1开列了中小学校舍、场地配备标准规定的部分条件基本要求项目；表5.2开列了配备标准对学校规模的规定实例；表5.3开列了配备标准对教室数量的规定。

表5.1 中小学校舍与场地配备标准项目实例[①]

类别		项目	备注
校舍	教学及教学辅助用房	普通教室	数量由学校规模决定
		实验室	理化生等实验室、仪器室
		科学、史地、美术、书法教室	属专用教室
		音乐、舞蹈教室	属专用教室
		计算机教室	属专用教室
		图书阅览室	面积由学生数决定
		教师办公室、休息室	由教师数量决定
	行政和生活服务用房	行政办公用房	校长、教务、总务等办公
		生活服务用房	厕所、浴室、食堂等

---

① 中华人民共和国国家计划委员会：《中小学校建筑设计规范(GBJ 99—86)》，1986年。

续表

类别		项目	备注
场地	建筑用地	校舍建筑占地	由学校规模决定
	运动场地	田径运动场	每校1个
		篮球或排球场	每6个班1个
		风雨操场	选配
	绿化用地	绿化与自然科学园地	成片绿地、种植用地等

（注：表中专用教室包括实验室、小学科学教室、音乐教室、美术教室、书法教室、史地教室、劳技教室、信息技术教室或计算机教室、多功能教室、心理咨询室。）

表5.2 配备标准学校规模规定实例

学制	适宜规模	班额
独立小学	每年级2～4班，合计12～24班	≤40人
独立初中	每年级6～10班，合计18～30班	≤40人
九年一贯制学校	每年级2～4班，合计18～36班	≤40人
独立高中	每年级8～12班，合计24～36班	≤45人
完全中学	每年级4～6班，合计24～36班	初中部：≤40人 高中部：≤45人

（注：表中未开列十二年一贯制学校的规模规定。）

表5.3 配备标准对独立初中校教室数量的规定实例[①]

项目	18班	24班	30班
专用教室个数	18	24	26
普通教室个数	班级数+2		

配备标准还规定了学校应配置的教学设施设备，如：普通教室应设置黑板、讲台、清洁柜、窗帘杆、投影幕挂钩、广播喇叭箱、"学习园地"栏、挂衣钩、雨具存放处；教室的前后墙应各设置一组电源插座。

中小学校舍、场地配备标准就是对一个标准的学校应该具备的各种用房与用地项目种类和规模数量的统一规定，是学校保障教育教学正常进行的基本条件，是中小学校舍、场地标准的重要组成部分。

[①] 北京市教育委员会：《北京市中小学校办学条件标准》，2005年。

2. 校舍、场地质量标准

校舍、场地质量标准是中小学校舍、场地标准除配备标准外的另一个重要组成部分。教育装备质量标准包括安全质量、性能质量和功能质量3个部分，中小学校舍、场地质量标准一般仅有安全质量和性能质量两部分。其中，安全质量还包含了卫生和环保等方面的内容；而性能质量主要体现在尺寸、面积、材料等方面。表5.4开列了中小学校舍、场地性能质量标准项目的部分实例；表5.5开列了中小学校舍、场地安全质量标准项目的部分实例。

表5.4　中小学校舍与场地性能质量标准项目实例

项目	指标		参数
普通教室	课桌椅	排距	小学：≥850mm，中学：≥900mm； 纵向走道宽：≥550mm； 课桌端部与墙面净距离：≥120mm
		水平视角	前排边坐的学生与黑板远端水平视角：≥30°
		视距	前排课桌前沿与黑板水平距离：≥2000mm； 最后排课桌后沿与黑板水平距离， 小学：≤8000mm，中学：≤8500mm； 教室后部横向走道宽度：≥600mm
	黑板	尺寸	高度：≥1000mm； 宽度，小学：≥3600mm，中学：≥4000mm
		高度	黑板下沿与讲台面的垂直距离， 小学：800~900mm，中学：1000~1100mm
		材料	表面采用耐磨和无光泽材料
	讲台	距离	讲台与黑板边缘水平距离：≥200mm
		宽度	≥650mm
		高度	200mm
运动场地	课间操运动场		小学每学生：≥2.3m^2，中学每学生：≥3.3m^2
	田径场	环形跑道	小学200m，中学250~400m
		直跑道	小学：60m×2，中学100m×2

表 5.5 中小学校舍与场地安全质量标准项目实例

项目	指标参数要求
安全	学校不宜与市场、公共娱乐场所、医院太平间等不利于学生学习和身心健康以及危及学生安全的场所毗邻。
	校区内不得有架空高压输电线穿过。
	中学服务半径不宜大于 1000m,小学服务半径不宜大于 500m;走读小学生不应跨过城镇干道、公路及铁路。
	学校的校门不宜开向城镇干道或机动车流量每小时超过 300 辆的道路;校门处应留出一定缓冲距离。
卫生环保	学校校址应选择在阳光充足、空气流通、场地干燥、排水通畅、地势较高的地段;校内应有布置运动场的场地和提供设置给水排水及供电设施的条件。
	学校宜设在无污染的地段;学校与各类污染源的距离应符合国家有关防护距离的规定。
	学校主要教学用房的外墙面与铁路的距离不应小于 300m;与机动车流量超过每小时 270 辆的道路同侧路边的距离不应小于 80m;当小于 80m 时必须采取有效的隔声措施。
	教学用房应有良好的自然通风。南向的普通教室冬至日底层满窗日照不应小于 2h。两排教室的长边相对时,其间距不应小于 25m;教室的长边与运动场地的间距不应小于 25m。

三、中国中小学校舍、场地标准特点

通过文献查阅可知,中国正式颁布的第一部中小学校舍、场地国家标准是在 1986 年由天津市城乡建设委员会编制,经中华人民共和国国家计划委员会批准的《中小学校建筑设计规范(GBJ 99—86)》,该标准于 1987 年 10 月 1 日开始施行。前文表 5.1、表 5.4、表 5.5 开列出的项目都是引用这个标准的部分内容。

中国现行的中小学校舍、场地标准为《中小学校设计规范(GB 50099—2011)》,这是在 2010 年由中华人民共和国住房和城乡建设部制定和批准,于 2012 年 1 月 1 日开始施行的国家标准。对该标准发布公告施行的同时宣布了废止原来的标准《中小学校建筑设计规范(GBJ 99—86)》。除了国家标准外,中国现行中小学校舍、场地标准中还有很多地方标准。

1. 配备标准特点

中国中小学校舍、场地配备标准主要体现在地方标准中,国家标准基本上只对校舍场地的性能质量和安全(含卫生、环保)质量做出规定。全国各省、市、自治区基本上都具有自行制定的中小学校舍、场地的地方标准,如《北京市中小学校办学条件标准》《上海普通中小学校建设标准》《南京市普通中小学办学条件标准(修订版)》《浙江省九年义务教育普通学校建设标准(DB 33/1018—2005)》《浙江省寄宿制普通高中学校建设标准(DB 33/1025—2006)》《广东省义务教育规范化学校标准(试行)》《长沙普通中小学标准化学校建设标准》,等等。这些标准中都对学校的规模,各种教室、实验室种类与数量,图书馆、运动场的大小以及辅助用房等项目做了规定。

但是,需要说明的是这些地方标准在对校舍、场地配备情况进行规定的同时还存在一些对校舍、场地性能质量、安全质量方面的要求,如《北京市中小学校办学条件标准》中就有关于教室、实验室、图书馆面积和尺寸的规定。同时,这些地方标准中还对教学、办公及生活设备的配备做了详细的规定。

2. 性能质量标准特点

对中小学校舍、场地的性能质量进行详细规定的内容主要体现在国家标准中,现行的《中小学校设计规范(GB 50099—2011)》(以下简称《规范》)就是这样一个标准。这里重点讨论该标准在校舍、场地性能质量规定上的一些特点。

(1)标准规定的详尽性

《规范》中对学校的场地和总面积、教学用房及教学辅助用房、行政办公用房和生活服务用房的尺寸、规格、室内设施布局等做出规定。并且专门设置第7部分内容:主要教学用房及教学辅助用房面积指标和净高。对教室每个学生的占地面积、辅助用房每位教师的使用面积、教学用房和风雨操场的最小净高等做了详细规定。

在正式颁布《规范》的同时,还出版了两个配合该标准的图集:《〈中小学校设计规范〉图示(11J934—1)》和《中小学校场地与用房(11J934—2)》。这两个图集非常详细、精致地画出了学校教室、实验室、运动场、教学辅助用房等建筑的框架结构、几何尺寸、内部布局,并且对建筑材料也做出规定。图5.1、图5.2是从图集中截取的两个图例,分别为对普通教室和400米环形跑道场地的详细描述。

两个图集虽然都是依据《规范》而进行的设计,但它们还是有区别的:《〈中小学校设计规范〉图示(11J934—1)》是根据《规范》部分重点条文、容易引起歧义的条文和旧版规范有较大变化的条文通过图示、表格、图片等形式,将规范条文清晰、简洁、明确地表达出来,力求反映规范的原意;该图集以《规范》的条文为依据,并按其条文顺序进行排列。《中小学校场地与用房

5.2.2 普通教室内的课桌椅布置应符合下列规定[图示1][图示2]：
1 中小学校普通教室课桌椅的排距不宜小于0.90m，独立的非完全小学可为0.85m；
2 最前排课桌的前沿与前方黑板的水平距离不宜小于2.20m；
3 最后排课桌后沿与前方黑板的水平距离应符合下列规定：1）小学不宜大于8.00m；2）中学不宜大于9.00m；
4 教室最后排座椅之后应设横向疏散走道；自最后排课桌后沿至后墙面或固定家具的净距不应小于1.10m；
5 中小学校普通教室内纵向走道宽度不应小于0.60m，独立的非完全小学可为0.55m；
6 沿墙布置的课桌端部与墙面或壁柱、管道等墙面突出物的净距不宜小于0.15m；
7 前排边座座椅与黑板远端的水平视角不应小于30°。

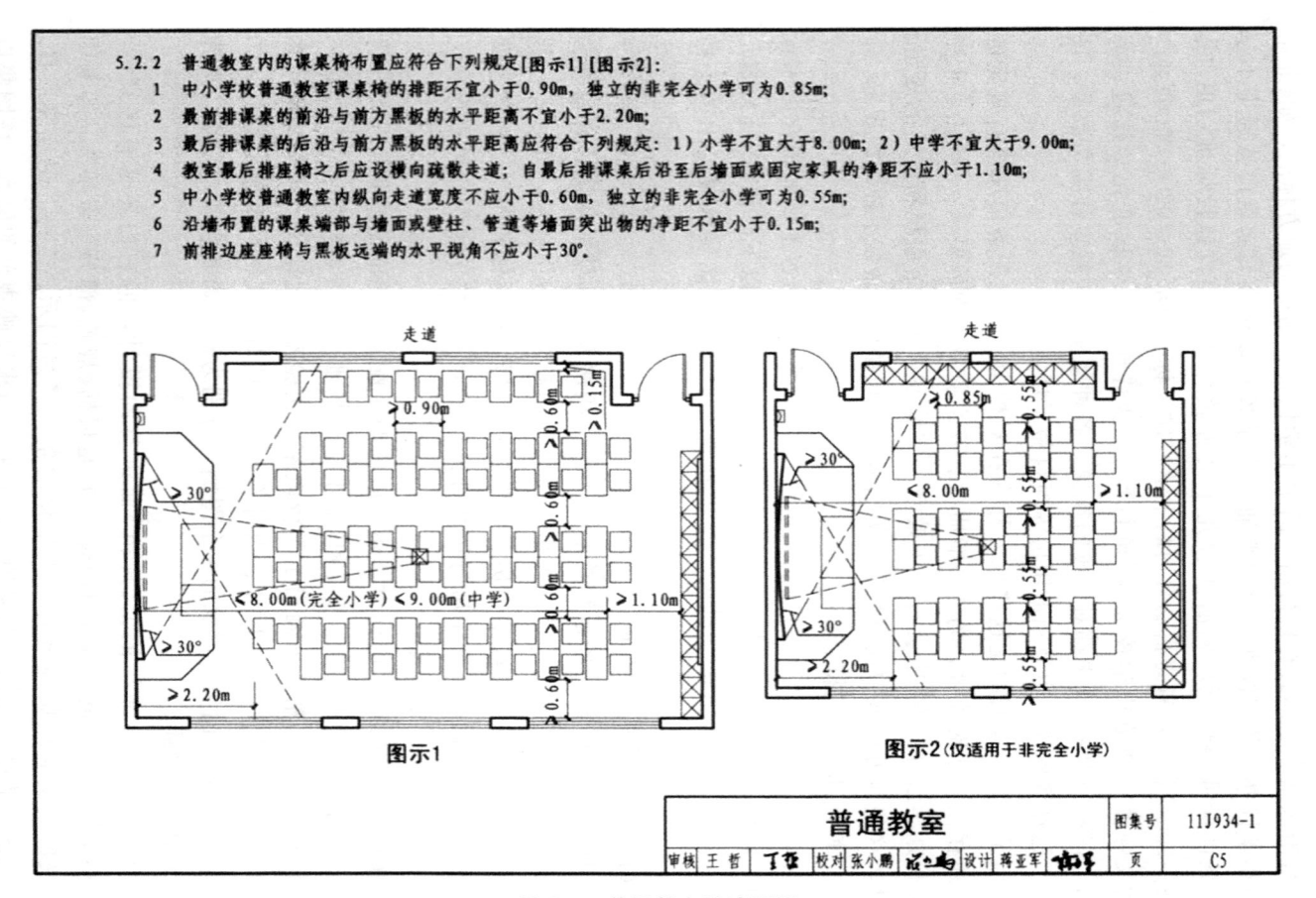

图5.1 普通教室设计图例

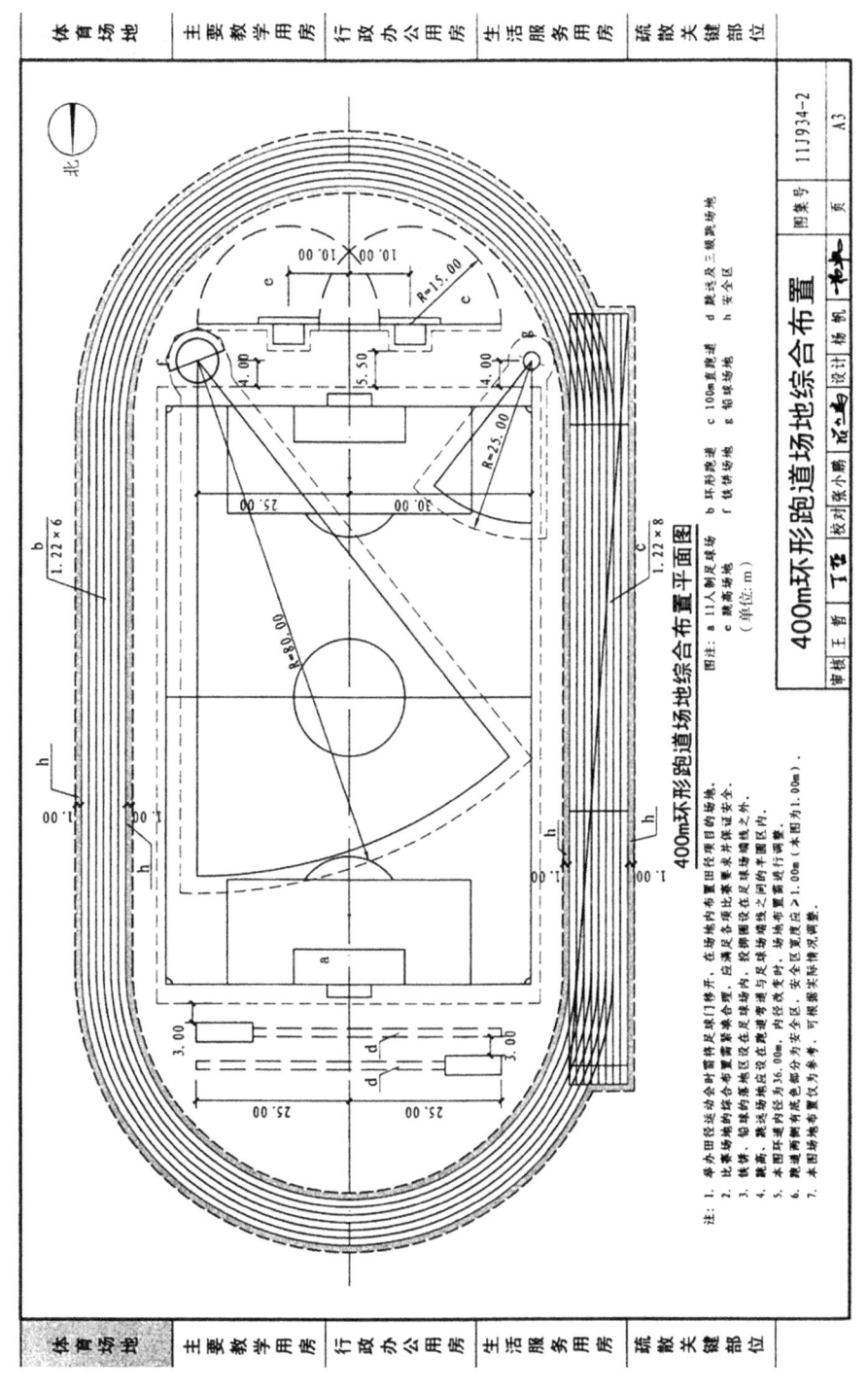

图 5.2 环形跑道设计图例

(11J934—2)》则是针对《规范》中的体育场地、主要教学用房、行政办公用房、生活服务用房和疏散关键部位进行了详细深化设计，同时提出设计方法和设计原则。

(2) 强制性与推荐性的分别阐述

在2010年12月24日国家住房和城乡建设部发布《规范》的公告中，强调了"其中，第4.1.2、4.1.8、6.2.24、8.1.5、8.1.6条为强制性条文，必须严格执行"[①]。这5个具体条文以加重的黑体字撰写，都是关于安全（含卫生、环保）方面的规定。其中，第4.1.2条规定学校应远离自然或人为高风险地段与高污染地段；第4.1.8条规定禁止高压输电线、油气传输管道穿越学校；第6.2.24条规定学生宿舍不得设在地下或半地下室；第8.1.5条是对临空窗台高度的规定；第8.1.6条是对学校各种防护栏的规定。除了这5条以外，其他条文可认为是非强制性或推荐性执行的标准内容。

(3) 涉及配备标准内容

与配备性的地方标准中具有少量质量、安全规定的情况相同，作为以质量标准为主的《规范》中也涉及了校舍、场地配备种类的规定，还具有一些详细的教室、实验室以及教学辅助用房内部设备设施配置的规定。表5.6为《规范》中提出的部分教学用房内设备设施的配备要求。

表5.6 部分教学用房内设备设施配备要求

房间名称	黑板	书写白板	讲台	投影仪接口	投影屏幕	显示屏	展示园地	挂镜线	广播音箱	储物柜	教具柜	清洁柜	通信外网接口
普通教室	●	—	●	●	●	—	●	—	●	●	○	◎	○
科学教室	●	—	●	●	●	—	—	—	—	—	◎	—	—
化学、物理实验室	●	—	●	◎	◎	—	—	—	—	—	◎	—	—
解剖实验室	●	—	●	●	●	—	◎	◎	—	—	◎	—	—
显微镜观察实验室	—	●	●	◎	◎	—	◎	—	—	—	—	—	—
综合实验室	●	—	●	◎	◎	—	—	—	—	—	—	—	—
演示实验室	●	—	●	●	●	◎	—	—	—	—	—	—	—
史地教室	●	—	●	●	—	—	◎	●	—	—	◎	—	—

---

① 中华人民共和国住房和城乡建设部：《中小学校设计规范（GB 50099—2011）》，2010年。

续表

房间名称	黑板	书写白板	讲台	投影仪接口	投影屏幕	显示屏	展示园地	挂镜线	广播音箱	储物柜	教具柜	清洁柜	通信外网接口
计算机教室	—	●	●	●	●	—	—	—	●	—	—	—	◎
语言教室	●	—	●	●	●	—	—	—	●	—	—	—	◎
美术教室	—	●	●	●	●	—	◎	●	●	○	●	—	—

（注：●为应设置、◎为宜设置、○为可设置、—为可不设置。）

3. 安全(卫生环保)质量标准

安全(含卫生、环保)质量标准的规定在《规范》中有多处表现，除了前文提到的5个强制性条文外，还有3部分内容是对安全、卫生、环保做出规定的，如下所述。

(1)第8部分安全、通行与疏散

这部分内容包括对建筑环境安全、疏散通过宽度、校园出入口、校园道路、建筑物出入口、走道、楼梯、教室疏散等安全设施的详细规定。此处涉及或参照的国家标准有《安全防范工程技术规范(GB 50348)》《建筑抗震设计规范(GB 50011)》《建筑设计防火规范(GB 50016)》《民用建筑工程室内环境污染控制规范(GB 50325)》等。

(2)第9部分室内环境

这部分内容包括对空气质量、采光、照明、噪声控制等环保措施的详细规定。此处涉及或参照的国家标准有《室内空气质量标准(GB/T 18883)》《公共建筑节能设计标准(GB 50189)》《建筑采光设计标准(GB/T 50033)》《民用建筑隔声设计规范(GB 50118)》等。

(3)第10部分建筑设备

这部分内容包括对采暖通风与空气调节、给水排水、建筑电气、建筑智能化等卫生、环保以及电气安全的详细规定。此处涉及或参照的国家标准有《电子信息系统机房设计规范(GB 50174)》《建筑给水排水设计规范(GB 50015)》《生活饮用水卫生标准(GB 5749)》《智能建筑设计标准(GB/T 50314)》等。

2013年中国城市科学研究会绿色建筑与节能专业委员会颁布了《绿色校园评价标准》，该标准对中小学校舍、场地绿色环保的规划与可持续发展场地、节能与能源利用、节水与水资源利用、节材与材料资源利用、室内环境质量、运行管理、教育推广7个项目做出评价规定，评价等级分为3个等级。

四、英国中小学校舍、场地标准特点

英国施行的中小学校舍、场地标准比较多,更新也比较快。英国政府对学校的建筑设计质量十分重视,施行的标准中有强制性的、部分强制性的、选择性的以及自愿性的。

1. 学校建筑设计依据

英国中小学校舍、场地建筑设计的依据主要有3个种类的标准:教育部颁布的《学校建筑设计规范》(School Premises Regulations)、国家颁布的《建筑设计规范》(Building Regulations)以及教育部颁布的《建筑公告》(Building Bulletin)。

学校建筑设计规范这类标准是中小学建筑设计的主要依据,它们由英国教育部正式颁布,主要包括:于1999年2月1日开始施行的《教育(学校建筑)设计规范1999》[The Education (School Premises) Regulations 1999],于2015年3月开始施行的《学校建筑设计标准的建议2015》(Advice on Standards for School Premises 2015)等两个标准,它们属于重要的法定文件(statutory instruments),具有强制执行的性质。标准中对学校的学生宿舍、卫生间、校医院的条件,房屋的结构与承重,教室的声学、照明、采暖、通风要求,学校的给排水、垃圾处理、货物储存等都做了详细规定。[1]

国家的建筑设计规范适用于普遍类型的建筑物,当然也用于中小学校舍、场地的建设。这类标准对建筑施工、建筑结构、建筑材料等内容做了详细规定。

教育部颁布的建筑公告是对前面所述标准的解释、补充与强调。这类公告较多,且侧重点不同,此处将部分公告及其涉及的内容开列在表5.7中。

表5.7 英国教育部颁布的建筑公告实例

中文名称	英文名称
建筑公告87:环境设计指南	Building Bulletin 87: Environmental Design
建筑公告90:学校采光设计	Building Bulletin 90: Lighting Design for Schools
建筑公告93:学校声环境设计	Building Bulletin 93: Acoustic Design for Schools
建筑公告98:中学建筑设计总体框架	Building Bulletin 98: Briefing Framework for Secondary School Projects

---

[1] Department for Education. The Education (School Premises) Regulations 1999, 1999.

续表

中文名称	英文名称
建筑公告99：小学建筑设计总体框架	Building Bulletin 99：Briefing Framework for Primary School Projects
建筑公告101：学校建筑的通风设计	Building Bulletin 101：Ventilation of School Building
建筑公告102：特教学校建筑设计	Building Bulletin 102：Designing for Disabled Children and Children with SEN

2. 质量标准与配备标准

英国中小学校舍、场地标准是以质量标准为主，兼有配备标准。针对学校建设的标准，教育部颁布的学校建筑设计规范和建筑公告中都对校舍、场地做了十分详细的规定。以下通过一些实例对此加以说明。

(1)质量标准要求

英国中小学校舍、场地标准的主要内容应属于质量标准，现以对校舍、场地的采光与照明要求为例，介绍质量标准的情况。在学校建筑设计规范和建筑公告中，都有关于采光和照明的规定。例如，《教育(学校建筑)设计规范》的规定为：学校建筑的每一个房间或其他空间应有适合其正常使用的采光和照明；学生住宿的维持照度应保持工作面上不少于300lx；在视觉要求高的教学场所，应在工作平面上保持不低于500lx的照度；所有工作面的眩光指数应不超过19。

而《建筑公告90：学校采光设计》对校舍、场地采光与照明的规定更加详细，文件中的具体内容非常丰富、周到。以下是根据该文件的目录进行归纳的结果，其详细程度，从中可见一斑。

1. 简介
2. 照明设计组件
   2.1 任务/活动照明
   2.2 照明视觉舒适度
   2.3 照明与建筑一体化
   2.4 照明和能源效率
   2.5 照明保养
   2.6 照明成本
3. 照明的选择
   3.1 自然采光
   3.2 电气照明

3.3 综合照明和电气照明
4. 照明设计指导
    4.1 采光
        4.1.1 日光量
        4.1.2 日光质量
        4.1.3 眩光
        4.1.4 阳光控制
        4.1.5 外部视觉接触
    4.2 电气照明
        4.2.1 眩光
        4.2.2 闪烁和高频率的操作
        4.2.3 光幕反射光
        4.2.4 分布灯和灯具
        4.2.5 选择
    4.3 集成日光和电灯
    4.4 照明辅助设计
5. 照明的特殊应用
    5.1 流通领域
    5.2 区带显示屏设备
    5.3 科学工作和实验室
    5.4 设计和技术室和车间
    5.5 图书馆
    5.6 艺术室
    5.7 运动场和体育馆
    5.8 通用厅及戏剧与舞蹈工作室
    5.9 黑板照明
    5.10 照明和视觉教具
    5.11 照明视觉和听力障碍的学生
    5.12 本地任务照明
    5.13 外部照明
    5.14 应急照明内容
6. 照明设计检查
    6.1 任务/活动照明
    6.2 照明视觉舒适度

6.3 照明与建筑一体化

6.4 照明和能源效率

6.5 照明保养

6.6 照明成本

6.7 外部和应急照明

附录：

1. 校舍建筑法规和生产新校舍标准

2. 照明与健康

3. 灯

4. 控制装置

5. 灯具

6. 照明控制

7. 废旧灯具的处理

8. 照明设计策略实例

8.1 站点分析

8.2 一个典型的教室

8.3 中庭[①]

该标准中的具体内容对采光与照明做了非常科学的严格规定，例如，根据CIE(国际照明协会)标准规定，阴天多云情况下的照度值$L\theta$可用公式$L\theta=L_z(1+2\sin\theta)/3$来计算，式中$L_z$为晴天照度值，$\theta$为日照角度，照度单位为lx。

(2)配备标准要求

英国中小学校舍、场地标准中也有配备标准的相关内容，现以对学校运动场地面积的要求为例，介绍标准中涉及配备标准的部分。在《教育(学校建筑)设计规范》中，规定了学校运动场地的最小面积与学校规模(学生人数)之间的关系(见表5.8)。

表5.8 学校运动场地最小面积

8岁以上学生总数	未满11岁学生的学校(m^2)	其他学校(m^2)
≤100人	2500	5000
101～200人	5000	10000
201～300人	10000	15000

---

① Department for Education. Building Bulletin 90: Lighting Design for Schools, 1990.

续表

8岁以上学生总数	未满11岁学生的学校(m²)	其他学校(m²)
301~400人	15000	20000
401~500人	20000	25000
501~600人	25000	30000
601~750人	30000	35000
751~900人	35000	40000
901~1050人	40000	45000
1051~1200人	45000	50000
1201~1350人	50000	55000
1351~1500人	55000	60000
1501~1650人	60000	65000
1651~1800人	65000	70000
1801~1950人	70000	75000

3. 做长远发展规划

英国中小学校舍、场地的建设不仅全国要有长远的发展规划，每个具体学校的建设也被规定要有战略性目标与方案的设计。例如，在教育部颁布的《建筑公告99：小学建筑设计总体框架》中就有关于校舍建设规划PDP(Premises Development Plan)的具体要求，图5.3是该标准中的一个截图，它详细而逻辑清晰地对一个建设方案做出了具体规定。图中的左部是对学校现存建筑情况分析的要求，包括现有学校建筑的净容量、现有建筑面积、现状调查、异常情况、审计情况、现有房间的数量和适用性等问题的分析；右部是对将来需求评估的要求，包括预计学生名额数、预计建筑面积、预计建设和使用时间、项目规范与策略、根据教学所测算的需要房间数等问题的分析；而中部是校舍和场地面积的过剩或盈余、更换/更新要求、总体规划的工程范围和初步预算、翻新和适应要求、教室数量过剩等方面的考虑。整个规划要根据"全寿命周期"理论进行设计，并规定一个校舍、场地建筑比较合理的生命周期为25年至60年。[①]

---

① Department for Education. Building Bulletin 99: Briefing Framework for Primary School Projects, 1999.

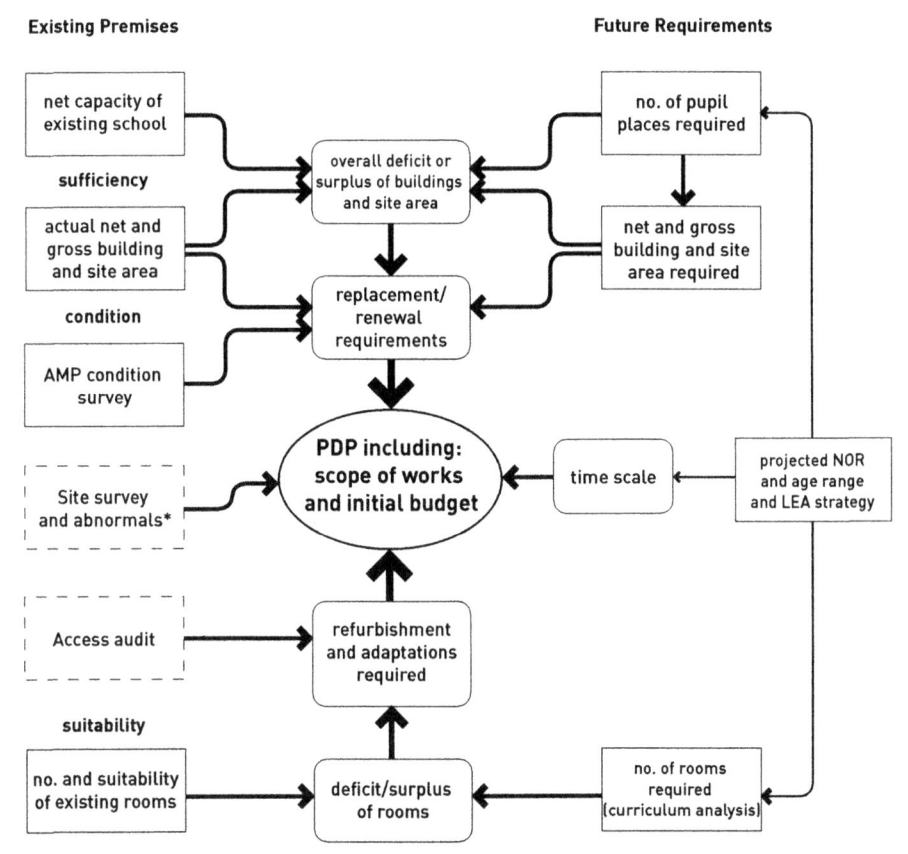

图 5.3 校舍与场地长远规划设计

4. 绿色环保建筑设计

BREEAM(Building Research Establishment Environmental Assessment Method)是由英国建筑研究院 BRE 制定的全世界最早的绿色建筑环境评价标准，该标准是对建筑主体与场地生态价值方面评价的规定，目的是减少建筑物对环境的影响。2012 年 BRE Global(REB 全球集团)颁布了 *BREEAM Education 2008* 评价标准，英国规定超过 50 万英镑造价的小学及超过 200 万英镑的中学，其新建与改扩建项目必须达到该标准评价分数大于等于 55 分的水平等级。

BREEAM Education 2008 对中小学校舍、场地建筑的环境评价主要分为 10 个项目，包括管理、健康与舒适、能源、交通、水利用、材料使用、废物处理、土地生态使用、污染状况和创新情况。评价指标体系中对上述各个项

目的评分分为通过、较好、很好、优秀、卓越共 5 个分度级。[①]

五、中英中小学校舍、场地标准差异

中国与英国中小学校舍、场地标准之间存在着较大的差异性，在配备标准、性能质量标准、安全（卫生、环保）质量标准等方面都有所不同，各有自己的特点与优势，以下对此做一些简单的分析。

(1) 中英中小学校舍、场地配备标准的存在差异性最大。中国的配备标准主要表现在地方标准方面，全国各省、市、自治区几乎都有适应自己本地情况的中小学校舍、场地配备标准，即各地的"中小学校办学条件标准"，标准制定得较为详细。但是这些标准除了个别的，基本上都没有标准文号，或者说基本上没有向 SAC 报备。英国的中小学校舍、场地配备标准没有独立制定的，只是在质量标准中做了一些配备的标准规定。

(2) 中英中小学校舍、场地性能质量标准没有太大的差异性，它们都具有翔实的条文规定。但英国的性能质量标准表现得更具有科学性、严谨性。

(3) 中英两国对学校安全性要求都是十分严格的，都将安全质量要求列为强制性质量标准。

(4) 在学校建筑设计方面，英国更加注重建筑的长远规划设计和可持续发展设计，在标准中有具体体现，甚至还要提供一些具体设计实例（样板）。

(5) 中英两国都有关于中小学校绿色环保评价的标准，英国最新近的评价标准为 *BREEAM Education 2008*，中国则是从 2008 年开始做这项研究，于 2013 年颁布了《绿色校园评价标准》。中国的这个标准是在参考了英国的 *BREEAM Education 2008*、美国的 *LEED for School*、澳大利亚的 *Green Star Education V1* 以及日本的 *CASBEE* 等学校绿色环保评价标准后制定的。[②] 其中，英国的 *BREEAM Education 2008* 规定了 10 个评价项目，分 5 个评价等级分度；中国的《绿色校园评价标准》则是规定了 7 个评价项目，分 3 个评价等级分度（1 星级、2 星级和 3 星级）。

(6) 英国中小学校舍、场地建设标准对经费与成本的关注度很强，如：《建筑公告 90：学校采光设计》中有照明成本的规定，在《建筑公告 99：小学建筑设计总体框架》中有建筑成本的规定，这与英国基础教育的市场化特点、标准化的市场化特点有着必然的联系。中国同类标准中几乎都没有涉及成本问题的。

---

① BRE Global：BREEAM Education 2008，2008.
② 吴志强、汪滋淞、于靓：《〈绿色校园评价标准〉编制研究》，《建设科技》，2012 年第 6 期，第 82—86 页。

第二节　中英中小学实验室标准

分析讨论中国与英国中小学实验室标准存在的差异，找出其原因和优劣，对进一步发展我国教育装备标准化建设具有特殊的意义。本节以中英基础教育为背景，将双方中小学实验室标准进行对比，以此来实现研究目的。

一、中小学实验室与教育装备

教育装备是人工制造的教育资源，中小学实验室房屋是学校的建筑，实验仪器设备是师生的教具与学具，它们都是教育教学资源，又都是由人工制造，所以都属于教育装备的范畴。将学校实验室与教育装备联系起来，其目的同样是希望用教育装备的研究方法来研究实验室，用教育装备标准化的分析方法来分析中小学实验室的标准化问题。

在做分析之前，需要对中小学实验室的概念进行界定。中国教育部于 2009 年 11 月 25 日颁布了《中小学实验室规程》(以下简称《规程》)，其中的第七条规定"本规程所指实验室包括：中学理科实验室、通用技术实验室、小学科学(自然)实验室、艺术专用教室、历史地理专用教室、实践活动室和开设其他课程需要的专用教室等"[1]。根据该《规程》的规定，中小学实验室的范围除了理科课程适用以外，文科类课程、艺术类课程、实践活动课程等专用教室也属于实验室的范围。可认为这是对中小学实验室做了一个概念界定，即中小学实验室定义。

关于这个中小学实验室的定义，我们有 3 个问题需要做些说明。第一，这个定义采用的是列举定义法(或称特殊的外延定义法)，与"属 + 种差"定义法、词法定义法、情境定义法、内涵定义法等相比，列举定义法缺少完备性，虽然简单，但并非一个好的定义方法。《规程》采用这种方法对中小学实验室进行定义主要出于方便读者理解的目的，更何况《规程》并非一个严谨的学术论著，只是一个政府文件，采用这种定义方法是可行和较为实际的。但是带来的问题是给读者判断一个对象是否为中小学实验室有可能会造成歧义性。第二，该《规程》在定义中小学实验室时，使用了"本规程所指实验室包括：……"这样的表述，即可理解为这个定义仅限于本《规程》文本描述的范围之内。但是，因为《规程》是一个教育部颁布的标准，则其中的定义就可以扩展到全国中小学使用。第三，本文为中英中小学实验室标准的对比分析，中

---

[1] 中华人民共和国教育部：《中小学实验室规程》，2009 年。

国发布的《规程》对实验室的定义是否适用于英国，这是个较难处理的问题。但侥幸的是通过文献查询，尚未发现英国曾颁布过与《规程》相同或相似性质的标准，我们将《规程》对中小学实验室的定义用于英国中小学应该是可行的。这样处理仅仅是为了便于进行对比分析。

《中小学校设计规范(GB 50099—2011)》(以下简称《规范》)是由中华人民共和国住房和城乡建设部制定，于 2012 年 1 月 1 日开始施行的国家标准。该《规范》中规定："中小学的教学及教学辅助用房应包括普通教室、专用教室、公共教学用房及其各自的辅助用房。"其中没有提及中小学实验室。《规范》中还规定："小学的专用教室应包括科学教室、计算机教室、语言教室、美术教室、书法教室、音乐教室、舞蹈教室、体育建筑设施及劳动教室等，宜设置史地教室。""中学的专用教室应包括实验室、史地教室、计算机教室、语言教室、美术教室、书法教室、音乐教室、舞蹈教室、体育建筑设施及技术教室等。"[①]显然，《规范》将中小学实验室纳入了专用教室的范围，而《规程》则将中小学专用教室纳入了实验室的范围。虽然《规范》与《规程》在表述上不一致，但将专用教室视为实验室这一点是不容怀疑的。

另外，中国各省、市、自治区发布的中小学办学条件标准(或建设标准)中对实验室的界定通常也是与上述《规范》一致的，即认为专用教室包括：科学教室(小学)、实验室、音乐教室、美术教室、书法教室、史地教室、劳技教室、信息技术教室、心理咨询室等。

二、中小学实验室相关标准类型

中小学实验室标准从实验室建设所包括的内容划分涉及实验室房屋建设和实验仪器设备建设两个内容，而从标准类型划分则涉及配备标准和质量标准两个类型，所以对中小学实验室标准的讨论问题就出现了 4 种组合，分别为：实验室房屋配备标准、试验室房屋质量标准、实验仪器设备配备标准以及实验仪器设备质量标准。

1. 实验室房屋配备标准

配备标准一般是根据学校的性质和规模来规定教育装备配置的种类与数量。中小学实验室房屋的配备标准内容首先是由学校的性质来决定，对于中国的基础教育，中小学就是分为小学、初中、高中 3 个不同的学段。对于英国则稍微复杂，英国基础教育若按照教育阶段可划分为初等教育和中等教育两个学段，对应的学校分别称为初等学校（Primary school）和中等学校

---

① 中华人民共和国住房和城乡建设部：《中小学校设计规范(GB 50099—2011)》，2010 年。

(Secondary school)；也可以按照学生年龄划分为 5～7 岁的关键学段 1(Key Stage 1)、7～11 岁的关键学段 2(Key Stage 2)、11～14 岁的关键学段 3(Key Stage 3)、14～16 岁的关键学段 4(Key Stage 4)4 个学段。在进行中小学实验室标准化讨论时，我们对英国基础教育学校采取初等学校(Primary school)和中等学校(Secondary school)两种教育阶段学校的划分方法。对中国基础教育学校，虽然有独立小学、独立初中、独立高中、九年一贯制学校、十二年一贯制学校以及初、高中混合全日制学校的划分，但在进行中小学实验室标准化讨论时，则只采取小学、初中、高中 3 个不同学段的划分方法。

中小学实验室房屋配备标准中对实验室房屋种类的规定应根据学段或学校的性质来决定，其实这就是根据不同学段或学校按照国家课程标准规定所开设的课程种类来决定；对实验室房屋数量的规定则应根据学校的规模（学生数或班级数）来决定。

2. 实验室房屋质量标准

中小学实验室房屋质量标准一般都是由国家建筑标准或国家建筑标准化管理机构颁布的建筑标准来规定，中国与英国情况大致相同。同时，两国教育部颁布的行业标准，中国的各省、市、自治区颁布的地方标准几乎都不涉及实验室质量标准问题。

3. 实验仪器设备配备标准

中小学实验室实验仪器设备配备标准是对各种不同类型的实验室中应配置的实验设施、设备、仪器、材料等教育装备的种类与数量之规定。实验仪器设备配备标准一般多为行业标准，即教育部或教育行业颁布的标准。中国虽然有时也采用地方标准，但其内容基本上是在行业标准的基础上做一些适当调整。实验仪器设备配备标准内容一般都十分繁杂，常以列表的方式进行描述，表格有时会很长。

中小学实验室仪器设备配备标准的编制方法有以下 4 种：

(1)根据传统实验室配备编制。例如，中国自清代末年西学东渐，按照西方的学校模式开始建立新校，那时就已经开始在学校中组建理科的科学实验室，并配备了各种实验仪器设备。这些实验室一直延续下来，但没有标准化。根据这些实验室的配备经验编制出一套完备的标准是目前采用的最主要方法。

(2)参考其他已有标准编制。一些国家或地区已经具有了中小学实验室实验仪器设备的配备标准，参照这些标准来编制或完善自己的标准，也是经常采用的方法之一。

(3)根据现行教材内容编制。中小学现行教材中都有对于实验内容以及实验仪器设备的建议或规定，根据这些建议、规定建立数据，进行统计，最后编制出配备标准。这是一种较为科学的方法。

(4)根据实验教学标准内容编制。首先根据课程标准制定出实验教学标准，再依据实验教学标准来编制实验室配备标准，这是最为科学的配备标准建立方法。

4. 实验仪器设备质量标准

中小学实验室的实验仪器设备质量标准包括性能质量与安全质量两部分内容，此类标准一般多为国家标准，但中国也有少量教育部颁布的行业标准。作为教育装备的一部分，实验仪器设备基本都是工业产品，所以它们的质量应该遵循工业标准的规定进行生产。教育行业不是工业，它只是应用教育装备而不生产教育装备，所以不会有对具体实验仪器设备的标准规定。即使存在少量教育行业标准，也是对工业标准的重审，或者是对安全问题的强调。例如，中国教育部2003年发布的《教学仪器设备产品一般质量要求（JY 0001—2003）》就属于此类质量标准。

三、中国中小学实验室标准特点

在中国，中小学实验室标准受到中央政府和地方政府的高度重视，尤其是对义务教育阶段中小学实验室配备标准的要求更加突出，认为它是教育均衡性的具体体现。

1. 实验室房屋配备标准

中小学实验室房屋配备标准是对学校实验室类型、数量、布局以及附设房屋的规定，这类标准在中国的国家标准、行业标准和地方标准中都有涉及，但是，行业标准、地方标准比国家标准在实验室数量上规定得更加细致和精确。

(1)国家标准中的配备规定

在中国住房和城乡建设部与质检总局于2010年联合发布的《规范》中列举了小学的科学教室和中学的化学实验室、物理实验室、生物实验室、综合实验室、演示实验室、史地教室，以及中小学计算机教室、语言教室、美术教室、书法教室、音乐教室、舞蹈教室的配置情况。同时，《规范》中还规定了："科学教室和实验室均应附设仪器室、实验员室、准备室。"在与《规范》同时颁布的《〈中小学校设计规范〉图示（11J934—1）》和《中小学校场地与用房（11J934—2）》两个图集中，也都有关于中小学各种实验室的配备类型。表5.9是两个图集涉及的实验室类型。

表5.9 中小学实验室类型[①]

学段	学科	实验室名称
小学	科学	完全小学科学教室、非完全小学科学教室
	信息技术	完全小学计算机教室、非完全小学计算机教室
	美术	写生美术教室、绘画美术教室
	书法	书法教室
	音乐	音乐教室
	艺术	舞蹈教室
中学	化学	化学实验室
	物理	力学实验室、光学实验室、热学实验室、电学实验室
	生物	显微镜观察实验室、解剖实验室
	历史、地理	地球仪分散存放史地教室、地球仪集中存放史地教室
	信息技术	计算机教室
	外语	语言教室
	美术	写生美术教室
	音乐	音乐教室
	艺术	舞蹈教室
	各学科	1个班演示实验室、2个班演示实验室、边演示边实验演示实验室
	各学科	固定实验桌综合实验室、可移动实验桌综合实验室

(2)行业标准中的配备规定

2006年7月教育部正式发布了《中小学理科实验室装备规范(JY/T 0385—2006)》,其中对实验室的配备种类与数量都做了较为详细的规定。其中,除了对实验室室别(类型)提出要求外,还要求配备实验员室、准备室、仪器室、药品室、危险药品室、培养室和生物园地等辅助设施和建筑。表5.10是该标准根据学校性质与规模对中学实验室类型与数量做出的规定。

[①] 中国建筑标准设计研究院:《〈中小学校设计规范〉图示(11J934—1)》,2011年。
中国建筑标准设计研究院:《中小学校场地与用房(11J934—2)》,2011年。

表 5.10　实验室种类与数量规定[①]

单位：个

室别	类别	4～8个平行班 初中	4～8个平行班 高中	8～12个平行班 初中	8～12个平行班 高中	12～16个平行班 初中	12～16个平行班 高中
物理实验室/探究室	基本要求	1	1～2	1～3	2～3	3～5	3～5
	规划建议	2～3	2～3	3～4	3～4	4～6	4～6
化学实验室/探究室	基本要求	1	1～2	1～2	2～3	2～3	3～5
	规划建议	1～2	2～3	2～3	3～4	3～4	4～6
生物实验室/探究室	基本要求	1	1～2	1～3	2～3	2～3	3～5
	规划建议	2～3	2～3	3～4	3～4	3～4	4～6
实验员室（理、化、生）	基本要求	各1	各1	各1	各1	各1	各1
准备室（理、化、生）	基本要求	各1	各1	各1	各1	各2	各2
仪器室（理、化、生）	基本要求	各1	各1	各1～2	各2～3	各2	各2～3
药品室（化、生）	基本要求	各1	各1	各1	各1	各1	各1
危险药品室（化）	规划建议	1	1	1	1	1	1
培养室（生）	规划建议	1	1	1	1	1	1
生物园地	基本要求	1	1	1	1	1	1

（备注：学校规模小于12个班的可参照表中4～8个平行班的数据指标执行。）

(3) 地方标准中的配备规定

现以北京市教委于2005年颁布的《北京市中小学校办学条件标准》为例，说明地方标准如何对中小学实验室的配备进行规定。《北京市中小学校办学条件标准》对中小学实验室的定义与《规范》是基本一致的，认为实验室属于专用教室的范围。但前文我们讨论过，将专用教室与实验室等同对待，该标准中关于专用教室的界定为"专用教室包括：科学教室（小学）、实验室、音乐教室、美术教室、书法教室、史地教室、劳技教室、信息技术教室、心理咨询室等"。其实这些教室都可以当作实验室对待，也就是在此对实验室类型进行

[①] 中华人民共和国教育部：《中小学理科实验室装备规范（JY/T 0385—2006）》，2006年。

了规定。实验室数量要求在该标准中另行规定,表 5.11 是按照该标准开列出各种学制学校根据其规模而建立的专用教室(或称实验室)数量的规定。

表 5.11 中小学规模与实验室数量关系[①]

单位:个

学校学制	规定项目	配备数量		
独立小学	班级数	12	18	24
	专用教室数	10	12	13
独立初中	班级数	18	24	30
	专用教室数	18	24	26
九年一贯制	班级数	18	27	36
	专用教室数	16	18	23
完全中学	班级数	24	30	36
	专用教室数	25	29	33
独立高中	班级数	24	30	36
	专用教室数	23	27	30

2. 实验室房屋质量标准

中小学实验室房屋质量标准涉及对实验室面积、尺寸(长、宽、高)、结构、材料、采光、通风等方面的规定,有时布局的更为详细规定也在质量要求之列;这些规定中既有性能质量的要求,也有安全质量的要求。中国中小学实验室房屋质量标准主要为国家标准,即前文多次谈到的《规范》,以及与《规范》同时发布的《〈中小学校设计规范〉图示(11J934—1)》和《中小学校场地与用房(11J934—2)》两个图集。

(1)性能质量要求

在《〈中小学校设计规范〉图示(11J934—1)》和《中小学校场地与用房(11J934—2)》两个图集中都对中小学的各种实验室性能质量做出了严格的规定。图 5.4 是《〈中小学校设计规范〉图示(11J934—1)》中对中学化学实验室布局与排污、排气系统的详细描述。

图 5.5 是《中小学校场地与用房(11J934—2)》中对中学化学实验室尺寸与结构的详细描述。图中规定化学实验室的使用面积应为 99 平方米左右,实验室建筑长宽为 12600mm × 8100mm,实验室净高应≥3100mm,教师演示桌

[①] 北京市教育委员会:《北京市中小学校办学条件标准》,2005 年。

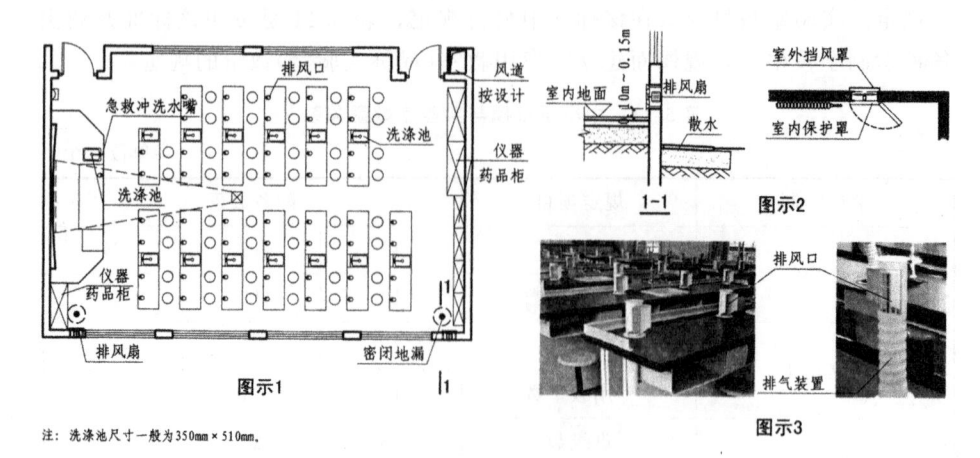

图 5.4 化学实验室布局与排污、排气系统

位尺寸为 2400mm × 700mm，双人学生实验桌尺寸为 1200mm × 600mm。此外，图中还对化学实验室门窗的高度和长宽、灯具的安装高度、上下水管道的安装、排气通风管道的安装、排污地沟的位置等结构问题做了详细说明。

(2)安全质量要求

在《规范》中对中小学实验室安全、卫生与健康环境条件等方面的质量要求做出了详细的规定。《规范》的第 8 部分是关于安全、通行与疏散的规定，第 9 部分是关于室内环境的规定，这两部分除了对学校建筑做出一般的安全、卫生要求外，对实验室也具有相关的条文规定。例如：第 8.1.7 条规定，科学教室、化学实验室、热学实验室、生物实验室、美术教室、书法教室等须在室内装设密闭地漏；第 9.1.3 条规定，当采用换气次数确定室内通风量时，实验室换气次数应达到每小时 3 次；第 9.2.1 条规定，实验室最低采光系数为 2.0%，窗地面积比为 1∶5.0；第 9.3.1 条规定，实验室应维持平均照度 300lux，照度均匀度不小于 0.7，统一眩光值为 19，显色指数为 80；此外，还有防噪声的规定等等。

3. 实验仪器设备配备标准

中国中小学实验室的实验仪器设备配备标准主要在理科实验方面。2006 年 7 月教育部正式发布了《初中理科教学仪器配备标准(JY/T 0386—2006)》、《初中科学教学仪器配备标准(JY/T 0387—2006)》和《小学数学科学教学仪器配备标准(JY/T 0388—2006)》等 3 个行业标准；2010 年 2 月教育部又正式发布了《高中理科仪器配备标准(JY/T 0406—2010)》，适用于高中实验室的行业标准。这些配备标准都在全国推行，同时也是全国各地制定地方标准的依据。它们的内容都十分详细，文件多以列表的方式呈现，开列了数学与理科的实

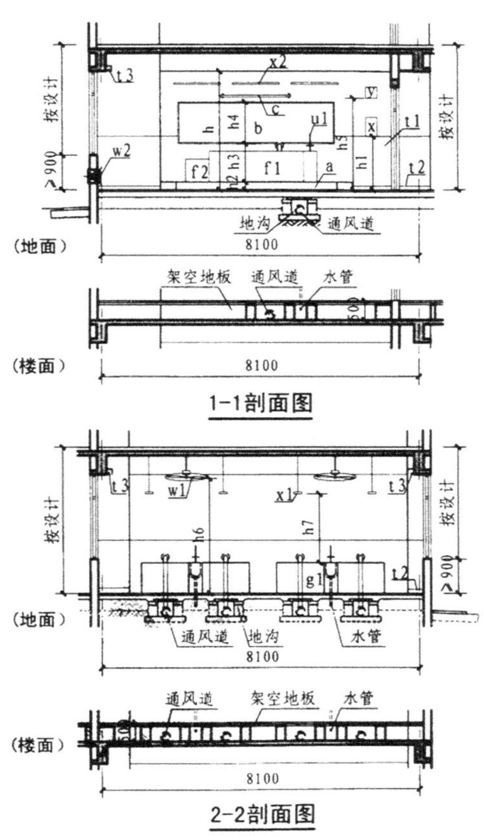

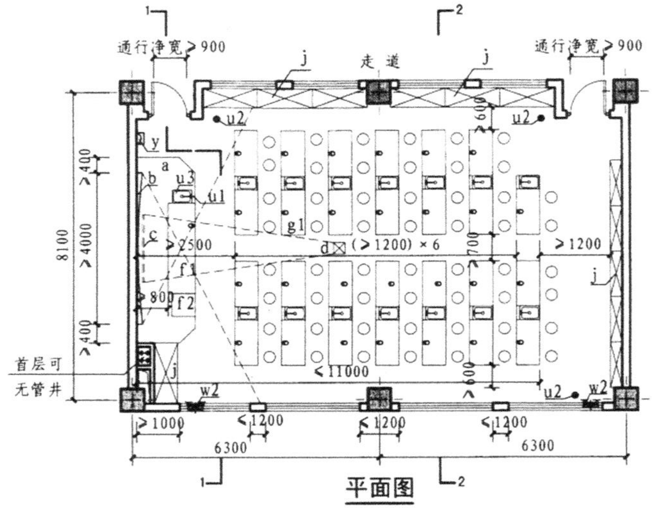

第五章　中英中小学教育装备标准

图 5.5　化学实验室尺寸与结构

验仪器、教学设备、各种工具以及实验材料等品目。标准中对仪器设备的配备分为"基本"和"选配"两种配备要求，基本配备为必配。其中《初中理科教学仪器配备标准(JY/T 0386—2006)》开列了初中数学、物理、化学、生物、地理课实验器材共约 1370 个品目；《初中科学教学仪器配备标准(JY/T 0387—2006)》开列了初中科学课实验器材共约 1080 个品目；《小学数学科学教学仪器配备标准(JY/T 0388—2006)》开列了小学数学和科学课实验器材共约 570 个品目；《高中理科仪器配备标准(JY/T 0406—2010)》开列了高中数学、物理、化学、生物、地理、信息技术、通用技术课实验器材共约 1790 个品目。

4. 实验仪器设备质量标准

在中国标准化管理委员会 SAC 网站上可以查询到主管部门为教育部（编号 360）的实验室仪器设备国家标准有 5 项，它们是《教学仪器设备安全要求仪器和零部件的基本要求(GB 21748—2008)》《教学实验用危险固体、液体的使用与保管(GB/T 28920—2012)》《教学仪器设备安全要求总则(GB 21746—2008)》《教学实验室设备实验台（桌）的安全要求及试验方法(GB/T 21747—2008)》《教学仪器设备安全要求玻璃仪器及连接部件(GB 21749—2008)》。而由教育部发布的关于中小学实验室仪器设备质量的行业标准为《教学仪器设备产品一般质量要求(JY 0001—2003)》（以下简称《要求》）。这些标准以对实验仪器设备的安全质量要求为主，对性能质量的要求只是标注出应该遵循的国家标准、国际标准中对该项工业产品的规定文号。下面主要针对《要求》的内容做一些分析介绍。

《要求》对实验室仪器设备的规定共有 4 个部分，分别是：教学仪器设备产品性能的一般要求、教学仪器设备产品安全的一般要求、教学仪器设备产品结构的一般要求、教学仪器设备产品外观的一般要求。除此之外，还有对一些特殊仪器的具体要求，如提出了对玻璃器件、真空器件、模型、标本的性能、安全规定，同时还提出了实验仪器设备在标志、合格证、使用说明、包装、运输和存储上的一些要求。表 5.12 是《要求》中部分实验仪器设备品目与所依据国际标准、国家标准、行业标准的对应关系。

表 5.12　部分仪器设备品目与各级标准对应关系[①]

实验仪器设备品目	依据标准文号
信息技术设备的安全(idt ICE 60950：1999)	GB 4943
家用和类似用途电气的安全第一部分：通用要求 （等效采用 IEC 60335-1：1991）	GB 4706.1

---

① 中华人民共和国教育部：《教学仪器设备产品一般质量要求(JY 0001—2003)》，2003 年。

续表

实验仪器设备品目	依据标准文号
玩具安全	GB 6675
实验室玻璃仪器干燥器	GB/T 15723
实验室玻璃仪器烧杯	GB/T 15724
实验室玻璃仪器烧瓶	GB/T 15725
视听、视频和电视系统中设备互联的优选配接值	GB/T 15859—1995
显微镜用载玻片	JB/T 8230.3—1997
显微镜用盖玻片	JB/T 8230.1—1997
视听、视频和电视设备及系统第17部分：声频学习系统	ICE 574—17(1989)

5. 中学实验室与小学教室

中国中小学实验室标准中，在中学称实验室，在小学则一律称教室。如：中学的化学实验室、生物实验室，小学的科学教室。但从小学科学教室的布局、设备配置等情况看，其实已经和普通的授课教室完全不同了，而更加像中学的物理实验室。

四、英国中小学实验室标准特点

英国中小学实验室标准同样应该涉及实验室房屋与实验仪器设备两部分，但是却在配备标准与质量标准区分上不是十分明显。其中，学校的实验室房屋标准是具有明确规定的，即明文规定是针对中小学校适用的，实验仪器设备标准则没有专门针对学校发布的。

1. 实验室房屋标准

最能反映英国中小学实验室房屋标准的文件是英国教育部颁布的《建筑公告98：中学建筑设计总体框架》和《建筑公告99：小学建筑设计总体框架》。这两个公告中不仅规定了中小学实验室房屋的质量、工程等建设标准，同时还规定了学校实验室建设的类型，所以它们具有实验室配备标准的内容。

（1）配备要求

中小学实验室房屋配备标准是对实验室种类与数量的规定，在《建筑公告98：中学建筑设计总体框架》与《建筑公告99：小学建筑设计总体框架》中都能看到这方面的相关内容。例如，在《建筑公告98：中学建筑设计总体框架》中就规定了中学实验室的类型与面积，表5.13是公告中对中学实验室类型与数量的规定。图5.6是《建筑公告99：小学建筑设计总体框架》中对小学信息技术实验室、厨艺实验室与艺术实验室的布局规定(注意其中都配备了轮椅)。

表 5.13　英国中学实验室类型与数量[①]

单位：个

学生人数	577~642	700~799	850~945	1000~1099	1125~1251	1300~1399	1399~1555	1600~1699	1699~1850	1900~1999	1999~2149
信息技术实验室	1	1	2	2	3	3	4	4	4	5	5
科学实验室	5	6	7	8	9	10	11	12	13	14	15
厨艺实验室	1	1	1	2	2	2	2	2	3	3	4
力热实验室	1	1	2	2	2	3	3	3	3	3	3
电子控制实验室	1	1	1	1	2	2	2	2	2	3	3
编制工艺实验室	1	1	1	1	1	1	1	2	2	2	2
图形工作室	0	1	1	1	1	1	1	2	2	2	2
大型艺术室	1	1	2	2	2	2	2	2	2	2	2
一般艺术室	0	1	1	1	1	1	2	2	3	3	3
音乐演奏室	1	1	1	1	1	1	1	1	1	1	1
音乐教室	0	0	1	1	1	2	2	2	2	2	3
戏剧工作室	0	0	0	0	1	1	1	1	1	1	1
多媒体工作室	0	0	0	0	0	1	1	1	1	1	1
特教资源基地	1	1	1	1	1	1	1	1	1	2	2
特教小组活动室	1	1	1	1	2	2	2	2	3	3	3
音乐小组练习室	4	6	7	7	7	8	10	10	11	11	12
音乐合奏室	1	1	1	1	1	1	2	2	2	2	3
录音室	1	1	1	1	1	1	1	1	1	1	1
窑炉室	1	1	1	1	1	1	1	1	1	1	1
暗室	1	1	1	1	1	1	1	1	1	1	1

---

① Department for Education. Building Bulletin 98: Briefing Framework for Secondary School Projects，1998.

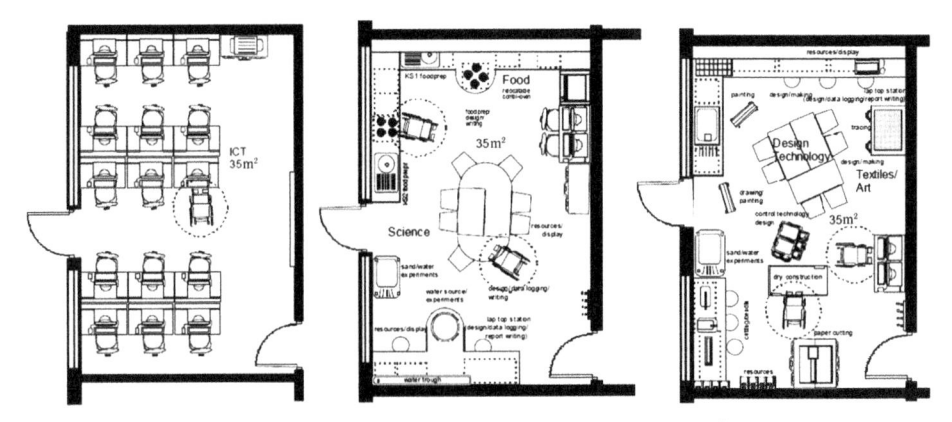

图 5.6　小学信息技术、厨艺与艺术实验室布局[①]

从表 5.13 开列出的实验室类型看,英国中学实验室与中国中学实验室有着不同的概念,所关注的实验教学内容也有很大差异。在"中英教育技术与教育装备比较研究"课题组赴伦敦考察时注意到,英国中学生的许多理科实验其实是在普通教室中进行的,并未安排到专用的实验室中去做实验,所以我们在表 5.13 中看不到物理实验室、化学实验室、生物实验室等专用实验室的设置。另外一个值得注意的问题是,在普通的学校中仍然非常重视对残疾学生的关照,中学的实验室中有专门用于特殊教育的活动室,小学的实验室中则专门安排了残疾学生使用的轮椅。

(2)质量要求

中小学实验室房屋质量主要涉及面积、尺寸等参数。表 5.14 中的数据是对应表 5.13 中开列的各种实验室的面积和容积的规定,这里仅是对中学实验室的面积要求。

表 5.14　英国中学实验室面积

实验室名称	最大组数(组)	平均面积(m^2)	净容空间(m^2)
信息技术实验室	30	77	27
科学实验室	30	90	30
厨艺实验室	20	101	24
力热实验室	20	112	27
电子控制实验室	20	90	30

[①] Department for Education. Building Bulletin 99：Briefing Framework for Primary School Projects，1999.

续表

实验室名称	最大组数(组)	平均面积(m^2)	净容空间(m^2)
编制工艺实验室	20	90	30
图形工作室	20	77	27
大型艺术室	30	105	30
一般艺术室	30	90	30
音乐演奏室	30	90	28
音乐教室	30	90	30
戏剧工作室	30	90	28
多媒体工作室	30	90	28
特教资源基地	8	20	0
特教小组活动室	6	16	0
音乐小组练习室	6	7	0
音乐合奏室	10	20	0
录音室	4	12	0
窑炉室	3	4	0
暗室	5	12	0

图 5.7 是《建筑公告 99：小学建筑设计总体框架》中提供的小学校规模与实验室面积关系的计算图像，图中横坐标为每组学生数，纵坐标为面积(单位：m^2)，右侧的"数值 + G min."标志最小组数。图中 A~D 区定义如下。

A 区：小型分组活动房间。

B 区：小型教室，用于多学科教学。

C 区：标准教室，用于关键学段 1 和关键学段 2 的学生。

D 区：大型实验室，用于信息技术、艺术类、设计类和科学课程实践活动。

(3)安全要求

安全质量是英国中小学实验室特别要求注意的，但它在建筑的国家标准中都有了详细的规定。在《建筑公告 99：小学建筑设计总体框架》中，关于学校及实验安全问题有特别的标注，下面记录的是该标准中关于安全保障的规定。

安全保障安全和安保是一个首要的问题，需要结合更大的社区准入要求来考虑。安全不仅是创造一种安全、有组织、有保障的环境感觉，

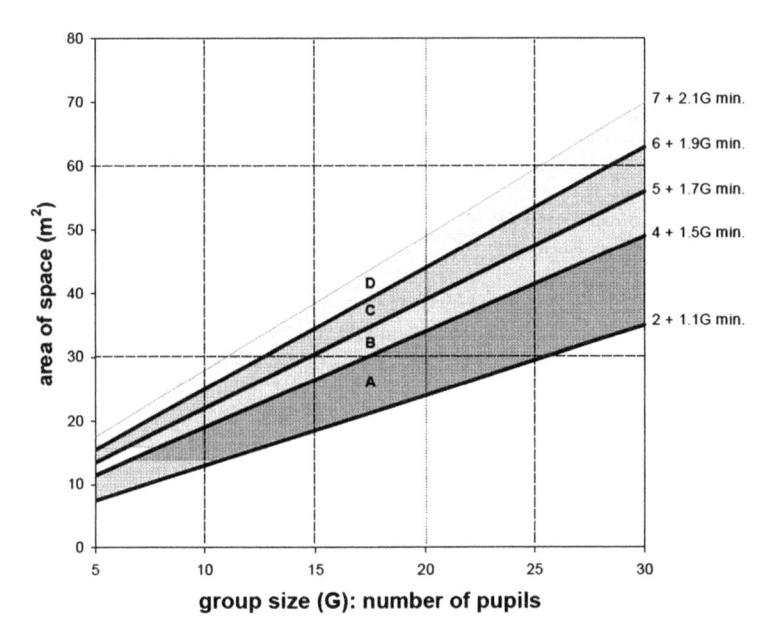

图 5.7　小学校规模与实验室面积关系

更重要的是关于监视和监督访问的细节。需要特别注意：
  • 访问控制，确保游客可以进入接受采访的房间，但不能擅自进入学校；
  • 保护建筑的"外围"：保护墙壁和屋顶，特别是门窗；
  • 清楚定义校园边界，使用适当的围栏和/或植被；
  • 用电子手段提供入侵报警；
  • 设计健康和安全的审查，以确保适合有特殊需要或残疾的学生。

提示：健康和安全考虑应该是首要的和密切的。通常需要监督。只要有可能，家具和设备应有适合年龄范围的尺寸。

2. 实验仪器设备质量标准

英国中小学实验仪器设备没有配备标准，也没有专门针对中小学实验仪器设备质量制定的标准。英国的实验仪器设备质量标准基本都是国家标准（BS），而且是一般性规定，是所有实验室以及实验都应该遵守的。表 5.15 中开列了英国部分有关科学课、物理课、化学课、生物课以及信息技术课可能涉及的仪器设备的相关标准与它们的标准文号和颁布日期。其中有性能质量标准，也有安全质量标准。注意到标准文号，一些标准同时采用了欧洲标准（EN）、国际标准（ISO）和国际电工委员会标准（IEC）。另外，标准文号中的

"PAS"为公共可用规范认证的标识,文号中"TR"表示该文件同时是技术报告。

表5.15 英国部分实验仪器设备质量标准[①]

标准文号	标准名称	发布日期	备注
BS-1000(6/611)	Applied Sciences in General. Anatomy. Formerly	1968.01.01	一般应用科学
BS ISO 80000-2	Quantities and units. Part 2. Mathematical signs and symbols to be used in the natural sciences and technology	2008.05.09	自然科学和技术中使用的符号
BS EN 80000-13	Quantities and units. Part 13. Information science and technology	2007.06.19	信息科学与技术
BS EN 80000-13: 2008	Quantities and units. Information science and technology	2009.01.31	信息科学与技术
BS 5775-0: 1982	Specification for quantities, units and symbols. General principles	1982.02.26	数量、单位和符号规范
BS ISO/TR 13387-3: 1999	Fire safety engineering. Assessment and verification of mathematical fire models	2000.02.15	数学火灾模型的评估与验证
BS ISO 80003-3	Physiological quantities and their units. Part 3. Chemistry	2012.11.28	化学生理量及其单位
BS EN 71-4	Safety of toys. Part 4. Experimental sets for chemistry and related activities	2011.06.23	玩具安全、化学及相关活动实验装置
BS ISO 80000-9	Quantities and units. Part 9. Physical chemistry and molecular physics	2007.08.21	物理化学与分子物理
BS ISO 29581-1	Methods of testing cements. Chemical analysis. Part 1. Determination by wet chemistry	2007.03.23	化学分析

---

① 超星读秀,http://www.duxiu.com.

续表

标准文号	标准名称	发布日期	备注
BS ISO 80000-9：2009＋A1：2011	Quantities and units. Physical chemistry and molecular physics	2009.04.30	物理化学与分子物理
BS IEC 60050(111)：1996	International electrotechnical vocabulary. Physics and chemistry	1997.11.15	物理和化学
BS EN 71-4：1998＋A3：2007	Safety of toys. Experimental sets for chemistry and related activities	1998.12.15	玩具安全、化学及相关活动实验装置
BS ISO 13484	Foodstuffs. General requirements for molecular biology analysis for detection and identification of destructive organisms in plants and derived products	2011.10.12	食品、植物和衍生产品生物学分析的一般要求
BS EN ISO 19001	In vitro diagnostic medical devices. Information supplied by the manufacturer with in vitro diagnostic reagents for staining in biology	2010.08.24	体外诊断医疗器械
BS ISO/IEC 27036-3	Information technology. Security techniques. Information security for supplier relationships. Part 3. Guidelines for ICT supply chain security	2013.01.25	信息和通信技术供应链安全指南
BS ISO/IEC 27031	Information technology. Security techniques. Guidelines for ICT readiness for business continuity	2009.12.23	业务连续性信息和通信技术准备指南
BS PAS 700：2009	Provision of ICT facilities and services in workplaces. Specification	2009.04.30	工作场所提供信通技术设施和服务规范

3. 中学实验室与小学实验室

英国中学实验室与小学实验室在标准中统一使用英文"Classroom"或"Room"，而不使用"Laboratory"。其中"Classroom"在汉语中被译作"教室"。

此外，英国中小学实验室建筑标准中还使用"Studio"表示的工作室、用"Hall"表示的厅室，它们有时也具有实验室的功能。

五、中英中小学实验室标准差异

中国与英国中小学实验室的标准存在着较大的差异性，在许多方面都大不相同。分析中英中小学实验室标准的差异，对学习教育装备的先进管理经验、管理科学知识都是非常有益的。

(1)中国中小学实验室房屋具有配备标准和质量标准，英国中小学实验室同样具有配备标准和质量标准，在这一点上它们基本相同。学校房屋的标准，尤其安全质量标准是非常重要的标准化内容，两国在安全方面都是十分重视的。

(2)2001年，英国颁布了《特殊教育法》(*Special Educational Needsand Disability Act 2001*)，该法案规定学龄残疾儿童在家长和本人的意愿下可以到普通学校随班就读。所以英国在中小学实验室房屋配备标准上特别为残疾学生设计了专门的设备设施，并且具有专门用于特殊教育的活动室，反映出英国在人文关怀、人人平等方面的精神。

(3)中国中小学实验仪器设备配备标准是英国所不具备的。中国是个大国，人口与地域都远大于英国，所以中国的教育均衡问题就不是那么容易实现，教育装备的配备标准是学校办学条件的达标规定，是为教育均衡发展采取的必要措施。英国的教育公平问题要相对容易解决，其实，当前的英国已经越过了"公平"发展时期而进入追求"卓越"的时期。所以，中小学实验仪器设备配备标准对于英国就显得不是十分必要。

(4)中英两国中小学实验仪器设备质量标准都采用工业产品的国家标准，而都不具有教育行业的标准，原因是显而易见的。教育行业不可能也没有必要再建立一套自己的质量标准，无论是性能质量还是安全质量，另搞一套标准带来的是重复和浪费。

(5)英国中小学在普通授课教室中进行操作实验的情况比比皆是，他们经常是在教师讲授课程的同时进行科学实验，将讲授与动手实验交叉在一起进行。这种教学模式正在逐渐被中国的中小学校借鉴，目前已经有许多中国的中学采用教室与实验室合并的方式进行教学的情况。

第三节　中英中小学图书装备标准

分析讨论中国与英国中小学图书装备标准化方面存在的差异，找出其原因和优劣，对进一步发展我国教育装备标准化建设具有特殊的意义。本节以中英基础教育为背景，将双方中小学图书装备标准进行对比，以此来实现研究目的。

一、中小学图书装备

"图书装备"与"图书"是两个不同的概念，对于中小学来说，图书仅指作为知识载体的各种书籍、杂志、刊物以及数字化的阅读材料；而图书装备则除了图书以外还包括图书馆、阅览室、藏书间以及用于存放图书的各种设备设施，同时还包括计算机及网络化的图书管理、图书借阅和图书检索等软硬件系统。图书装备属于教育装备的范畴，因为它是学校教育教学的重要教育资源，同时又是由人工制造的，即符合人工制造的教育资源这一教育装备的学术定义。

(1) 图书与图书馆

本节所谓中小学图书装备具体地讲就是指中小学的图书和图书馆（室）。但是应该强调，相对于社会公共图书馆和高等学校的图书馆，中小学图书馆要简单得多，往往对图书馆与阅览室不进行区分，而统一称之为图书馆（室）。另外，对于一些规模比较小的小学校，教师与学生阅览图书的地方往往是在几间普通的房间中，它们被称为"图书室"，所以图书馆（室）也可以理解为中学图书馆与小学图书室的合称。在这里，我们规定中小学图书馆（室）包括图书馆、阅览室、藏书间及设施设备和相关的计算机软硬件条件。

书籍是信息传播的重要载体，是文化传承的主要工具，读书可以教化思想，能够成就人生。在学生的中小学阶段进行读书习惯的培养和让他们开始阅读重要的书籍是基础教育中最为基本也最为关键的教育工作。上课使用的教材其内容多是从各种书籍中根据需要提炼出来的精品，但是让学生在精读教材的同时去阅读原著，对他们知识的扩展与思维的训练都是大有裨益的。所以，一个好的学校总是首先关注图书装备的建设，在这方面投入更大的经费和人力，图书馆在学校中往往是最为显著和非常神圣的地方。

(2) 中小学图书与图书馆新模式

20世纪末出现了数字图书，进入21世纪后数字图书馆开始出现。数字图书馆的出现对传统图书馆是一个不小的冲击，但是经过十几年不断地发展与平衡，图书馆的形式基本保持在 3 种模式下，这 3 种模式就是：传统纸质图书的图书馆、纯数字图书的网络图书馆和纸质图书、数字图书结合的复合型图书馆。这些形式的图书馆的出现也影响到中小学，使得许多中小学开始考虑建设那些新模式的图书馆，但在新模式的选择上则更多地采用复合型图书馆。

中小学数字图书馆的建设首先遇到的困难就是目前尚没有建设标准，现在的已有标准几乎都是针对传统图书馆的，新的标准仅在一些条文中出现了试听阅览、数字图书、网络管理等相关的规定，而且只出现在配备标准方面。数字图书馆建设涉及多个领域的标准问题，如图书馆基础标准、元数据标准、网络标准、系统软件标准、支撑平台标准、应用与服务标准、测试标准、软件工程标准等。建立一套中小学数字图书馆标准目前条件尚不成熟。

二、中小学图书装备相关标准

中小学图书装备包括图书与图书馆（室）。同时，图书装备又属于教育装备。因为中小学教育装备具有配备标准和质量标准两种类型，所以中小学图书装备就出现了图书配备标准、图书质量标准、图书馆（室）配备标准和图书馆（室）质量标准这 4 种类型的标准。

1. 图书标准

中小学图书标准又分图书配备标准和图书质量标准，中小学图书配备标准是根据学校学制（学生学段）、规模（学生人数）而做出的图书数量（生均图书数）、种类的配置规定，这类标准在中国比较多，既有国家标准、行业标准，也有地方标准。

中小学图书的质量标准与教育装备质量标准一样，分为安全质量、性能质量和功能质量 3 个方面。作为图书，安全质量涉及的问题不多，要求也不是太高；性能质量主要体现在书籍的纸张、印刷、差错率等问题上，这个要求对于中小学校用户来说要比普通用户更高些。图书的功能质量是最不容易鉴定、最不好控制，同时也是最需要认真对待的问题，这是由于这些图书的读者更多的是未成年人，对好坏书籍的分辨能力不强，更需要加强管理。

教育装备的功能质量是对教育装备反映教育教学适用性问题的衡量，是教育装备研究领域的核心问题，是目前尚未得到解决而又必须对其加大研究力度的关键问题。图书的功能质量则是反映不同的图书其内容对学生的适用性问题的衡量，不同学段的学生一定有其适用的和不适用的图书，将它们做出科学的区分就是解决图书的适用性问题，也就是图书的功能质量要求。图书的功能质量与图书的安全质量、性能质量相比虽然是最难鉴定与控制的，但是与其他教育装备相比，图书的功能质量又是相对来说最容易解决的问题。例如，一个用新技术实现的电子白板对不同学段学生的教学适用性是不容易判断的，而判断一本书的内容对不同学段学生的适用性要相对容易得多。美国在这方面的研究处于领先地位。

2. 图书馆(室)标准

中小学图书馆(室)标准具有配备标准和质量标准，中小学图书馆(室)配备标准是根据学校学制、学生规模而对学校图书馆(室)大小、布局等做出的规定，中小学图书馆(室)质量标准是对学校图书馆(室)尺寸、采光、通风等环境的具体规定。在国家标准、行业标准中，图书馆(室)的配备标准和质量标准往往同时出现在一个文件中。

3. 国际中小学图书馆建设法规

国际上对中小学图书馆(室)建设十分重视，1980年国际图书联合会(IFLA)通过了《中小学图书馆宣言》(*Declaration on School Libraries*，以下简称《80宣言》)，并于当年12月由联合国教科文组织正式发布。1999年国际图书联合会与联合国教科文组织又共同发布了新的《中小学图书馆宣言》(以下简称《99宣言》)。这两个宣言被称为国际中小学图书馆建设法规，是各国中小学图书馆建设的基本准则。

《80宣言》对中小学图书馆的建设目标做出明文规定："(1)紧密配合学校的教育大纲，促进教育事业的发展和改革；(2)千方百计，尽可能扩大资源与服务，提供学生各种求获知识的途径；(3)给学生以基本技能训练，使之具有广泛使用资源和服务的能力；(4)引导学生养成终身利用图书馆的习惯，从图书馆获得乐趣、知识和再教育的源泉。"[1]

《99宣言》在《80宣言》的基础上对中小学图书馆建设目标做出了更加详细、具体的规定："(1)支持和增强由学校的任务和课程体现出来的教育目标；(2)发展和支持学生阅读、求知和终身利用图书馆的习惯和爱好；(3)为学生提供创造和利用信息积累经验的机会；(4)向所有学生提供评估和利用各种形态的信息的知识和实践技能；(5)提供获取任何地区资源的途径，向学习者提供展示各种观念、经验和意见的机会；(6)组织可以促进文化和能够加强社会意识与敏感性的活动；(7)与学生、教师、管理者、家长共同努力，完成学校的任务；(8)提倡自由地获取知识和信息，这对于有效、负责地行使公民权，以及参与民主是不可或缺的；(9)在整个学校及更大的范围内，促进阅读、获

---

[1] 田晓娜：《中国学校图书馆(室)工作实用全书》，北京：国际文化出版公司，1994年，第745页。

取信息资源和中小学图书馆的服务。"①

三、中国中小学图书装备标准特点

中国政府对中小学图书装备的建设十分重视，1991年8月，当时的国家教育委员会颁布了《中小学图书馆（室）规程》；2003年3月，教育部印发了新的《中小学图书馆（室）规程（修订）》（以下简称《图书馆规程》），同时废止了1991年的《中小学图书馆（室）规程》。

1. 中小学图书馆（室）配备标准

在中国，有关中小学图书馆（室）的配备标准最主要的是上面说到的《图书馆规程》，除此之外全国各省、市、自治区的地方标准（中小学校办学条件），以及国家标准《中小学校设计规范（GB 50099—2011）》中也都涉及了对中小学图书馆（室）建设的详细规定。

（1）《图书馆规程》中的配备规定

《图书馆规程》第十七条规定："图书馆应配备书架、阅览桌椅、出纳台、报刊架、书柜、目录柜、文件柜、陈列柜、办公桌椅、装订设备、安全设备等必要的设施、设备，并有计划地配置复印、声像、文献保护、计算机（网络设备）、扫描仪、刻录机、打印机等设备。图书馆要设置藏书室（包括学生借书处）、学生阅览室、教师阅览室。有条件的学校可按学科分类设置阅览室和电子阅览室、电子资料室、多功能学术报告厅等。"②这条规定是对图书馆（室）在布局与设备设施配置上的要求，是中小学图书馆（室）应该具备的基本使用环境和条件保障。

（2）地方标准中的配备规定

在教育部向全国印发《图书馆规程》后，许多省市都相应地制定了自己的地方标准，2016年9月上海市教委印发了《上海普通中小学图书馆规程》，现以其为例说明地方标准中对中小学图书馆（室）建设的规定。表5.16开列了该规程中规定的部分需要配备的设施设备，原来内容多达50种品目，限于篇幅，此处仅选择了前20种，后面的多为信息化设备。

---

① 徐斌：《国际图联〈中小学图书馆宣言（1999）〉解析》，《中国图书馆学报》，2001年第5期，第91—93页。
② 中华人民共和国教育部：《中小学图书馆（室）规程（修订）》，2003年。

表 5.16　上海中小学图书馆中的部分配备品目[1]

序号	设备名称	功能	单位	数量	备注
1	书架	存放图书	个	按藏书(刊)量配置	宜采用双柱可调层高双面或单面书架
2	报纸架	陈列报纸	个		
3	期刊架	陈列期刊	个		
4	资料橱	陈列文献资料	顶	适量	
5	矮书柜	存放图书,并用于各功能区域的间隔;存放图书	个		
6	书柜	存放文献资料	组		
7	文件柜	存放各类归档业务资料	组		
8	书立	整理、陈列图书	个		
9	书车	搬运图书	辆		
10	装订设备				
11	阅览桌	阅读、研修等;可组合	张	不低于上海市《普通中小学校建设标准》(DG/TJ08)有关要求	
12	数字阅览桌	放置数字阅览终端	张		可与阅览桌兼用
13	阅览椅、凳、垫等	用于读者阅览	个		
14	台灯	补充照明	个	适量	
15	电脑桌椅	管理人员使用	组	适量	
16	办公桌椅	管理人员使用	组		
17	流通工作台	读者借还图书资料	套	适量	
18	读卡器	图书借还	个	适量	
19	条码阅读器/二维码阅读器	ISBN 录入、图书借还	台		
20	图书采集器	图书采购查重;图书清点	把		

[1]　上海市教育委员会:《上海普通中小学图书馆规程》,2016 年。

(3)《中小学校设计规范(GB 50099—2011)》的配备规定

在国家标准《中小学校设计规范(GB 50099—2011)》中也对中小学图书馆(室)的配备进行了规定,该标准的第 5.13.1 条规定:"中小学校图书室应包括学生阅览室、教师阅览室、图书杂志及报刊阅览室、视听阅览室、检录及借书空间、书库、登录、编目及整修工作室。并可附设会议室和交流室。"[1]注意到该标准中使用了"图书室"一词,而没有使用"图书馆"。

2. 中小学图书馆(室)质量标准

中国关于中小学图书馆(室)建设质量标准规定的文件是比较多的,涉及安全质量的在校舍、场地标准中统一做了规定,功能质量方面尚在研究阶段,所以此处只对性能质量做出说明。

(1)《图书馆规程》中的质量规定

《图书馆规程》第十八条规定:"城市中小学校图书馆建设标准应不低于现行《城市普通中小学校校舍建设标准》的规定,有条件的学校可建立独立的图书馆。电子阅览室生均使用面积不低于1.9平方米。农村中小学校图书馆的规模由各地教育行政部门结合实际情况参照上述标准制定。图书馆应有良好的避风、换气、采光、照明、防火、防潮、防虫等条件。"其中关于避风、防火、防潮、防虫等规定具有安全要求的作用。

(2)地方标准中的质量规定

作为地方标准,北京市教育委员会于 2005 年 12 月发布的《北京市中小学校办学条件标准》中有关于图书馆(室)面积的标准规定,表 5.17 开列了该标准中的部分相关内容。注意到其中虽然只标注了对独立设置的小学、初中和独立设置的高中的图书馆(室)的面积规定,但对于其他学制的学校(九年一贯制、十二年一贯制、初高中全日制等)来说也都可以参照这个规定选择性执行。

表 5.17 北京中小学图书馆(室)面积标准规定[2]

单位:m²

图书馆(室)	独立设置的小学、初中	独立设置的高中
学生阅览室面积	学生数×10%×1.5	学生数×12%×1.5
教师阅览室面积	教师数×30%×2.1	教师数×40%×2.1
视听阅览室面积	学生数×4%×5	学生数×5%×5

---

[1] 中华人民共和国住房和城乡建设部:《中小学校设计规范(GB 50099—2011)》,2010 年。
[2] 北京市教育委员会:《北京市中小学校办学条件标准》,2005 年。

(3)《中小学校设计规范(GB 50099—2011)》及其图集中的质量规定

《中小学校设计规范(GB 50099—2011)》中有关图书馆(室)的质量规定分散在整个标准的各个部分,现将它们整理合并在表 5.18 中。其中第 15 项的阅览室照明功率密度规定是对阅览室的节能环保要求。

表 5.18 《中小学校设计规范(GB 50099—2011)》对图书室的质量规定

序号	规定项目	技术指标	备注
1	视听阅览室使用面积	≥12.00m²	5.13.3
2	视听阅览室地板	防静电架空	5.13.3 不得采用木质、塑料
3	书库使用面积	开价藏书量 400～500 册/m² 闭架藏书量 500～600 册/m² 密集书架藏书量 800～1200 册/m²	5.13.3
4	书库应采取措施	防火、降温、隔热、通风、防潮、防虫、防鼠	5.13.3
5	借书空间使用面积	≥10.00m²	5.13.3
6	学生阅览室使用面积	小学 1.80 m²/每座 中学 1.90 m²/每座	7.1.1
7	教师阅览室使用面积	小学 2.30 m²/每座 中学 2.30 m²/每座	7.1.1
8	视听阅览室使用面积	小学 1.80 m²/每座 中学 2.00 m²/每座	7.1.1
9	报刊阅览室使用面积	小学 1.80 m²/每座 中学 2.30 m²/每座	7.1.1 可不集中设置
10	阅览室桌面采光系数	≥2.0%	9.2.1
11	阅览室窗地面积比	1∶5.0	9.2.1
12	阅览室桌面平均照度	300lux	9.3.1
13	阅览室桌面统一眩光值 UGR	19	9.3.1
14	阅览室桌面显色指数 Ra	80	9.3.1
15	阅览室照明功率密度	现行值 11W/m² 目标值 9 W/m²	9.3.2 对应照度值 300lx

续表

序号	规定项目	技术指标	备注
16	阅览室隔声标准	空气声隔声≥50dB 顶部楼板撞击隔声评价量≤65dB	9.4.2
17	图书室室内采暖设计温度	20℃	10.1.7
18	阅览室CO_2浓度	≤0.15%	10.1.8

与《中小学校设计规范(GB 50099—2011)》同时发布的标准还有两个图集,分别是《〈中小学校设计规范〉图示(11J934—1)》和《中小学校场地与用房(11J934—2)》。这两个图集对中小学校校舍、场地的建设要求做出了十分详细的规定,这些规定绝大部分属于质量标准的内容。图5.8与图5.9是《中小学校场地与用房(11J934—2)》中对小学学生阅览室和中小学校视听阅览室的尺寸与布局要求的部分截图,设计图纸面面俱到,设计要求细致入微。

3. 中小学图书配备标准

中小学图书配备标准是对中小学图书馆(室)中应该配备图书的种类、数量的规定。但是因为教育部有对中小学生学段读书量的具体要求,这一要求实际上也是对学校图书配备的规定,所以也将这部分内容纳入了图书配备标准中。

(1)《图书馆规程》中图书配备的规定

《图书馆规程》第八条规定了图书种类,要求图书馆藏书应做到结构合理,要按《中小学图书馆(室)藏书分类比例表》配备。《图书馆规程》第九条规定了图书的数量,图书馆藏书量不得低于《图书馆(室)藏书量》的规定标准,同时要求图书馆每年要剔旧更新图书,一般每年新增图书比例应不少于藏书标准的1%。其中《图书馆(室)藏书量》见表5.19,《中小学图书馆(室)藏书分类比例表》见表5.20。

表5.19 图书馆(室)藏书量

项目	完全中学		高级中学		初级中学		小学	
	1类	2类	1类	2类	1类	2类	1类	2类
人均藏书量(册) (按在校学生数)	45	30	50	35	40	25	30	15
报刊种类(种)	120	100	120	100	80	60	60	40
工具书、教学参考书 种类(种)	250	2	250	200	180	120	120	80

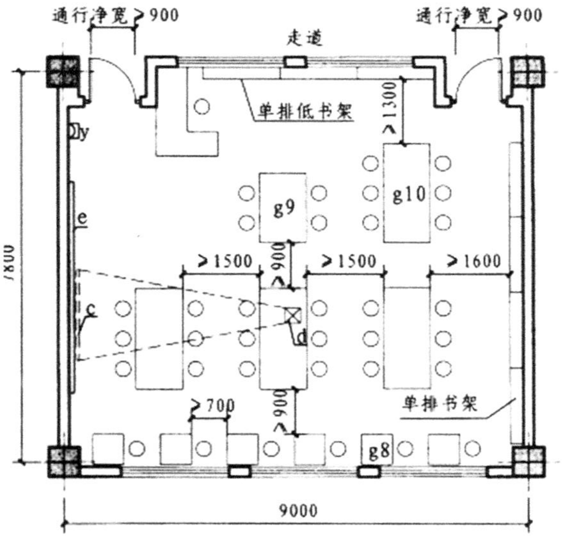

第五章 中英中小学教育装备标准

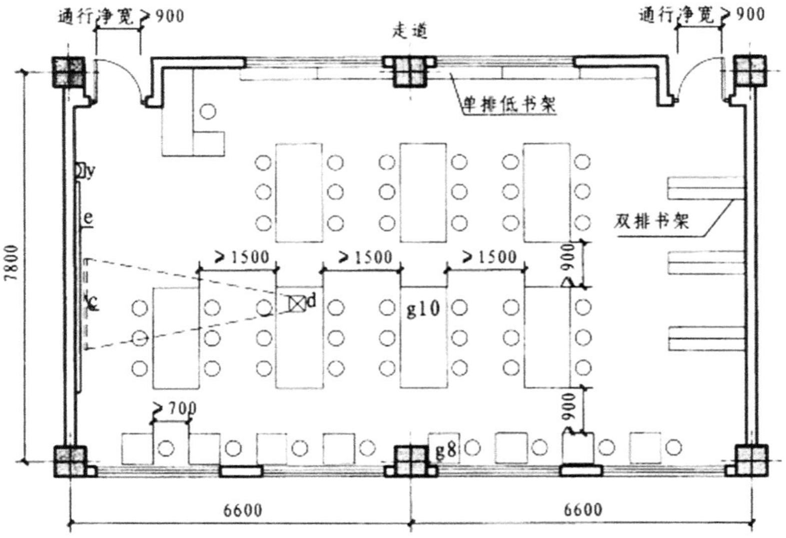

图 5.8 小学学生阅览室[①]

图注：c—投影屏幕 d—投影仪
e—展示园地 g8—单人阅览桌 700×500
g9—4人双侧阅览桌 1400×900 g10—6人双侧阅览桌 2000×900
y—广播音箱 （单位：mm）

注：1. 本图为完全小学图书阅览室，其中平面图A容纳34座，使用面积约68m²（不含辅助用房）；平面图B容纳50座，使用面积约101m²（不含辅助用房）。
2. 图中桌椅、书架尺寸及布置仅供使用参考，可依使用需要调整。
3. 图书阅览室基本设备及设施包括投影屏幕、投影仪接口、广播音箱、展示园地（宜设）、挂镜线（宜设）等，做法按现行标准图集相关图集的规定。

① 中国建筑标准设计研究院：《中小学校场地与用房（11J934—2）》，2011年。

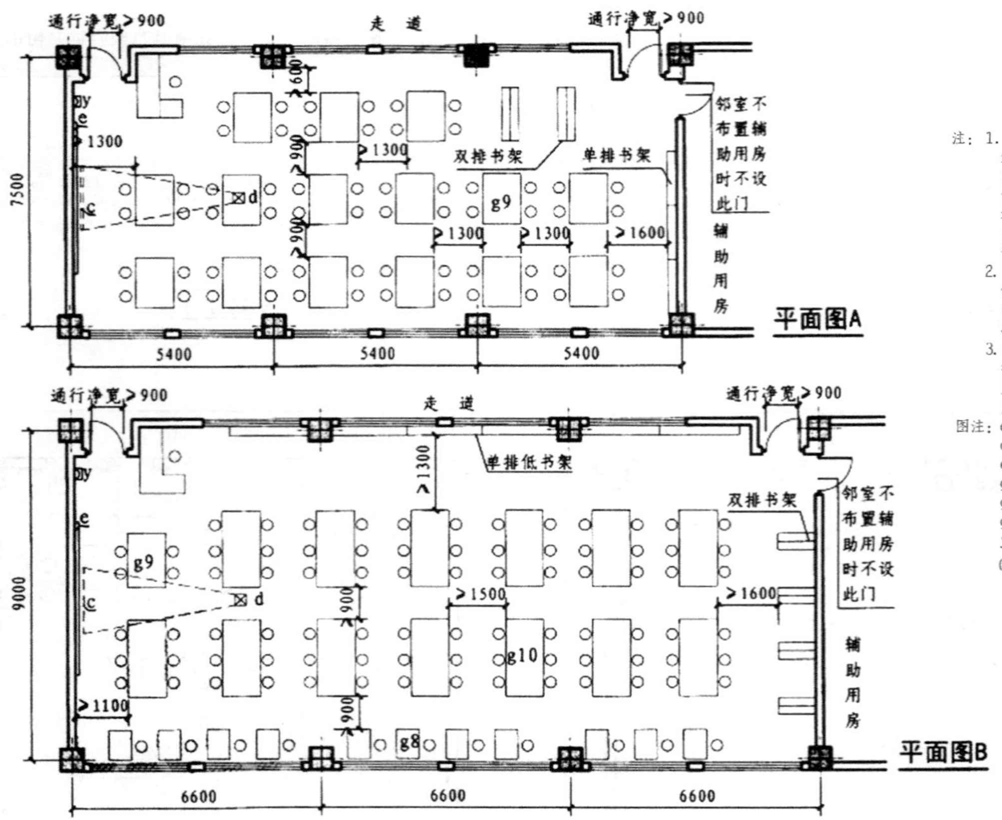

注：1. 本图为图书阅览室。其中平面图A容纳60座，适用于12班完全中学，使用面积约117m²（不含辅助用房），可兼作报刊阅览室；平面图B容纳93座，适用于18班完全中学，使用面积约1735m²（不含辅助用房），可兼作él阅阅览室。

2. 图中桌椅、书架的平面尺寸及布置只可依使用要求调整，书架体间距需要时，投影屏幕、教师研阅览桌可相应减少。

3. 图书阅览室教学基本设备及设施场地包括投影仪浸入口、投影屏幕、广播音箱、展示同墙（宜设）、书架、微讲技术品或展示同墙的宽度。

c—投影屏幕
d—投影仪
e—展示同墙
g8—单人阅览桌800×600
g9—4人双侧阅览桌1400×900
y—广播音箱2000×900
（单位：mm）

图5.9 视听阅览室[①]

① 中国建筑标准设计研究院：《中小学校场地专用用房(11J934—2)》，2011年。

表 5.20 中小学图书馆(室)藏书分类比例表

部类			分类比例	
五大部类	\multicolumn{2}{c}{22 个基本部类}	小学	中学
第一大类	A	马列主义毛泽东思想	1.5%	2%
第二大类	B	哲学、宗教	1.5%	2%
第三大类	C	社会科学纵论	64%	54%
	D	政治法律		
	E	军事		
	F	经济		
	G	文化科学 教育 体育		
	H	语言文学		
	I	文学		
	J	艺术		
	K	历史地理		
第四大类	N	自然科学总论	28%	38%
	O	数理科学和化学		
	P	天文学地球科学		
	Q	生物科学		
	R	医药卫生		
	S	农业科学		
	T	工业技术		
	U	交通运输		
	V	航空、航天		
	X	环境科学、劳动保护科学		
第五大类	Z	综合性图书	5%	4%

(2)地方标准中图书配备的规定

2016年9月发布的《上海普通中小学图书馆规程》中规定，中小学图书馆生均纸质图书(含音像资料和光盘资料，以件计)和馆藏纸质报刊配置具有最低标准。表 5.21 为该规程中对中小学图书馆(室)藏书量的具体规定。另外,各省、市、自治区的中小学办学条件地方标准中也基本都具有相关的规定,表 5.22 是《北京市中小学校办学条件标准》中关于学校藏书量的规定。

表 5.21　上海普通中小学图书馆藏书量

学校类别纸质书报刊	小学	初级中学	完全中学	高级中学
生均图书(册)	30	40	45	50
报刊种类(种)	100	160	180	200

表 5.22　北京市中小学图书馆藏书量

项目	独立设置的小学、初中		独立设置的高中	
	24班及以下	25班以上	24班及以下	25班以上
设计藏书量(万册)	≥1.5	≥2.5	2~3	≥4
工具书(种)	220		330	
报纸杂志(种)	100		150	

(3) 教育部对中小学生学段读书量的要求

教育部对中小学生学段读书量的要求主要体现在教育部制定的中小学国家课程标准中。在 2011 版《全日制义务教育语文课程标准》中规定:学生在第一学段(1~2 年级)课外阅读总量不少于 5 万字;第二学段(3~4 年级)课外阅读总量不少于 40 万字;第三学段(5~6 年级)课外阅读总量不少于 100 万字;第四学段(7~9 年级,初中 3 年)课外阅读总量不少于 260 万字;九年义务教育时期学生课外阅读书籍总量应在 400 万字以上。2013 年教育部发布的《普通高中语文课程标准(实验)》中规定:高中生应课外自读文学名著(五部以上)及其他读物,总量不少于 150 万字;但是没有说明是 1 年的读书量还是 3 年的读书量。如果按照小学生阅读书籍平均 10 万字一本,初中生阅读书籍平均 20 万字一本,高中生阅读书籍平均 30 万字一本计算,小学生 6 年要阅读大约 14 本书籍,平均每年阅读 2.3 本;初中生 3 年要阅读 13 本书籍,平均每年阅读 4.3 本;高中生的 150 万字阅读量则相当于 5 本书籍,虽然课标上的规定 1 年或 3 年不详,但分析可知应该是 1 年的读书量,即高中生平均每年应阅读 5 本书籍。中小学图书馆(室)的藏书量也可以参照上述要求酌情进行配备。

4. 中小学图书质量标准

与许多作为工业产品的教育装备只有工业标准的情况相似,中小学图书的质量标准要遵循中国国家新闻出版总署颁布的《图书质量管理规定》,而没有教育行业的相关行业标准和地方标准。在教育部和地方教育部门颁布的中小学图书馆(室)标准中,基本上都没有涉及图书质量问题。中小学图书质量的控制应遵照新闻出版总署的标准执行。

中国新闻出版总署先后颁布了两个版本的《图书质量管理规定》,一个是1997年版,另一个是2004年版。在2004年版正式发布时即宣布了1997年版废止。《图书质量管理规定》对图书文字的差错率,图书的整体设计和封面、扉页、插图等设计,以及印刷方面都做出了详细的要求。中小学图书质量也应满足这些要求。

四、英国中小学图书装备标准特点

英国没有专门立法规定中小学必须设立图书馆,关于图书质量的规定也是各领域统一的,没有专门针对教育领域或中小学的相关要求。所以在讨论英国中小学图书装备标准化问题时就不能采用讨论中国这些问题时的结构。这里,我们首先介绍英国在国际图书馆标准化发展上做出的贡献,再对英国中小学图书馆和图书建设标准的一些相关问题进行分析。

1. 英国图书馆标准化发展

英国是世界上图书馆事业发展较早且较发达的国家,在图书馆建设标准化方面也是走在前列的。1850年英国就颁布了第一部图书馆法——《公共图书馆法》(*The Public Library Act 1850*),1964年公布了新的《公共图书馆与博物馆法》(*Public Library and Museum Act 1964*),1972年公布了《大英图书馆法》(*British Library Act*)。这些法案对发展英国图书馆事业起到重要的作用,同时也在一定程度上促进了中小学图书馆的建设与发展。

英国对公共图书馆的服务质量十分重视,于2006年颁布了《公共图书馆服务标准》(*Public Library Service Standards 2006*)。该标准规定图书馆必须满足社区人们的需求,符合人们合理的最低服务标准。

在图书馆的藏书方面,英国于2003年和2013年分别颁布了《法定缴存图书馆法》(*Legal Deposit Library Act 2003*)和《法定缴存图书馆法(非印刷作品)条例》[*Legal Deposit Library Act (Non Printed Works) Ordinance 2013*]。这些法案规定出版商有责任将印刷型和非印刷型出版物副本存储在6所法定缴存图书馆,即大英图书馆、英国牛津大学的博德利图书馆、剑桥大学图书馆、苏格兰国家图书馆、都柏林圣三一学院图书馆和威尔士国家图书馆。[1]

---

[1] 张雅琪、盛小平:《英国图书馆法律制度体系及其作用分析》,《图书情报工作》,2014年第10期,第7—10页。

《国际标准书号(ISO 2108)》(*International Standard Book Number*,简称 ISBN)是世界通用的图书统一编号标准,是图书出版质量的基本保障。ISBN 的原型为英国于 1967 年开始推行的标准图书编码(*Standard Book Number*,简称 SBN)。SBN 由 9 位阿拉伯数字组成,其中第 9 位为校验位,校验方法为一种规定的模运算法。1970 年国际标准化组织(ISO)公布了《国际标准书号(ISO 2108)》,并规定 ISBN 为 10 位阿拉伯数字,第 10 位为校验位,校验方法沿用了 SBN 校验算法。目前 ISBN 已经扩展到了 13 位阿拉伯数字。①

英国存在大量的图书馆相关标准,表 5.23 开列了其中的一部分。

表 5.23 英国图书馆国家标准部分选列②

标准文号	标准名称	颁布日期	备注
BS 8541-4	Library objects for architecture, engineering and construction Part 4. Attributes for specification and assessment. Code of practice	2012.04.01	建筑、工程和建筑的图书馆对象第 4 部分规范和评估的属性
BS 8541-3	Library objects for architecture, engineering and construction. Part 3. Shape and measurement. Code of practice	2012.04.01	建筑、工程和建筑的图书馆对象第 3 部分形状与测量
BS 8541-1	Library objects for architecture, engineering and construction. Part 1. Identification and classification. Code of practice	2011.12.01	建筑、工程和建筑的图书馆对象第 1 部分识别分类
BS ISO 2789	Information and documentation. International library statistics	2012.08.23	信息和文件。国际图书馆统计
BS ISO 2146	Information and documentation. Registry services for libraries and related organizations	2008.09.02	信息和文件。图书馆和相关组织的登记处服务

---

① 王俊琴:《国际标准书号的起源与发展:从 SBN 诞生到 ISBN 修订》,《出版广角》,2017 年第 5 期,第 64—66 页。

② 超星读秀,http://www.duxiu.com。

续表

标准文号	标准名称	颁布日期	备注
BS ISO 28560-1	Information and documentation. RFID in libraries. Part 1. General requirements and data elements	2009.01.26	信息和文件。RFID技术在图书馆中的应用。1部分。一般要求和数据元素
BS ISO 28560-2	Information and documentation. RFID in libraries. Part 2. Encoding based on ISO/IEC 15962	2009.01.26	信息和文件。RFID技术在图书馆中的应用。2部分。基于ISO/IEC 15962的编码
BS ISO 28560-3	Information and documentation. RFID in libraries. Part 3. Fixed length encoding	2009.01.26	信息和文件。RFID技术在图书馆中的应用。3部分。固定长度编码

2. 英国中小学图书馆标准

英国1988年颁布的《教育改革法案》(Education Reform Act 1988)规定："各地教育主管部门把财政控制权下放给中学和规模较大的小学；中学和小学可以选择脱离教育主管部门的控制。"这使得中小学校在图书馆建设的选择上具有很大的自由度，学校是否建立图书馆和建设多大的图书馆以及所建图书馆的形式等都由学校领导成员决定。于是，英国中小学的图书馆在不同学校相差很大，基本没有一个标准。2016年10月和2017年1月"中英教育技术与教育装备比较研究"课题组曾两次赴伦敦进行英国中小学办学条件的实地考察，其间共走访了6所学校。这些学校除了一个中学具有一间正规的图书室外，其他学校只是配备了大小不同的阅览室、读书角、资料室，藏书量也并不很多。但是，图书的更新率非常高，学校通过不断更新图书来保障学生的读书量。

(1)中小学图书资源中心面积规定

虽然存在上述情况，但英国中小学图书馆建设也并不是丝毫无法可依。在英国教育部颁布的《建筑公告》中都有关于中小学"图书资源中心"(Library Resource Centre)的建设规定。表5.24为《建筑公告99：小学建筑设计总体框架》中对小学图书资源中心建设面积的规定。表5.25为《建筑公告98：中学建筑设计总体框架》中对中学图书资源中心建设面积的规定。图5.10则为小学校图书资源中心面积的计算图像,其中横坐标为学校学生人数(N),纵坐标为图书资源中心的总面积(单位:m²),图像中下面的虚线部分为图书资源中心的最小面积。

表 5.24　小学图书资源中心承载组数与面积[1]

最大组数	90人/3班	210人/7班	240人/8班	360人/12班	420人/12班	630人/21班
15～30组	17m²	25 m²	29 m²	39 m²	40 m²	55 m²

表 5.25　中学图书资源中心承载组数与面积(N为学生人数)[2]

最大组数	600人	700人	800人	1050人	1200人	1350人	1650人	1800人	1950人	2100人
50+N/10组	124m²	140m²	155m²	186m²	201m²	217m²	232m²	250m²	265m²	280m²

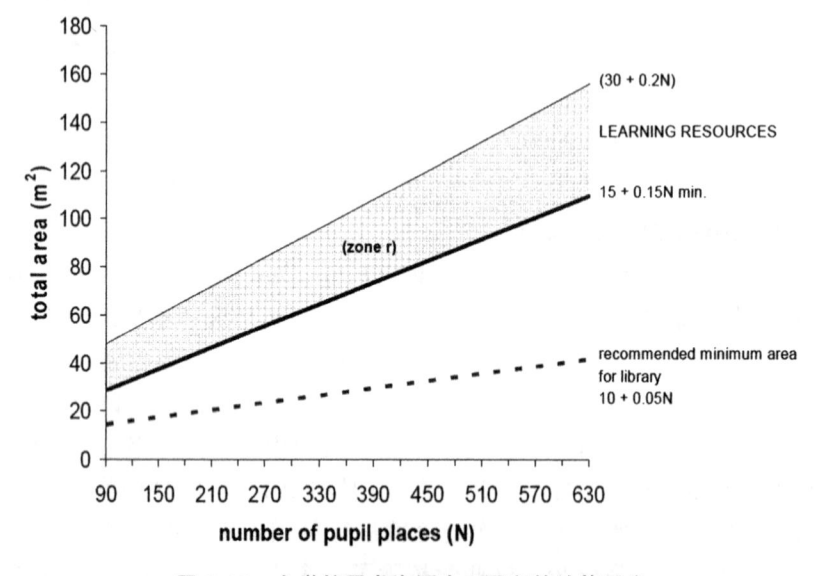

图 5.10　小学校图书资源中心面积的计算图像

(2)中小学图书馆采光与声环境设计

对于图书馆,光线和声音是非常重要的因素,在英国教育部颁布的《建筑公告》中都有关于这些方面的要求,此处做一简单介绍。

《建筑公告90:学校采光设计》(*Building Bulletin 90: Lighting Design*

---

[1] Department for Education. Building Bulletin 99: Briefing Framework for Primary School Projects, 1999.

[2] Department for Education. Building Bulletin 98: Briefing Framework for Secondary School Projects, 1998.

for Schools)对中小学图书资源中心的采光有详细的规定。图 5.11 为对自然光采光时窗户的类型设计要求，图 5.12 为图书资源中心书架灯光的采光方式设计要求。

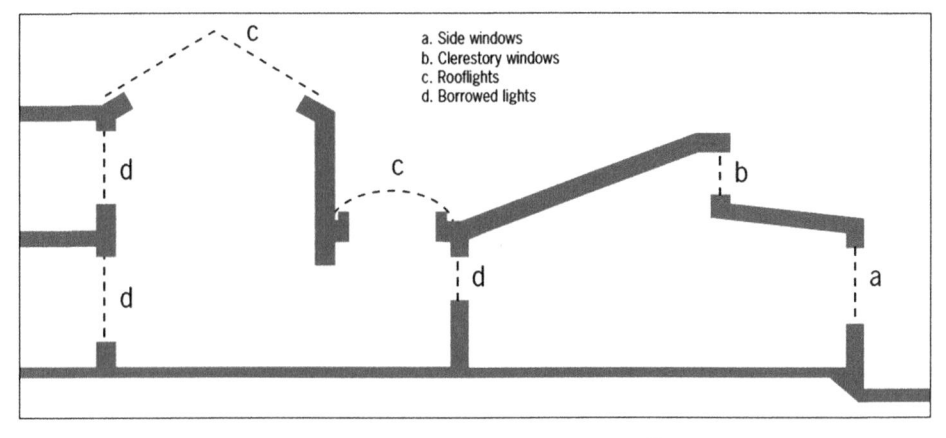

图 5.11　对自然光采光的窗户要求[①]

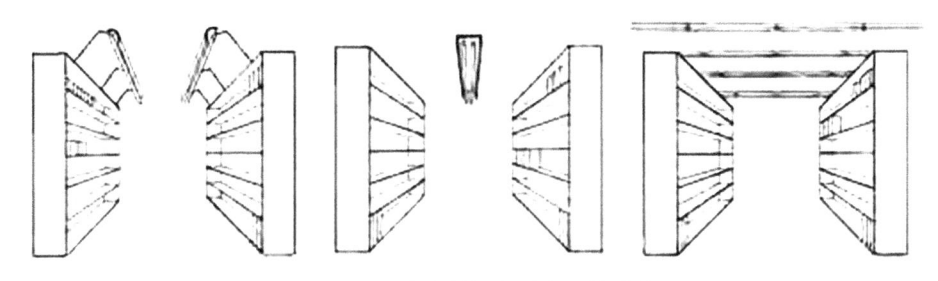

图 5.12　书架的灯光采光设计要求

《建筑公告 93：学校声环境设计》(*Building Bulletin 93：Acoustic Design for Schools*)对中小学图书资源中心的声环境有详细的规定。表 5.26 是对最大声压级标准和混响时间标准的要求。

表 5.26　最大声压级标准和混响时间标准[②]

	新建筑	翻新建筑
最大声压级	60 dB	65 dB
混响时间	≤1.0 s	≤1.2 s

---

① Department for Education. Building Bulletin 90：Lighting Design for Schools，1990.
② Department for Education. Building Bulletin 93：Acoustic Design for Schools，1993.

3. 英国中小学图书标准

英国中小学图书与图书馆的情况一样，都不具有配备标准，配备什么书籍完全根据教育教学需求而由学校领导成员来决定。中小学图书的质量标准遵循的是各个领域通用的国家标准，没有专门为中小学制定图书质量标准。

五、中英中小学图书装备标准异同

中国与英国中小学图书装备的标准存在着较大的差异性，在许多方面都大不相同。分析中英中小学图书装备标准的异同，对学习教育装备的先进管理经验、管理科学知识都是非常有益的。

1. 中英学校图书装备与标准异同

（1）中国具有中小学图书馆（室）配备标准和质量标准，同时具有中小学图书配备标准。英国除了具有中小学图书资源中心质量标准外不具有其他标准。相比之下，中国基础教育在图书装备配备方面要比英国重视得多，这是由于中国基础教育尚在强调均衡性发展的阶段，而英国基础教育在均衡性、公平性方面的问题并不突出。英国土地面积和人口毕竟较中国要少得多，解决均衡问题、公平问题也相对要容易得多。

（2）英国中小学图书馆与高等院校图书馆在规模上存在着巨大的差异性。在"中英教育技术与教育装备比较研究"课题组走访英国中小学与高等院校时注意到，英国中小学的图书馆基本上也就是个小型的阅览室而已，但是高等院校（如剑桥大学、牛津大学、伦敦大学国王学院）完全是以图书馆为中心的建筑结构，图书馆在这些世界级高等院校中是十分庄严、神圣的地方。与中国的大学图书馆相比，其形式也十分多样，除了具有一些宽敞明亮的大型集体阅览室以外，还到处分布着被称为学习空间（Learning Space）的小型阅览室、读书屋、研讨间等。英国的中小学图书资源中心形式也十分灵活，学生甚至可以随意躺在或趴在地板上看书。

2. 国际上图书功能质量方面的研究

目前，国际上在中小学图书装备功能质量方面的研究都有着不同程度的发展，在这方面的工作主要表现在对图书的水平等级分类和对学生阅读水平等级的测量方面。以下分别就美国、英国、中国和国际上在这方面的研究和应用情况做一简单介绍。

（1）美国的"加速阅读系统"

在美国，许多中小学都使用一个"加速阅读系统"，该系统将图书按照词汇量和难度分成不同水平等级，该水平等级被称为"学力发展水平范围"（Zone of Proximal Development，简称 ZPD）或"最邻近发展区"理论。根据测量工具测量出来不同的学生具有不同的学力水平等级,而每本书也都有一个相应的水平等级,教师会根据学生水平等级的具体情况向他们推荐不同水平等级的图书。例如:一个4年级的学生被测定为具有6.5级的水平,即为6年级入学后第5个月的水平,则向他推荐阅读6.5级水平的图书。学校的图书馆按水平等级摆放图书,学校只负责督促学生完成阅读量,所读书籍的水平则由"加速阅读系统"来控制。由此可以看到,通过ZPD分析,图书的功能质量在程度上已经被区分出来了。

(2)英国的"牛津阅读树"系列

牛津大学研究开发的"牛津阅读树(Oxford Reading Tree)"系列将学生阅读水平等级共分16个级,从第1级(stage 1)一直到第16级(stage 16)。该系列的第1级到第11级系列被称为Reading Tree,学生的阅读水平等级达到第11级的时候,就应该可以非常自信(confident reader)、通畅(fluent reader)地阅读同等水平的故事书、报章、诗歌等。从第12级开始,系列名称变成"Tree Tops"(第12级到第16级),相当于学生的阅读能力水平等级已经达到"树顶"了,以后就是要根据构建好的阅读计划,在"树顶"上读更多的书以扩展词汇量、扩大知识面。"牛津阅读树"系列的分级标准主要是根据英国制定的中小学英语课程教学国家标准(national curriculum)来划定。

(3)国际A—Z分级法

有很多国际学校用该方法将图书按A—Z进行分级,共26级,从A到Z难度递增,每一级称为一个GRL(Guided Reading Level)。A—Z分级法是由凡塔斯和皮内尔(Fountas & Pinnell)两位阅读专家开发的一套图书分级系统,在其官网上已有32000种图书被分级,且在线分级书单每月进行更新。A—Z分级系统的特点是将主观因素与客观因素相结合,既有一套电脑运作的测试程序,也依靠人工分级。测试标准的主要因素包括:全文词汇数量、单词数量、高频词汇数量与比例、低频词汇数量与比例、句子长度、句子复杂度、句义明晰度、句式、印刷规格、每页词汇数、插图信息量、思想深度、主题熟悉度等。其中客观因素靠电脑分析,主观因素如图例、句子复杂度、思想内涵等则靠训练有素的分级阅读专家进行分析。

(4)蓝思分级阅读体系

蓝思(Lexile)分级阅读体系是美国Metametircs教育公司开发的分级阅读体系,它的判断标准包括全文词汇数量、单词数量、高频词汇数量与比例、低频词汇数量与比例、句子长度、句子复杂度、句义明晰度、句式、印刷规格、每页词汇数、插图信息量、思想深度、主题熟悉度等,并使用数字加字母"L"作为衡量难度的度量标尺,难度范围为0L~1700L,数字越小表示读物难度越低或读者阅读能力水平越低。

(5) 中国中小学生英语分级阅读标准

目前，北京师范大学王蔷教授在做"中国中小学生英语分级阅读体系标准研制"的课题，已经形成成果，正在进行推广，并出版了《中国中小学生英语分级阅读标准（实验稿）》一书。该课题对学生除教材外的课外阅读量提出了量化要求：三级 4 万个词以上，五级 15 万个词以上，六级 20 万个词以上，七级 30 万个词以上，八级 36 万个词以上，最终到达 9 级时，学生要有广泛的阅读兴趣及良好的阅读习惯。

(6) 中小学生汉语图书与阅读水平等级测评

在中国，一些经营互联网电子图书的企业都相继开发出针对小学生汉语图书水平等级与学生阅读能力水平等级的测评系统。其中较为典型的是"超星校园阅读系统"(xueya.chaoxing.com)，该系统将小学生阅读的图书分为 5 个水平等级，还可对学生的阅读能力进行测量，并将学生阅读能力水平分为 7 个等级。测量学生阅读能力水平等级是将学生的阅读能力分解为 6 个维度，分别为：字词掌握、信息提取、归纳推理、欣赏共情、反思评价和想象拓展。通过对学生提出这 6 个维度相关问题的答案进行分析，再根据分析结果给学生以量化的评价等级。

中英中小学图书装备标准化问题研究方兴未艾，在这方面许多问题的研究深度要远超过其他领域的装备标准化问题研究。中小学图书装备的发展前景十分广阔，其标准化问题的研究也将是一个非常有前途的研究领域。

第四节 中英中小学体育装备标准

分析讨论中国与英国中小学体育装备在标准化方面存在的差异，找出其原因和优劣，对进一步发展我国教育装备标准化建设具有特殊的意义。本节以中英基础教育为背景，将双方中小学体育装备标准进行对比，以此来实现研究目的。

一、教育装备与中小学体育装备

中小学体育装备是教育装备的重要组成部分。为了能够将这个问题阐述清楚，本节将要对中小学体育课程、中小学体育装备的概念，以及中小学体育装备与教育装备的关系做较为深入的讨论。

1. 中小学体育课程与中小学体育装备

在这里讨论中小学的体育课程，其目的是要确定该课程在中小学是定位于教育学类还是体育学类。如果该课程属于教育学类，则为该课程配备的中小学体育装备就属于教育装备的范畴；如果该课程属于体育学类，则中小学体育装备就不属于教育装备了，而只是体育装备，也就不属于我们文章讨论的范围。

2012年我国教育部发布了《普通高等学校本科专业目录（2012年）》，在该目录第04号学科门类（教育学门类）下有两个一级学科，一个为教育学类（学科编号0401），另一个为体育学类（学科编号0402）。教育学类研究如何优化教育教学效果，体育学类则研究怎样发展体育运动，两者研究目的、研究对象和研究方法大不相同。英国的学科专业分类体系被称为JACS(the Joint Academic Coding System，联合学术编码系统)学科体系，该体系中具有一级学科教育学，但是没有体育学。在美国教育部学科专业分类系统CIP-2000(Classification of Instructional Programs，学科专业目录)中，同样是只有一级学科教育学，而没有体育学。

中英中小学体育课程的属性应该由两国中小学体育课程的国家课程标准来决定。2001年，中国教育部发布了《全日制义务教育体育与健康课程标准（实验稿）》和《普通高中体育与健康课程标准（实验）》，该标准指出，要以学生"健康第一"为指导思想，关注学生健康意识、锻炼习惯和卫生习惯，最终培养成德智体美劳全面发展的人才。2011年中国教育部发布的新课标中，这些内容基本保持下来。1999年，英国教育部、就业部和课程审查局联合颁布了《中小学体育课程标准》，该标准明确指出，体育教育是基础教育的核心，与其他各门核心学科享有同等的地位，体育课能帮助学生形成健康的生活方式，提高学生可持续发展能力。可见，中英两国的国家课程标准对中小学体育课程的定位都是健康教育，而非培养体育人才，所以中英两国中小学体育课程都属于教育学类，并不属于体育学类。于是我们可以确定地说，中英两国中小学体育装备都属于教育装备的范畴。

2. 中小学体育装备与教育装备

中小学体育装备是一个综合性的概念，它包括了中小学校体育场馆和体育器材等具体的设施设备。前面说到，中英中小学体育课程功能被定位为学生的健康教育，属于学校教育教学的重要组成部分。而学校体育场馆和体育器材等设施设备是支撑这一教育教学活动的必备教育资源，同时这些教育资源又都是人工制造的，根据教育装备是人工教育资源的定义，中小学体育装备应该属于教育装备的范畴。

但应该强调的是，我们在这里使用"中小学体育装备"，而不是用简称"体育装备"，这是因为中小学体育装备属于教育装备的范畴，而一般泛称的体装备则不属于教育装备，例如，社会公共体育场馆和体育设施都属于体育装备的范畴而不是教育装备。教育装备、体育装备与医疗装备、军事装备、工业装备、农业装备等一样，它们各属于自己的领域，而我们在这里仅研究教育装备。

二、中小学体育装备相关标准

中小学体育装备包括学校体育场馆和体育器材两个主要部分，同时，中小学体育装备又属于教育装备。但是，因为教育装备标准分为配备标准和质量标准，这就决定了中小学体育装备标准化存在中小学体育场馆配备标准、中小学体育场馆质量标准、中小学体育器材配备标准以及中小学体育器材质量标准4个方面的内容。

1. 中小学体育场馆标准

中小学体育场馆包括学校运动场、体育馆、风雨操场等设施，在中小学校建设的标准中都有这些设施的设计规定，既有对它们配备标准的规定，也有对它们质量标准的规定。

中小学体育场馆涉及的类型很多，光学校运动场地就有足球场、田径场、篮球场、排球场、羽毛球场、乒乓球场、综合训练器械场等，甚至有时还包括垒球场地和网球场地；体育馆则包括带有观众席的正规体育馆和无观众席的风雨操场；风雨操场又有筑有围墙的和无围墙的分别；此外有些学校还配置有游泳池或游泳馆。

由于各个中小学的规模大小、地理位置、校园面积、校园环境、经济条件等因素的不同，中小学体育场馆的配备标准一般只保障最低水平的建设要求，如，田径运动场；而其他类型的场馆则多是采取根据条件选择性建设的建议。中小学体育场馆的质量标准是有严格规定的，其中主要涉及安全质量和性能质量的规定（但对教育功能质量要求甚少），这类标准在中小学体育场馆标准中占多数。除此之外，政府关于中小学体育场馆建设的法律法规是建立标准的依据，也是非常重要的内容。

2. 中小学体育器材标准

中小学体育场馆种类已经够多，而中小学体育器材的种类更加繁多，所以它们的配备标准和质量标准可以说是在中小学教育装备标准中占比例最大的一类。

中小学体育器材包括田径运动器材（铁饼、标枪、铅球等）、球类运动器材（足球、篮球、乒乓球等）、健身器材（爬绳、爬竿、滑梯等）、体操器材（单杠、双杠、平衡木等）以及测量与计时工具（身高测试仪、体重测试仪、秒表等），在中国还有武术训练器材（刀、剑、棍等）。

对于这些中小学体育器材，一般都具有配备标准和质量标准，配备标准多分为必配与选配，质量标准则仍然是对安全质量和性能质量的要求。中小学体育器材标准对器材安全质量和性能质量的要求往往非常严格和细致。与中小学体育场馆标准要求一样，对中小学体育器材的要求也具有政府发布的法律法规，它们也是建立中小学体育器材标准的依据。

三、中国中小学体育装备标准特点

中国中小学体育装备标准与其他领域（教室设备、实验室仪器设备、图书装备、信息化装备等）标准相比具有复杂、细致、安全性质量要求高的特点。同时，这个领域的标准除了配备标准、质量标准外，中国政府颁布的一些法律文件、政策性文件以及标准也是非常重要的内容。

1. 中国政府对中小学体育运动与装备的政策文件

中国政府对中小学体育运动和中小学体育装备的问题十分重视，表5.27为20世纪末21世纪初政府部门颁发的相关文件。其中部分文件中与中小学体育装备相关内容开列如下。

(1)《中华人民共和国体育法》第三章第二十二条规定：学校应当按照国务院教育行政部分规定的标准配置体育场、设施和器材；学校体育场地必须用于体育活动，不得挪作他用。

(2)《公共文化体育设施条例》第十七条规定：国家法定节假日和学校寒暑假期间，（公共体育设施——笔者注）应当适当延长开放时间；学校寒暑假期间，公共文化体育设施管理单位应当增设适合学生特点的文化体育活动。

(3)《学校体育工作条例》第二十条规定：学校的上级主管部门和学校应当按照国家或者地方制定的各类学校体育场地、器材、设备标准，有计划地逐步配齐；学校体育器材应当纳入教学仪器供应计划；新建、改建学校必须按照有关场地、器材的规定进行规划、设计和建设。

(4)《国家体育锻炼标准施行办法》第二十一条规定：学校应当组织学生按照教育部制定的学校学生体育锻炼标准开展测验达标活动。

(5)《中共中央、国务院关于加强青少年体育增强青少年体质的意见》第15条规定：通过制定国家学校体育卫生条件基本标准，进一步明确国家对各级各类学校体育场地、器材设施、卫生条件和师资的基本要求。

需要说明的是，表5.27中的一些关于中小学体育装备标准的通知都附带了详细的标准附件，此处就不再逐条展开分析。

表 5.27 政府部门颁发的相关文件

序号	文件名	发文机关	发布日期
1	中华人民共和国体育法	全国人大常委会	1995.8.29
2	公共文化体育设施条例	国务院	2003.6.26
3	学校体育工作条例	国家教委	1990.3.12
4	国家体育锻炼标准施行办法	国家体育总局、教育部、全国总工会	2013.12.16
5	教育部国家体育总局关于印发《学生体质健康标准(试行方案)》及《〈学生体质健康标准(试行方案)〉实施办法》的通知	教育部、国家体育总局	2002.7.4
6	教育部关于印发《中学体育器材设施配备目录》《小学体育器材设施配备目录》的通知	教育部	2016.7.25
7	中共中央、国务院关于加强青少年体育增强青少年体质的意见	国务院	2007.5.7
8	教育部国家体育总局关于实施《国家学生体质健康标准》的通知	教育部、国家体育总局	2007.4.4
9	教育部办公厅国家体育总局办公厅共青团中央办公厅关于开展"全国学生体质健康标准推广活动"的通知	教育部、国家体育总局、共青团中央	2003.6.11
10	教育部办公厅关于贯彻执行《中小学体育器材和场地》国家标准有关问题的通知	教育部	2005.11.3

2. 中国中小学体育场馆标准

中国中小学体育场馆标准具有配备标准和质量标准，其中配备标准主要体现在地方标准中，地方标准一般不提供质量要求；国家标准主要体现质量标准，在配备方面虽然不够明确，但也能从中看出各种配备要求。

(1)国家标准

关于中小学体育场馆建设规定的标准主要有《中小学校设计规范(GB 50099—2011)》以及与其配套使用的两个图集：《〈中小学校设计规范〉图示(11J934—1)》和《中小学校场地与用房(11J934—2)》。《中小学校设计规范(GB 50099—2011)》对中小学体育场馆质量要求比较简单，关于体育场馆面积要求,在第7.1.2条中规定:体育建筑设施的使用面积应按规定的体育项目确定。关于体育场馆的净高,在第7.2.2条中规定:风雨操场的净高应取决于场地的运动内容,其他体育场地的净高则如表5.28所示。关于风雨操场的最小换气次数,在第9.1.3条中规定为3.0次/小时。关于风雨操场的采光系数最低值,在第9.2.1条中规定为2.0%。关于风雨操场的照明,在第9.3.1条中规定:平均照度为300lx,显色指数Ra值为65。除了上述这些,该标准中关于中小学体育场馆的规定就没有什么了。

表5.28 各类体育场馆最小净高[①]

体育场地	田径	篮球	排球	羽毛球	乒乓球	体操
最小净高(m)	9	7	7	9	4	6

在图集《〈中小学校设计规范〉图示(11J934—1)》中对中小学校主要体育项目的用地指标做出了详细的规定,表5.29是该图集中对运动场地具体参数的规定,从中也可以看出对中小学体育场馆的配备种类要求。

表5.29 中小学校主要体育项目的用地指标[②]

项目	最小场地(m)	最小用地(m^2)	备注
广播体操		小学 2.88/生	按全校学生数计算,
		中学 3.88/生	可与球场公用
60m 直跑道	92.00×6.88	632.96	4 道
100m 直跑道	132.00×6.88	908.16	4 道
	132.00×9.32	1230.24	6 道
200m 环道	99.00×44.20(60m 直道)	4375.80	4 道环形跑道; 含 6 道直道
	132.00×44.20(100m 直道)	5834.40	
300m 环道	143.32×67.10	9616.77	6 道环形跑道; 含 8 道 100m 直道
400m 环道	176.00×91.10	16033.60	6 道环形跑道;含 8 道、 6 道 100m 直道
足球(11 人制)	94.00×48.00	4512.00	
篮球	32.00×19.00	608.00	

---

① 中华人民共和国住房和城乡建设部:《中小学校设计规范(GB 50099—2011)》,2010 年。
② 中国建筑标准设计研究院:《〈中小学校设计规范〉图示(11J934—1)》,2011 年。

续表

项目	最小场地(m)	最小用地(m^2)	备注
排球	24.00×15.00	360.00	
跳高	坑 5.10×3.00	706.76	最小助跑半径 15.00m
跳远	坑 2.76×9.00	248.76	最小助跑长度 40.00m
立定跳远	坑 2.76×9.00	59.03	起跳板后 1.20m
铁饼	半径 85.50 的 40°扇面	2642.55	落地半径 80.00m
铅球	半径 29.40 的 40°扇面	360.38	落地半径 25.00m
武术、体操	14.00 宽	320.00	包括器械等用地

《中小学校场地与用房(11J934—2)》图集中则是对 400m 环形跑道场地、双曲率 400m 环形跑道场地、400m 环形跑道场地综合布置、200m 环形跑道场地、200m 环形跑道场地综合布置、11 人制和 7 人制足球场地、5 人制足球场地及器械体操场地、篮球场地及拼组、排球场地及拼组等给出了具体的参数，绘制了详细的图纸；同时还给出了球类场地排水示意图(见图 5.13)。

(2)地方标准

地方标准中对中小学体育场馆的规定不多，这些规定可视为中小学体育场馆的配备标准。例如，《北京市中小学校办学条件标准》中关于体育运动设施只做了以下规定：[1]

①室外运动场：24 班以下的学校应设不低于 200 米的环形跑道及 60 米(小学)、100 米(中学)直跑道的田径场；25 班以上的学校应设不低于 300 米(高中 400 米)的环形跑道及 100 米直跑道的田径场；篮球场和排球场的总量以每 5 个班 1 个场地的标准设置。

②室内操场或体育馆：24 班以下的学校，可视情况设有一座简单的室内操场；25 班以上的学校根据学校情况可设一座体育馆；位于城区面积狭小的学校可与礼堂兼用，也可利用其他社会资源。

③器械库：设置于体育活动场所附近，适于放置体育器械、用品。

④体育馆：(内设羽毛球场、乒乓球场、篮球场、排球场)可容纳一定数量观众的观看台；根据中小学学生特点，分设不同规格练习游泳池、足球场、棒球场(垒球场)、田径运动场等。

---

[1] 北京市教育委员会：《北京市中小学校办学条件标准》，2005 年。

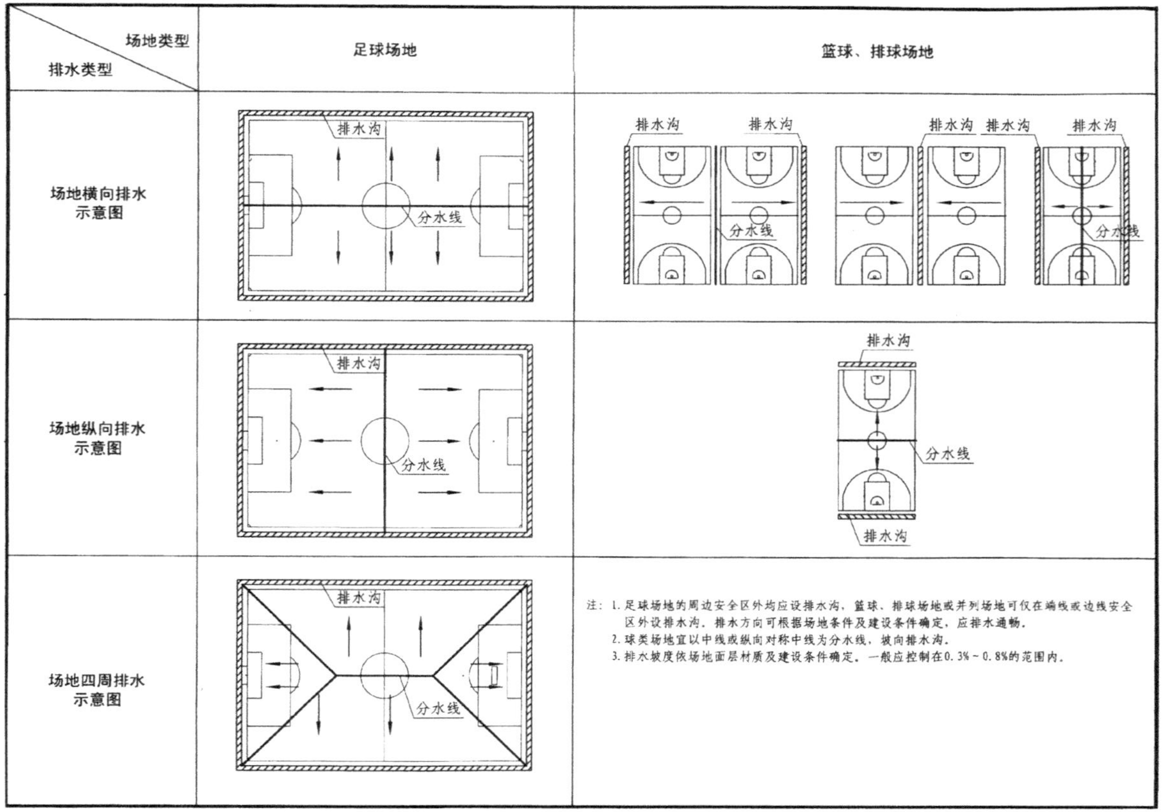

图 5.13 球类场地排水系统示意图[1]

① 中国建筑标准设计研究院：《〈中小学校设计规范〉图示（11J934—1）》，2011 年。

地方标准中的《上海市普通中小学校建设标准》对中小学体育场馆要求做得较为详细，表5.30是该标准中关于学校规模与活动场地面积关系的规定。

表5.30 学校规模与活动场地面积的关系[①]

学校规模		环形跑道		篮球场		排球场		器械场地	合计面积
		规格（m）	面积（m^2）	数量（个）	面积（m^2）	数量（个）	面积（m^2）	（m^2）	（m^2）
小学	20班	200	5394	2	1216	1	286	200	7096
	25班	200	5394	2	1216	2	572	250	7432
	30班	200	5394	3	1824	2	572	300	8090
九年制	27班	250	7031	3	1824	2	572	300	9727
	36班	300	9105	3	1824	3	858	350	12137
	45班	200	5394	2	1216	2	572	250	16451
		250	7031	2	1216	2	572	200	
初中	24班	250	7031	2	1216	2	572	200	9019
	28班	300	9105	3	1824	2	572	250	11751
	32班	300	9105	3	1824	2	572	300	11801
高中	24班	300	9105	2	1216	2	572	200	11093
	30班	300	9105	3	1824	2	572	200	11701
	36班	400	17100	3	1824	3	858	250	20032
	48班	400	17100	4	2432	4	1144	300	20976

其他省、市、自治区在他们的中小学办学条件标准中也基本上都有关于中小学体育场馆配备的规定。此处不再一一列举。

3. 中国中小学体育器材标准

中国中小学体育器材标准基本上都是国家标准，而且种类非常多也非常详细，但是主要表现在质量标准方面。其中，大部分是关于性能质量的，还有一些为统一的安全质量规定。

（1）性能质量标准

表5.31开列的是目前能够查询到的中小学体育器材国家标准。这些标准的名称虽然为《中小学体育器材和场地》，但是其中的内容基本上都是体育器材的，没有出现针对中小学体育场馆的标准内容。

---

① 上海市教育委员会：《普通中小学校建设标准（DG/TJ08—12—2004）》，2004年。

表 5.31 中小学体育器材国家标准

序号	标准文号	标准名称
1	GB/T 19851.1—2005	中小学体育器材和场地第 1 部分：建设器材
2	GB/T 19851.2—2005	中小学体育器材和场地第 2 部分：体操器材
3	GB/T 19851.3—2005	中小学体育器材和场地第 3 部分：篮球架
4	GB/T 19851.4—2005	中小学体育器材和场地第 4 部分：篮球
5	GB/T 19851.5—2005	中小学体育器材和场地第 5 部分：排球
6	GB/T 19851.6—2005	中小学体育器材和场地第 6 部分：软式排球
7	GB/T 19851.7—2005	中小学体育器材和场地第 7 部分：乒乓球台
8	GB/T 19851.8—2005	中小学体育器材和场地第 8 部分：乒乓球
9	GB/T 19851.9—2005	中小学体育器材和场地第 9 部分：羽毛球拍
10	GB/T 19851.10—2005	中小学体育器材和场地第 10 部分：网球拍
11	GB/T 19851.11—2005	中小学体育器材和场地第 11 部分：合成材料面层运动场地
12	GB/T 19851.12—2005	中小学体育器材和场地第 12 部分：学生体质健康测试器材
13	GB/T 19851.13—2007	中小学体育器材和场地第 13 部分：排球网柱、羽毛球网柱、网球门柱
14	GB/T 19851.14—2007	中小学体育器材和场地第 14 部分：球网
15	GB/T 19851.15—2007	中小学体育器材和场地第 15 部分：足球门
16	GB/T 19851.16—2007	中小学体育器材和场地第 16 部分：跨栏架
17	GB/T 19851.17—2007	中小学体育器材和场地第 17 部分：跳高架
18	GB/T 19851.18—2007	中小学体育器材和场地第 18 部分：实心球
19	GB/T 19851.19—2007	中小学体育器材和场地第 19 部分：垒球
20	GB/T 19851.20—2007	中小学体育器材和场地第 20 部分：跳绳
21	GB/T 19851.21—2007	中小学体育器材和场地第 21 部分：毽球、花毽
22	GB/T 19851.22—2007	中小学体育器材和场地第 22 部分：软式橄榄球

(2)安全质量标准

表 5.32 中开列的国家标准是部分与中小学体育装备相关的安全质量标准，这些标准基本上都是对体育器材直接或间接的通用安全性要求。

表 5.32 部分与中小学体育装备相关的安全质量标准

序号	标准文号	标准名称
1	GB 190—1990	危险货物包装标志
2	GB 4943—2001	信息技术设备的安全
3	GB/T 6675—2003	国家玩具安全技术规范
4	GB/T 9969.1—1998	工业产品使用说明书总则
5	GB 17498—1998	健身器材的安全通用要求
6	GB 19272—2003	健身器材室外健身器材的安全通用要求
7	QB/T 3826—1999	轻工产品金属镀层和化学处理层的耐腐蚀试验方法中性盐雾试验(NSS)法
8	QB/T 3832—1999	轻工产品金属镀层腐蚀试验结果的评价

中国中小学体育装备标准可以说是比较完善的，从体育场馆到体育器材、从配备标准到质量标准几乎是面面俱到。这种情况与中国政府对中国中小学体育活动和身体健康的重视程度是分不开的。

四、英国中小学体育装备标准特点

英国中小学体育装备标准同样是分为中小学体育场馆标准和中小学体育器材标准，而标准类型也是分为配备标准和质量标准。另外，英国政府同样是对中小学生体育课程与中小学体育装备非常重视，所以在本节中也开列了英国政府关于中小学体育活动的政策文件。

1. 英国政府对中小学体育运动与装备的政策文件

近 30 年来，英国政府不断对中小学体育活动加大投入，同时还颁布了一系列的相关文件。表 5.33 是英国政府关于中小学体育运动与装备的部分政策文件。

表 5.33 英国政府关于中小学体育运动与装备的部分政策文件[①]

序号	文件名称	文件重点	发文年份
1	英国国家体育课程	是 1992 年颁布的国家体育课程的新版。规定学生的主要课程为舞蹈、游戏、体操、田径、户外冒险、游泳和水上安全。	2000

---

① 周冬、贾文彤：《近 30 年来英国学校体育政策研究》，《河北师范大学学报（教育科学版）》，2015 年第 4 期，第 98—102 页。

续表

序号	文件名称	文件重点	发文年份
2	体育：提升游戏	认为体育教师是完成目标的核心，竞争性游戏成为体育教师培训的主要内容。在一些特别项目上对体育教师按照教练要求进行培训。	1995
3	游戏计划	任命学校体育协调员，创建体育专业院校。政府既关注学校体育中的运动，又注意发展体育教育。	2002
4	体育教育、学校体育和俱乐部联结（PESSCL）	修建体育设施、创建体育专业院校、延长课后体育活动、任命学校运动协调员以及为有运动天赋的青少年提供帮助。其中增加青少年体育参与是主要目的之一。	2003
5	关于青年人的体育教育和体育战略（PESSYP）	提出从重视竞争性运动发展到运动与体育教育并肩，并偏重体育教育的政策。	2008
6	地方体育合作伙伴方案（CSPs）	提出"到2020年使英国成为一个最具活力和成功的体育民族"。成立地方体育合作伙伴的地方性组织，实现战略协调与计划、绩效管理和市场与沟通。	2003
7	学校运动合作伙伴方案（SSPs）	成立学校体育合作伙伴组织，每个学校体育合作伙伴组织都会得到超过25万英镑的资金以开展各项活动。	2003
8	国家体育管理组织2013—2017基金计划	在学校中建设可以持续利用的体育设施遗产；增进学校体育和社区体育俱乐部的链接。	2013
9	学校运动会计划	打造校内、校际四级联赛。提出继承奥运会遗产的理念。	2009

英国政府颁布的这些政策文件虽然没有具体到中小学体育装备的问题，但从文件关注内容可见，英国的中小学体育活动是紧紧地与社会体育活动、国家体育活动联系在一起的，是国家体育发展的重要组成部分，是给予中小学体育活动非常巨大的重视和支持的。

2. 英国中小学体育场馆标准

英国中小学体育场馆标准中对配备标准和质量标准没有做清晰的区分，

对各项要求是分散在不同的标准中的。例如，关于学校建筑照明的标准、噪声环境的标准、通风标准，中小学建筑基本标准中都具有体育场馆的性能质量和配备要求。图 5.14 是在英国教育部颁布的《建筑公告 90：学校采光设计》(Building Bulletin 90：Lighting Design for Schools)标准中提供的学校室内体育馆采光的实际案例。表 5.34 则是《建筑公告 93：学校声环境设计》(Building Bulletin 93：Acoustic Design for Schools)标准中对中小学校室内体育馆、游泳池等在噪声环境方面的各项技术要求。图 5.15 是一个配备标准要求，它是在《建筑公告 99：小学建筑设计总体框架》(Building Bulletin 99：Briefing Framework for Primary School Projects)中给出的英国小学校体育场馆面积与学生数的关系。图 5.15 中，横坐标是学校学生人数，纵坐标是体育场馆面积，单位是平方米。

图 5.14　中小学体育馆照明设计[①]

表 5.34　中小学体育馆噪声环境要求[②]

规定项目	新建场馆	返修场馆
体育馆室内环境噪声水平上限	60dB	65dB
室内运动馆混响时间	≤1.5～2.0 s	≤2.0 s
室内游泳池混响时间	≤1.5～2.0 s	≤2.0 s
室内运动馆地板面积 F_a<180m²	混响时间 = 1.5 s	

[①] Department for Education. Building Bulletin 90：Lighting Design for Schools，1990.
[②] Department for Education. Building Bulletin 93：Acoustic Design for Schools，1993.

续表

规定项目	新建场馆	返修场馆
室内运动馆地板面积 Fa = 280~530m²	混响时间 = 2.0−[(530−Fa)/500] s	
室内运动馆地板面积 Fa>530m²	混响时间 = 2.0 s	

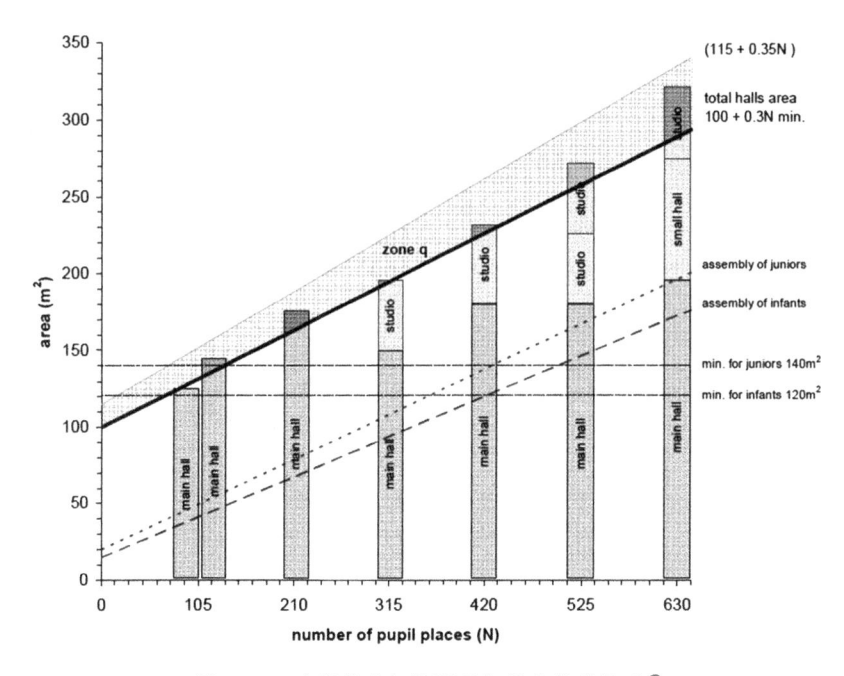

图 5.15 小学体育场馆面积与学生数的关系[1]

3. 英国中小学体育器材标准

英国中小学体育器材标准多为质量标准，这些标准也都是国家标准。表 5.35 开列的只是部分标有 BS 的标准和个别标有 ISO 的标准，许多情况下英国是直接采用国际标准来执行的。可以看到，英国对中小学使用的体育器材的标准规定也是十分详细和具体的。

---

[1] Department for Education. Building Bulletin 99: Briefing Framework for Primary School Projects, 1999.

表 5.35 英国中小学体育器材部分标准[1]

序号	标准文号	标准名称	备注
1	BS 3191-2：1959	Specification for fixed playground equipment for schools. Rope equipment	学校固定操场设备规范。绳设备。
2	BS 3191-1：1959	Specification for fixed playground equipment for schools. General requirements	学校固定操场设备规范。一般要求。
3	BS 1892-1	Gymnasium equipment-part 1：specification for general requirements	体育馆设备第1部分：一般要求规范。
4	BS 3191-3F：1965	Specification for fixed playground equipment for schools. Special requirements for steel parallel bars	学校固定操场设备规范。钢管双杠特殊要求。
5	BS 3194-1：1960	Specification for portable equipment for physical education for use in nursery and primary schools. General requirements	幼儿园和小学用便携式体育设备规范。一般要求。
6	ISO 20957-1	Stationary training equipment-part 1：general safety requirements and test methods	固定训练设备第1部分：一般安全要求和试验方法。
7	BS 3194-2	Specification for portable equipment for physical education for use in nursery and primary schools. Design considerations	幼儿园和小学用便携式体育设备规范。设计考虑。
8	BS 3191-3B：1964	Specification for fixed playground equipment for schools. Special requirements for steel tubular climbing apparatus	学校固定操场设备规范。钢管攀登器的特殊要求。
9	BS 3191-3G：1965	Specification for fixed playground equipment for schools. Special requirements for steel window ladders	学校固定操场设备规范。钢窗梯的特殊要求。
10	BS 3191-3E：1965	Specification for fixed playground equipment for schools. Special requirements for steel horizontal ladders	学校固定操场设备规范。钢水平梯的特殊要求。

[1] 超星读秀，http://www.duxiu.com.

续表

序号	标准文号	标准名称	备注
11	BS 3194-3	Specification for portable equipment for physical education for use in nursery and primary schools. Loading	幼儿园和小学用便携式体育设备规范。加载问题。
12	BS 3191-3A：1961	Specification for fixed playground equipment for schools. Special requirements for steel tubular assault poles	学校固定操场设备规范。钢管攻击杆特殊要求。
13	BS 3191-3C：1964	Specification for fixed playground equipment for schools. Special requirements for frames for climbing ropes, rope ladders, hand rings and trapeze bars	学校固定操场设备规范。登山绳，绳梯、吊环和攀爬杠的特殊要求。
14	BS 3191-3D：1964	Specification for fixed playground equipment for schools. Special requirements for steel tubular horizontal bars	学校固定操场设备规范。钢管单杠的特殊要求。
15	ISO 8124-4	Safety of toys-part 4：swings, slides and similar activity toys for indoor and outdoor family domestic use. See also isofdis 8124-4	玩具安全第4部分：室内和室外家用秋千、滑梯和类似活动玩具。参见 ISO FDIS 8124-4。

五、中英中小学体育装备标准异同

在比较研究中，发现不同点有时比发现相同点是更加重要的，因为它可以使参与比较的双方相互借鉴、找出差距、解决问题。但是，发现相同点也会对我们有启发，例如，在完全不同的文化背景下为什么会对一个问题有相同的认知，这将反映出该问题的文明程度。文明一定趋同，文化必须求异，在中英中小学体育装备标准的异同分析中，就是希望发现两国在教育装备发展方面的文明问题和文化问题，这对于中国教育装备的发展是非常有意义的。

(1)中英两国政府在中小学体育活动方面都十分重视，与学校教育的其他领域(教室设备、实验室仪器设备、图书装备、信息化装备等)相比较，双方政府在学校体育教育(健康教育)和学校体育装备方面颁布的国家标准都是非常详细、具体而又丰富的。

(2)中国地大人多，各个地区的文化、经济情况差异性较大，所以在标准制式方面具有地方标准。英国在土地与人口方面的情况与中国不同，所以也就不具有地方标准。于是，在中小学体育装备的标准化方面就产生了较大差异性，中国的中小学体育装备的配备标准主要体现在地方标准中，而英国的中小学体育装备配备标准则很少出现，即使出现也都是在国家标准中。其实，配备标准的提出是希望解决教育的均衡性问题，在教育均衡性较差的地区必须重视配备标准的建设，而在教育均衡性不突出的地区配备标准的作用就不大了。

（3）英国中小学体育装备标准给出的技术参数往往是通过公式或图像来进行描述的，给出的指标更多的是一个参考范围；而中国中小学体育装备标准的技术参数则多为固定值。这反映了英国标准的建议性、参考性、自愿性特点，而中国标准的强制性相对比较突出。但是中国的标准化正在向非强制性方面发展，2016年1月，中国国务院办公厅颁布了《强制性标准整合精简工作方案》，该方案规定，"对现行强制性国家标准、行业标准和地方标准及制修订计划开展清理评估"，要求将大部分强制性标准进行废止或转化为推荐性标准。

（4）中国国家教育主管部门制定的《学校体育工作条例》中"将学校体育器材纳入教学仪器供应计划"的要求反映出：学校体育器材（即中小学体育装备）是属于教育装备而不属于体育装备的，这一概念界定与我们在文章的第一节的分析是完全一致的。

（5）安全质量要求在中小学体育装备标准方面表现突出，在中英两国都存在着相同的问题。中国在中小学体育装备的安全问题上表现更加突出，例如，毒跑道事件就曾经产生了巨大的影响，也为我们在中小学体育装备标准的研究方面敲响了警钟。

中英中小学体育装备标准的比较研究在整个中英中小学教育装备标准化比较研究中占据着重要的地位，是我们研究的重点问题。本节做的研究还十分肤浅，更加深入的研究期待业内人士共同来完成。希望这些内容能够起到抛砖引玉的作用，将我国教育装备标准化问题的研究提升到一个更高的水平。

第五节　中英中小学信息技术装备标准

分析讨论中国与英国中小学信息技术装备标准化方面存在的差异性，找出其原因和优劣，对进一步发展我国教育装备标准化建设具有重要的意义。本节以中英基础教育为背景，将双方中小学信息技术装备标准进行对比，以此来实现研究目的。

一、中小学信息技术装备与教育装备

讨论中小学信息技术装备标准，涉及中小学教育信息化的问题。相对于教育其他领域的概念，教育信息化是一个崭新的研究课题，中小学教育信息化以及中小学教育信息化的标准化在全世界都是一个热点问题，需要进行探讨的内容十分丰富，所以提出的相关概念也十分多。在分析中英中小学信息技术装备的异同之前，必须对一些相关概念进行界定，以使我们的讨论更有针对性，逻辑更加清晰。

1. 中小学教育信息化建设

1993年美国政府提出了建设"国家信息基础设施"（National Information Infrastructure）的概念，亦称"信息高速公路"（Information Superhighway）计划，其特点是发展以国际互联网（Internet）为核心的信息技术（Information Technology）在社会上各领域的应用。这一计划也包括教育领域，称为教育信息化（Education Informatization）。

（1）中国的教育信息化

中国的教育信息化运动出现在20世纪90年代后期，至今已有20多年的历史。开始时主要是在中国高等院校范围进行信息化建设，当时最为有名的就是接入了国际互联网Internet的中国教育与科研网（CERNET）。而中国中小学教育信息化建设开始得比较晚，真正进入实质性建设的时期应该是21世纪初，标志性建设工程为2003年开始的农村中小学现代远程教育工程。

2010年7月，中国国务院正式发布了《国家中长期教育改革和发展规划纲要（2010—2020年）》。该文件由4部分组成（总体战略、发展任务、体制改革、保障措施），其中的第四部分保障措施中共有3个操作性措施：加快教育信息基础设施建设、加强优质教育资源开发与应用、构建国家教育管理信息系统。以后，这3个操作性措施被归结为一个专用概念：三通两平台。其中"三通"是对"加快教育信息基础设施建设"的具体描述，即"宽带网络校校通、优质资源班班通、网络学习空间人人通（或无线网络全覆盖）"；"两平台"则是指建设"教育资源公共服务平台"和"教育管理公共服务平台"，分别是对操作性措施中"加强优质教育资源开发与应用"和"构建国家教育管理信息系统"的具体描述。

2012年3月，中国教育部根据《国家中长期教育改革和发展规划纲要（2010—2020年）》的精神组织编写和发布了《教育信息化十年发展规划（2011—2020年）》。该规划提出了"基本实现宽带网络的全面覆盖"、"基本建成人人可享有优质教育资源的信息化学习环境"和"教育管理信息化水平显著提高"等教育信息化发展目标,并针对中小学信息化发展制定了许多具体而量化的目标,如:"到 2015 年,宽带网络覆盖各级各类学校,中小学接入带宽达到 100Mbps 以上,边远地区农村中小学接入带宽达到 2Mbps 以上",等等。

(2)英国的教育信息化

英国的信息化行动应该是欧洲最早的。早在 1989 年,在美国的信息高速公路计划之前,英国就提出了"计算机用于教学创新"(Computers in Teaching Initiative)计划;1995 年,提出"教育高速公路:前进之路"计划;1998 年,开始实施"全国教育高速网络"(National Grid for Learning)计划和"学科教学中应用 ICT 教师能力培训"计划;2000 年,建立"E-University 计划(2001—2004)";2005 年,制订了"下一个十年'高等教育机构应用 E-learning 的战略计划'(2006—2016)"。2007 年,英国中小学校园的互联网接入比例为 75%,每百名中小学生拥有计算机数量为 19.8 台,中小学校园局域网建设比例为 73.4%。[①] 2010 年,根据英国教育供应商协会 BESA(British Educational Suppliers Association)的调查,65%的小学和 63%的中学都具有很好的计算机使用条件。英国全国中小学计算机配备情况在 2010 年为 254 万台,2014 年为 272.2 万台。

2. 中小学信息技术装备与教育装备

在中小学教育信息化建设中所应具备的硬件条件和软件条件统称为学校信息技术装备。其中硬件条件为网络终端的计算机(包括台式机、笔记本、平板电脑、移动终端等)、构成网络节点的服务器(WEB 服务、FTP 服务、DNS 服务等)、组成链路的网络设备(路由器、交换机等)、网络机房中的各种设施设备以及教室中的多媒体设备(计算机、投影机、电子白板等)等;软件条件则是指教育教学资源软件(课程资源、课件资源、电子教材等)和教育管理软件(学籍管理、实验室管理、图书管理等)。所有这些设施设备都是人工制造的,同时它们又都是学校重要的教育教学资源,根据教育装备是人工教育资源的定义,学校信息技术装备应该属于教育装备的范畴,中小学信息技术装备属于学校信息技术装备,所以也就进入了教育装备的范畴。

中国使用的信息技术(Information Technology)一词来源于美国,简称 IT;对此,英国使用的词为信息通信技术(Information Communications Technology),简称 ICT;以下对于中国中小学信息技术装备我们就简称中小

[①] 陈俊珂、孔凡士:《中外教育信息化比较研究》,北京:科学出版社,2007 年,第 110—116 页。

学 IT 装备，而对英国中小学信息技术装备则简称中小学 ICT 装备。

3. 中小学信息技术装备相关概念

在中国，与中小学信息技术装备相关的概念有很多，如教育装备、教育技术装备、学校信息技术装备、多媒体教学装备等，为了能对下面讨论的问题表述得更加清晰，此处将这些概念以及它们之间的关系做一个界定。其中，中小学信息技术装备属于学校信息技术装备。

(1) 学校信息技术装备与教育技术装备

中国的教育技术(Educational Technology)概念来源于美国的教学技术(Instructional Technology)，而其在中国的发展则起源于电化教育(简称电教)。中国早期的电教设备仅有"三机一幕"(光学投影机、幻灯机、收录机和投影幕)，以后发展到开始配备电视机、计算机、投影机等多媒体设备以及各种互联网仪器设备。随着电化教育被更名为教育技术，这些仪器设备的名称也开始使用教育技术装备来统称。根据前文我们对学校信息技术装备的解释，那里所谓的学校信息技术装备其实就是这里的教育技术装备。即学校信息技术装备(或学校 IT 装备)与教育技术装备是同义词。

(2) 学校信息技术装备与多媒体教学装备

多媒体教学装备通常是指在教室中配备的投影机、电子白板(或投影幕)、教师用计算机(简称教师机)、多媒体中央控制机(简称中控机)以及音箱等设备。由于这些设备通过中控机构成了一个完整的系统，而且该系统又通过教师机链接到校园网或国际互联网，所以这个被称为多媒体教学系统的整体就被认为是学校信息技术装备的一部分。这样，这个多媒体教学系统也就属于教育技术装备的一部分。

(3) 教育装备与教育技术装备

对教育技术装备可以有两种理解，一个是"教育之技术装备"，即教育教学中的技术装备；另一个是"教育技术之装备"，即教育技术范围内的装备。因为装备是人工制造的资源(或人工制造的工具)，则其必然含有技术成分，所以技术装备就是装备，则"教育之技术装备"其实就是教育装备。"教育技术之装备"是教育技术范围内的装备，其实也就是我们前面讨论过的学校信息技术装备，它们包括计算机网络设备和多媒体教学设备，而不包含传统物理、化学、生物实验室中的那些仪器设备，也不包括教室中的传统黑板粉笔、教师讲台、学生课桌椅等教学用设施设备和教学耗材。图 5.16 反映了学校信息技术装备相关概念之间的关系。

```
                                        ┌── 计算机设备
                   ┌── 教育技术装备=学校信息技术装备 ──┼── 计算机网络设备
                   │                    ├── 多媒体教室设备
                   │                    └── 教学资源软件与教育管理软件
                   ├── 传统教学设备
   教育装备 ──────┼── 理化生实验仪器设备
                   ├── 学校图书、体育装备等
                   ├── 学校后勤装备
                   └── ……
```

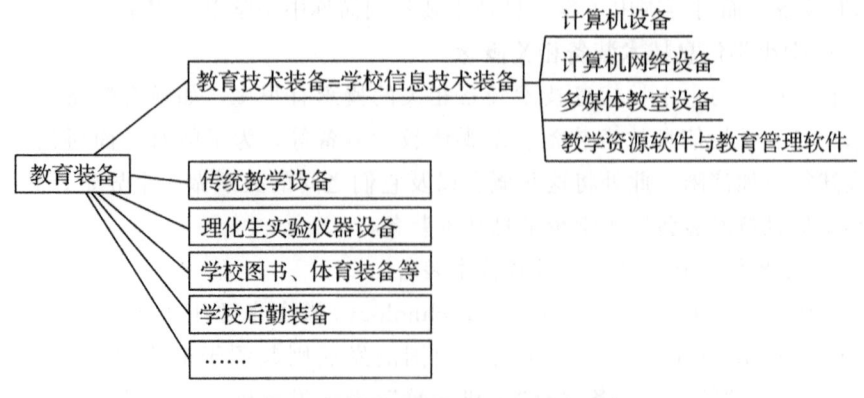

图 5.16　学校信息技术装备相关概念

二、中小学信息技术装备相关标准类型

中小学信息技术装备属于教育装备，教育装备标准分配备标准与质量标准，所以中小学信息技术装备标准也就分为中小学信息技术装备配备标准和中小学信息技术质量标准两部分。此处，我们没有使用简称中小学 IT 装备和中小学 ICT 装备，是因为还没有对中、英学校信息技术装备进行区分。

1. 中小学信息技术装备配备标准

中小学信息技术装备配备标准是一个不好抉择和不易实施的技术难题，这与信息技术的高速发展有着必然的联系。信息技术是建立在计算机和互联网基础上迅速发展起来的新技术，其发展开始阶段遵循的"摩尔定律"早已失效，仅中国国内计算机网络设备的更新周期就已经从前些年的 5 年一周期逐步变为 3 年一周期。在这种情况下如果制定一个过于详尽的配备标准会十分尴尬，可能配备标准尚未出炉，新的产品和新的技术已经布满市场；或者配备标准刚刚颁布，但是所配设备的技术规格已经十分落后。所以，无论是在中国还是在英国，除了基本的信息化环境配备要求以外，中小学信息技术装备几乎都不具有信息化产品的配备标准。

2. 中小学信息技术装备质量标准

中小学信息技术装备质量标准其本身应属于工业产品标准，教育领域重新为教育行业制定一套产品质量的行业标准是完全没有必要的，因为这些产品相对于工业产品标准既不可能规定更高的技术标准，也不允许规定更低的技术标准。所以，中小学信息技术装备质量标准只有并非仅针对教育行业的国际标准、国家标准和企业标准（或英国的公司标准），而不会出现教育行业的行业标准和各个地域的地方标准。

三、中国中小学 IT 装备标准特点

2016 年 6 月，中国教育部颁布了《教育信息化"十三五"规划》。这是继 2012 年颁布《教育信息化十年发展规划(2011—2020 年)》以来又制定的一个针对教育信息化进行指导的重要文件。该文件提到 5 个标准问题，分别是：①加强网络安全标准建设；②将学校网络教学环境和备课环境建设纳入义务教育学校建设标准；③加快制定数字教育资源相关标准规范；④建立健全教师信息技术应用能力标准；⑤将教育信息化作为学校基本办学条件，纳入学校建设基本标准和区域、学校评价指标体系。其中有两处涉及学校建设的基本信息化环境配备标准(②和⑤)，有一处涉及教育信息化资源软件质量标准(③)，包括教育资源平台建设。

1. 中国教育信息化标准化管理机构

对教育信息化进行标准化工作具体管理的机构在中国有两个，一个是全国信息技术标准化技术委员会教育技术分技术委员会，另一个是中国教育技术协会技术标准委员会。这两个机构前一个是由国家标准化管理委员会正式批准的，后一个则是由中国教育技术协会组建的。

(1)全国信息技术标准化技术委员会教育技术分技术委员会

2000 年，教育部科技司组织力量研制现代远程教育技术标准，2001 年，成立了现代远程教育技术标准化委员会，2002 年，更名为教育部教育信息化技术标准委员会，同年，经中国国家标准化管理委员会(SAC)批准成为全国信息技术标准化技术委员会(SAC：TC28)教育技术分技术委员会，英文名称定为 China E-Learning Technology Standardization Committee(以下简称 CELTSC)。CELTSC 承担着全国教育技术、教育信息化相关标准的研制、认证和应用推广工作。2003 年，CELTSC 提出了教育技术标准体系(China E-Learning Technology Standard，简称 CELTS)。表 5.36 为 CELTS 标准项目清单。

表 5.36 CELTS 标准项目清单

类别	通用规范	专用规范
指导类	系统架构与参考模型(CELTS—1)	
	术语(CELTS—2)	
	基于规则的 XML 绑定技术(CELTS—4)	
	标准本地化与例化应用(CELTS—25)	
	标准上层本体(CELTS—28)	

续表

类别	通用规范	专用规范
学习资源类	学习对象元数据(CELTS—3)	教育资源建设规范(CELTS—41)
		基础教育资源元数据应用规范(CELTS—42)
	课程编列(CELTS—8)	
	内容包装(CELTS—9)	
	测试互操作(CELTS—10)	
	内容分级(CELTS—29)	
学习者类	学习者模型(CELTS—11)	
	学生身份标识(CELTS—13)	
	学力定义(CELTS—14)	
	终身学习质量保障(CELTS—15)	
学习环境类	平台与媒体标准组谱(CELTS—17)	
	企业接口(CELTS—19)	
	学习管理(CELTS—20)	
	协作学习(CELTS—16)	
	工具/代理通信(CELTS—18)	
	虚拟实验(CELTS—26)	
	自适应学习(CELTS—27)	
教育管理类	网络课程评价(CELTS—22)	
	教学环境评价(CELTS—23)	
	教学服务质量管理(CELTS—24)	
	教育管理信息化数据标准(CELTS—30)	教育管理信息系统互操作规范(CELTS—40)

(2)中国教育技术协会技术标准委员会

2010年，中国教育技术协会组建成立了"中国教育技术协会技术标准委员会"。中国教育技术协会要求"该委员会专门研究教学环境、教学资源工程、信息化教学设备的相关技术标准"，并规定它"制定出受学校欢迎的、切实可行的标准，为学校的信息化建设做出积极的贡献"。[①]

中国教育技术协会技术标准委员会共由6个工作组组成，这些工作组分别为：物理环境工作组、音频系统工作组、视频系统工作组、智能化控制工作组、系统集成工作组和语言实验室工作组。该委员会出版了《多媒体教学环境工程建设规范》，共计6册，第一册至第六册内容分别为：建筑物理、信息网络、供配电系统设计规范；音频系统设计规范；视频系统设计规范；多媒体智能控制系统技术规范；数字语言学习环境设计规范和系统集成技术规范。

2. 地方性中小学IT装备配备标准

从2010年至2014年，中国相继有许多省市发布了中小学IT装备的地方性配备标准，如《重庆市中小学信息技术配备标准》、《四川省中小学信息技术教育基本配备标准》、《河北省中小学教育信息资源配备标准（试行）》、《江苏省小学信息技术装备标准》、《福建省小学信息技术装备标准》、河南省的中小学《信息技术设备配置标准（设备参照现在市价为准）》等。

教育装备配备地方标准是根据学校规模和地方经济、环境等特点而对教育装备配备的种类、数量等做出的标准规定。所以，上述地方标准基本都是按照这个原则对中小学IT装备做出了合理的基本配置要求。但是，由于我们在前文讨论过的信息技术产品更新速度快的特点，上述标准中对许多信息技术产品的配备数量要求都不得不使用"若干"台、套等含糊的数量规定。并且，自2015年以后基本上不再有上述这样的中小学IT装备地方配备标准出台，上述那些已经出台的地方标准也失去了作用，而仅在地方性的中小学办学条件标准中有基本信息化环境建设方面的配备要求。从中可见中小学IT装备配备标准的无奈和无效，进而更加提示我们建立教育装备元标准的必要性和紧迫性。

3. 国家信息技术装备产品质量标准

前文讨论过，信息技术装备产品质量标准不存在针对中小学IT装备要求的，其实也基本上不存在针对教育信息化要求的质量标准。当今世界上信息技术的发展水平标志着一个国家现代工业的发展水平和现代化水平，信息技术装备产品的标准就是工业化标准，这样的标准要应用到各个领域，其中也包括教育领域。对信息技术装备的产品质量标准与对教育装备产品质量标准要求一样，应该具有性能质量、安全质量和功能质量三个方面的要求，其中对教育装备功能质量的要求即教育教学适用性要求。就这一点来说，目前中国信息技术装备产品的质量标准还只有性能质量与安全质量两方面的内容。

[①] 中国教育技术协会：《关于成立中国教育技术协会技术标准委员会的通知》，《现代教育技术》，2010年第8期，第153—154页。

(1)IT 产品性能质量要求

中国信息技术装备的性能质量标准以国家标准为主,其中一些也转化或等同于采用国际标准。表 5.37 开列了部分关于信息技术产品性能质量规定的强制性标准,表 5.38 开列了部分关于信息技术产品性能质量规定的非强制性(推荐性)标准。因非强制性性能质量标准较多,表 5.38 只选择了发布日期为 2017 年 5 月 31 日,实施日期为 2017 年 12 月 1 日,而且与中小学 IT 装备要求最为贴近的一些标准。

表 5.37　部分关于信息技术产品性能质量规定的强制性国家标准[①]

序号	标准文号	标准名称	发布日期
1	GB 12904—2008	商品条码零售商品编码与条码表示	2008-11-07
2	GB 15629.1101—2006	信息技术系统间远程通信和信息交换局域网和城域网特定要求第 11 部分:无线局域网媒体访问控制和物理层规范:5.8GHz 频段高速物理层扩展规范	2006-01-27
3	GB 15629.1104—2006	信息技术系统间远程通信和信息交换局域网和城域网特定要求第 11 部分:无线局域网媒体访问控制和物理层规范:2.4GHz 频段更高数据速率扩展规范	2006-01-27
4	GB 18030—2005	信息技术中文编码字符集	2005-11-08
5	GB 19966—2005	信息技术通用多八位编码字符集(基本多文种平面)汉字 16 点阵字形	2005-11-08
6	GB 19967.1—2005	信息技术通用多八位编码字符集(基本多文种平面)汉字 24 点阵字形第 1 部分:宋体	2005-11-08
7	GB 15629.1102—2003	信息技术系统间远程通信和信息交换局域网和城域网特定要求第 11 部分:无线局域网媒体访问控制和物理层规范:2.4 GHz 频段较高速物理层扩展规范	2003-05-12
8	GB 15629.11—2003	信息技术系统间远程通信和信息交换局域网和城域网特定要求第 11 部分:无线局域网媒体访问控制和物理层规范	2003-05-12
9	GB 16959—1997	信息技术信息交换用藏文编码字符集基本集	1997-09-02

---

① 国家标准全文公开系统,http://www.gb688.cn/bzgk/gb/index.

表 5.38 部分关于信息技术产品性能质量规定的非强制性国家标准

序号	标准文号	标准名称	发布日期	实施日期
1	GB/T 15629.16—2017	信息技术系统间远程通信和信息交换局域网和城域网特定要求第16部分：宽带无线多媒体系统的空中接口	2017-05-31	2017-12-01
2	GB/T 30269.1001—2017	信息技术传感器网络第1001部分：中间件：传感器网络节点接口	2017-05-31	2017-12-01
3	GB/T 30269.802—2017	信息技术传感器网络第802部分：测试：低速无线传感器网络媒体访问控制和物理层	2017-05-31	2017-12-01
4	GB/T 30996.2—2017	信息技术实时定位系统第2部分：2.45GHz空中接口协议	2017-05-31	2017-12-01
5	GB/T 33782—2017	信息技术学习、教育和培训教育管理基础代码	2017-05-31	2017-12-01
6	GB/T 33847—2017	信息技术中间件术语	2017-05-31	2017-12-01
7	GB/T 33848.1—2017	信息技术射频识别第1部分：参考结构和标准化参数定义	2017-05-31	2017-12-01
8	GB/T 33850—2017	信息技术服务质量评价指标体系	2017-05-31	2017-12-01
9	GB/T 33851—2017	信息技术系统间远程通信和信息交换基于双载波的无线高速率超宽带物理层测试规范	2017-05-31	2017-12-01
10	GB/T 33853—2017	中文办公软件文档格式网络应用要求	2017-05-31	2017-12-01
11	GB/T 9813.3—2017	计算机通用规范第3部分：服务器	2017-05-31	2017-12-01

(2)IT产品安全质量要求

安全质量标准基本上都是强制性国家标准，表5.39开列了部分关于信息技术产品安全质量规定的强制性国家标准。

表 5.39　部分关于信息技术产品安全质量规定的强制性国家标准[①]

序号	标准文号	标准名称	发布日期
1	GB 4943.23—2012	信息技术设备安全第 23 部分：大型数据存储设备	2012-12-31
2	GB 4943.1—2011	信息技术设备安全第 1 部分：通用要求	2011-12-30
3	GB 17859—1999	计算机信息系统安全保护等级划分准则	1999-09-13

四、英国中小学 ICT 装备标准特点

英国不具有专门为中小学 ICT 装备制定的标准，但是这并不意味着英国中小学 ICT 装备没有标准，也更不能说英国的教育信息化发展不够先进。本节将从英国政府关于中小学信息化相关政策文件和国家对信息技术产品质量的要求方面分析其中小学 ICT 装备的标准化情况。

1. 英国政府关于中小学教育信息化相关政策文件

1995 年，英国政府推出"教育高速公路——前进之路"行动计划的同时，时任首相布莱尔宣布了《英国网络年》的五年计划。1996 年，英国教育与技能部对中小学国家课程进行了修订，增加了 ICT 课程。1997 年，英国政府宣布在公立学校的教与学中普遍运用 ICT，这项计划的目的是用 ICT 装备学校，让学校接入 Internet，并建立了全国学习网（National Grid for Learning，NGfL）以向学校提供教育信息资源。同时要求中小学生学会必要的 ICT 技能，适应信息化时代的需要。1998 年，英国政府公布了《我们的信息时代》政策宣言，指出政府要改革教育，在教育中利用 ICT 技术。

2000 年，英国中小学施行新的国家课程标准，将 ICT 课程列为义务教育阶段的必修课。2008 年，英国教育传播与技术署（British Education Communication and Technology Agency，简称 BECTA）公布了《利用技术：新一代学习 2008—2014》信息化战略文件，确立了下一阶段英国教育信息化的核心战略目标。2011 年，英国教育标准局 Ofsted 发布了《学校中的 ICT 2008—2011》（*ICT in schools 2008-2011*）分析报告，该报告提出应大力加强中小学 ICT 教学，有效提高学生 ICT 考试的水平。2012 年，英国皇家学会发布《关闭还是重新开始：英国中小学计算机教学方法》（*Shut down or restart? The way forward for computing in UK schools*）报告，提出要进一步加强中小学生的 ICT 教育。2014 年，英国将中小学的 ICT 课程改为计算机课程（Computing）。

---

① 国家标准全文公开系统，http://www.gb688.cn/bzgk/gb/index.

2016年，英国发布《教育部 2015—2020 战略规划：世界级教育与保健》的教育发展战略文件，制定了未来五年的教育发展战略与规划，其中提出要大力推进 STEM（科学 Science、技术 Technology、工程 Engineering、数学 Mathematics）课程的开设率和提升相关课程的质量。

2. 英国教育部建筑公告中的 ICT 设施相关规定

英国教育部颁布的建筑公告中都有关于中小学 ICT 教室的建筑标准规定，例如，《建筑公告 93：学校声环境设计》（Building Bulletin 93：Acoustic Design for Schools）对中小学 ICT 教室的声环境有详细的规定。表 5.40 是该标准中对 ICT 教室内环境噪声水平、室内最大声压级和室内对声音混响时间的具体指标要求。

表 5.40 建筑公告中对 ICT 教室声环境方面的要求[1]

项目	新建筑	翻修建筑
室内环境噪声水平上限值(dB)	40	45
最大声压级(dB)	60	65
混响时间(s)	$\leqslant 0.8$	$\leqslant 1.0$

又如，《建筑公告 90：学校采光设计》（Building Bulletin 90：Lighting Design for Schools）对中小学 ICT 教室的采光有详细的规定。图 5.17 是从该标准中的截图，它规定了计算机桌面以及计算机屏幕采光光路的具体要求。

图 5.17 对 ICT 教室计算机采光光路的要求[2]

---

[1] Department for Education. Building Bulletin 93：Acoustic Design for Schools，1993.
[2] Department for Education. Building Bulletin 90：Lighting Design for Schools，1990.

再如,《建筑公告 99：小学建筑设计总体框架》(*Building Bulletin 99：Briefing Framework for Primary School Projects*)中对小学 ICT 教室的建设面积做出详细规定。图 5.18 的 D 区是中小学 ICT 教室面积与学生数的计算图像区域,该图的横坐标为学生组数,纵坐标为 ICT 教室面积(单位为平方米)。

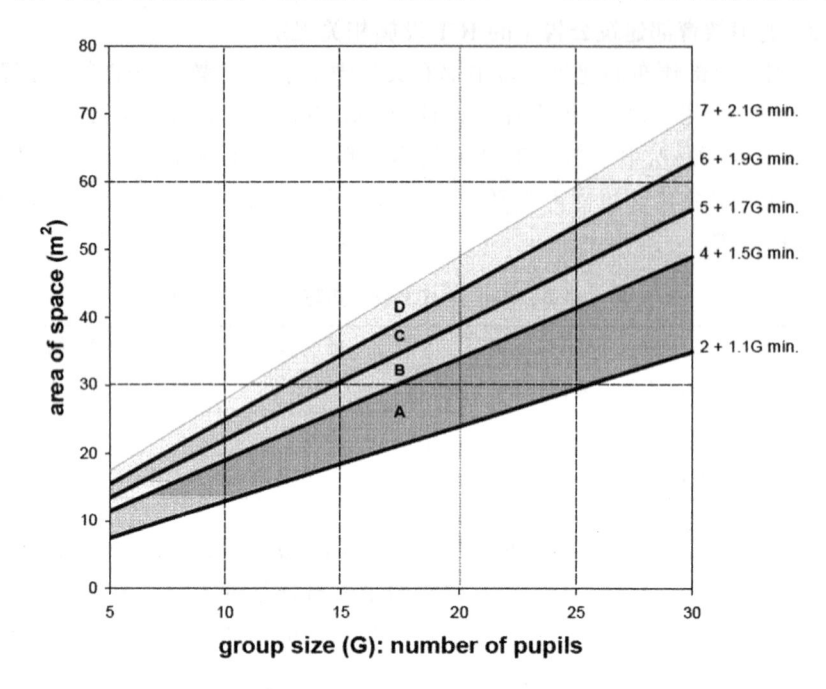

图 5.18 对 ICT 教室面积的规定[①]

3. 英国 ICT 产品质量国家标准

英国对 ICT 产品有着复杂而严格的技术要求,在产品质量标准方面具有性能质量标准和安全质量标准,这些标准都是国家标准,而且许多又是国际标准 ISO、欧洲标准 EN 和国际电工标准 IEC 进行转化或等同采用的。英国中小学 ICT 装备的产品质量要遵照这些标准执行。

(1)ICT 产品性能质量要求

英国 ICT 产品性能质量国家标准非常多,表 5.41 只选登了 2017 年颁布的部分标准。从它们的标准文号可以看出,这些标准基本上都是由 ISO、EN 和 IEC 标准转化或等同采用而来的。

---

① Department for Education. Building Bulletin 99：Briefing Framework for Primary School Projects, 1999.

表 5.41 英国 ICT 产品性能质量国家标准选[①]

标准文号	标准名称	备注
BS ISO/IEC 19086-3: 2017.	Information technology. Cloud computing. Service level agreement (SLA) framework. Core conformance requirements	云计算，服务级别协议（SLA）框架，核心的一致性要求
BS ISO/IEC/IEEE 8802-3: 2017.	Information technology. Telecommunications and information exchange between systems. Local and metropolitan area networks. Specific requirements. Standard for Ethernet	系统间远程通信和信息交换、局域网和城域网具体要求，标准以太网
BS ISO/IEC 29341-30-1: 2017.	Information technology. UPnP Device Architecture. IoT management and control device control protocol. IoT management and control architecture overview	UPnP 设备架构，物联网管理与控制设备控制协议，物联网管理控制体系结构概述
BS EN ISO 9241-333: 2017.	Ergonomics of human-system interaction. Stereoscopic displays using glasses	人机交互系统使用玻璃的立体显示器
BS ISO/IEC 9594-8: 2017.	Information technology. Open Systems Interconnection. The Directory. Public-key and attribute certificate frameworks	开放系统互联、目录，公钥和属性证书框架
BS ISO/IEC 9594-1: 2017.	Information technology. Open Systems Interconnection. The Directory. Overview of concepts, models and services	开放系统互联、目录，概述概念、模型和服务
BS ISO/IEC 9594-5: 2017.	Information technology. Open Systems Interconnection. The Directory. Protocol specifications	开放系统互联、目录，协议规范
BS ISO/IEC 29341-30-10: 2017.	Information technology. UPnP Device Architecture. IoT management and control device control protocol. Data store service	UPnP 设备架构，物联网管理与控制设备控制协议，数据存储服务
BS ISO/IEC 9594-6: 2017.	Information technology. Open Systems Interconnection. The Directory. Selected attribute types	开放系统互联、目录，选择属性类型

---

① BSI Shop，http://shop.bsigroup.com/en/ProductDetail/?pid=000000000030168355&t=r.

续表

标准文号	标准名称	备注
BS ISO/IEC 9594-7：2017.	Information technology. Open Systems Interconnection. The Directory. Selected object classes	开放系统互联、目录，选定的对象类
BS EN 62766-3：2017.	Consumer terminal function for access to IPTV and open internet multimedia services. Content metadata	接入 IPTV 和开放因特网多媒体业务的用户终端功能，内容元数据
BS EN ISO 9241-112：2017.	Ergonomics of human-system interaction. Principles for the presentation of information	人机交互系统，对信息的呈现原则
BS ISO/IEC 9594-4：2017.	Information technology. Open Systems Interconnection. The Directory. Procedures for distributed operation	开放系统互联、目录，分布式操作规程
BS EN 62766-2-2：2017.	Consumer terminal function for access to IPTV and open internet multimedia services. HTTP adaptive streaming	接入 IPTV 和开放因特网多媒体业务的用户终端功能，HTTP 自适应流媒体
BS ISO/IEC 9594-9：2017.	Information technology. Open Systems Interconnection. The Directory. Replication	开放系统互联、目录，复制
BS ISO/IEC 9594-2：2017.	Information technology. Open Systems Interconnection. The Directory. Models	开放系统互联、目录，模型
BS ISO/IEC 20000-6：2017.	Information technology. Service management. Requirements for bodies providing audit and certification of service management systems	提供服务管理系统审计和认证机构的要求

(2)ICT 产品安全质量要求

表 5.42 是英国 ICT 产品安全质量国家标准选登，其中除了信息技术服务管理类标准外，大部分同样是由 ISO、EN 和 IEC 标准转化或等同采用而来的。

表 5.42　英国 ICT 产品安全质量国家标准选①

标准文号	标准名称	备注
BS ISO/IEC 27001：2005/BS 7799-2：2005	Information technology. Security techniques. Information security management systems. Requirements	信息安全管理系统
BS ISO/IEC 27002：2005/BS 7799-1：2005	Information technology. Security techniques. Code of practice for information security management	信息安全管理实用规程
BS ISO/IEC 27005：2011	Information technology. Security techniques. Information security management systems. Requirements	信息安全管理系统
BS ISO/IEC 27035：2011	Information technology. Security techniques. Information security incident management	信息安全事件管理
BS ISO/IEC 27003：2010	Information technology. Security techniques. Information security management system implementation guidance	信息安全管理系统实施指南
BS ISO/IEC 27036-3	Information technology. Security techniques. Information security for supplier relationships. Part 3. Guidelines for ICT supply chain security	信息技术供应链安全指南
BS ISO/IEC 27031	Information technology. Security techniques. Guidelines for ICT readiness for business continuity	业务连续性信息技术准备指南
BS PAS 700：2009	Provision of ICT facilities and services in workplaces. Specification	在工作场所提供信息技术设施和服务规范
BS 15000-1：2002	ICT service management-Specification for service management	信息技术服务管理——服务管理规范
BS 15000-2：2003	ICT service management-Code of practice for service management	信息技术服务管理——服务管理实务守则
BS ISO/IEC 24759：2017.	Information technology. Security techniques. Test requirements for cryptographic modules	信息安全，密码模块的测试要求

---

① BSI Shop，http://shop.bsigroup.com/en/ProductDetail/? pid=000000000030168355&t=r.

五、中英中小学信息技术装备标准异同

中国与英国中小学信息技术装备标准的差异性不是很大，在许多方面都是大致相同的，但仍然存在一些细微差异。分析中英中小学信息技术装备标准的异同，对学习教育装备的先进管理经验、管理科学知识都是非常有益的。

（1）英国中小学信息技术装备不具有配备标准。中国中小学信息技术装备配备标准只出现在一些地区的地方标准中，但是很快就失去了其效能。在中小学教育信息化基本配备条件方面两国都是非常重视的，都把它确定为学校基本建设的条件标准和评价标准。

（2）中英的教育信息化起点基本上是同时的，都经历了20多年的发展。但是从发展理念上看，英国却是在不断地提出新的东西，例如在中小学信息技术课程建设方面，英国从1996年开始的ICT课程，到2014年修改为计算机课程（Computing），到2016年又提出了STEM课程的新概念。在这方面，中国的变化显得比较缓慢。

（3）在"中英教育技术与教育装备比较研究"课题组走访英国中小学校时注意到，英国中小学的信息技术硬件设备的先进水平远远落后于中国的中小学，但是英国计算机软件开发与应用水平却比中国高出很多。英国中小学计算机软件尤其是在教育教学管理平台建设和应用上做得有声有色，从学生学籍管理、教师教学水平管理、图书设备管理等，到学生多元能力测评与教师教学能力测评的各种软件充斥着各个中小学校园。这方面是值得我们关注和必须奋力追赶的。

（4）对于中小学信息技术装备标准，软件标准化建设的重要性要远大于硬件标准化建设。这个标准化过程必然涉及学校计算机软件的教育教学适用性问题。"信息技术与课程整合"的要求是要使得信息技术在教学中表现得就像黑板与粉笔一样"渺无痕迹"，信息技术产品要想做到这一点就必须花费大力气来研究。需要注意的是，这项研究课题的巨大投入不能依靠企业，应该由政府解决才对。

第六章 中小学教育装备发展

本章将重点讨论中国与英国在教育装备理论研究发展、教育装备应用领域的发展、教育装备在新教学理念中作用发挥等问题的展现，同时预测了今后教育装备研究的发展方向。

第一节 教育装备的阶段性发展

2018年8月25日在北京平谷区召开的第五届ITE平台峰会上，名为"聚焦教育装备现代化"的沙龙引起了人们的极大关注。主席台上的各位嘉宾根据他们的理解和工作经历阐述了各自的观点。笔者在此想要针对这个非常有意义的题目说明自己的认识。

一、教育装备现代化是一个过程

教育装备现代化不是一个目标，而是一个发展过程，这涉及对"现代化"的理解。其中"化"是"使之成为"的意思，"现代化"就是"使之成为现代的"，教育装备现代化就是"使教育装备成为现代的"。"教育教学装备是教书育人的必要条件"[1]，所以人们普遍认为教育的现代化依靠教育装备的现代化。但是，如果问什么样的教育装备才是现代的，那么这是一个没有量化指标、无法进行科学测量、不好做出客观评价的事物。因此，它不能成为一个目标，而只是在发展过程中所呈现出不同阶段的特点。

现代的事物应该具有现代性，德国哲学家、社会学家马克斯·韦伯认为社会现代性的本质在于它的理性化。而理性化又可以分为工具理性（或科技理性）、历史理性与人文理性三个方面。其中，工具理性是从科学技术发展的角度反映事物的现代性，历史理性是从历史发展的角度反映事物的现代性，人文理性则是从人性发展的角度反映事物的现代性。以下我们从这三个不同的角度来描述教育装备的现代化发展进程。

---

[1] 中华人民共和国教育部：《教育部关于新形势下进一步做好普通中小学装备工作的意见》，2016年。

二、教育装备现代化的发展进程

无论从哪种理性化角度去分析教育装备的现代化发展,都可以将它分为三个阶段,分别描述如下。

从工具理性出发,教育装备现代化发展可以分为3个阶段:(1)教育装备现代化1.0,也可称为教育装备的电气化阶段,其代表性事件是"三机一幕"(录音机、电视机、光学投影机、投影幕)进课堂以及计算机辅助教学(CAI,Computer Aided Instruction)。(2)教育装备现代化2.0,也可称为教育装备的信息化阶段,其代表性事件是基于互联网(Internet)的远程教学或网络教学,MOOCs、微课程、翻转课堂等新科技和新模式都是这个阶段的典型产物。(3)教育装备现代化3.0,也可称为教育装备的智能化阶段,其预期的代表性事件是教学软硬件智能机器的出现,大数据、云计算、智能终端教学设备等将会在教育教学中发挥重要作用。

从历史理性出发,教育装备现代化发展也可分为3个阶段:(1)教育装备前现代阶段,它对应教育装备现代化1.0时期。(2)教育装备现代阶段,它对应教育装备现代化2.0时期。(3)教育装备后现代阶段,它对应教育装备现代化3.0时期。这一阶段划分的方法仅是在概念上的操作,并没有太大的实际意义。真正能够反映教育装备现代化发展本质的阶段划分应属于人文理性的现代性描述。

从人文理性出发,教育装备现代化发展体现着其人本主义的渐进过程,它仍可分为3个阶段:(1)简单教育装备阶段。该阶段的典型教学装备代表就是黑板与粉笔,它们结构简单、容易掌握,可以很快与使用者完美地融合在一起,在整个教学过程中它们显得渺无痕迹。该阶段,人们在观念上并没有必要将这些简单装备加以重视。(2)复杂教育装备阶段。该阶段的最大特点是由于科学技术水平的提高,大量电气化、信息化的教学装备进入校园,它们功能强大但结构复杂,对使用者的要求高,使用时必须具有一定的专业知识和技能才能够熟练操作。同时,为了能够使它们在教学中真正发挥作用,人们花费了大量心血,对教师和学生提出了装备与教学整合、融合以及高度融合的要求。教育装备的复杂性也给它的配备采购和日常管理人员带来了困境,人们在为学校教育装备的建设、配备、采购、使用、管理的各个方面投入了大量的精力。这个阶段的教育装备显然不是以人为本的,因为它们的出现不是立刻适用于人,而是要求人要主动适应它们。该阶段,人们在教育装备发展的观念上出现了混乱,将大量教学装备闲置和不能充分发挥教学作用的问题归咎于教师和学生的应用水平以及管理者的管理水平。从人文理性角度考虑，这样的教育装备不是人本主义的，而是表现出以物为中心的思维观念。目前，人们开始从这种观念中逐渐脱离出来，教育装备发展正在走向更加高级的阶段。(3)高级教育装备阶段，它对应着教育装备现代化3.0，也可称为教育装备后现代阶段，该阶段可以视为教育装备发展的最高境界。本节第三部分专门对这一阶段的问题展开较为详细的讨论。

三、教育装备发展的最高境界

对教育装备发展理论的研究可称为"教育装备之论道"，即从人文本性上对教育装备做出概念与价值界定。"形而下者谓之器，形而上者谓之道"，一个事物发展的最高境界必然是使其处于"无形"之中。教育装备的发展也是这样，它发展到最高境界的"无形"主要表现在两个方面：(1)性能上的"渺无痕迹"；(2)功能上的"智能涌现"。对教育装备的质量要求包括性能质量、功能质量和安全质量，高级教育装备阶段的产品质量除了安全性方面的一致性要求外，在性能上和功能上必须具有本质上的改变与提高。

性能上的"渺无痕迹"是指此时的教育装备在日常的教学和教师的备课中，就像简单教育装备阶段对待粉笔、黑板以及课桌椅一样，使用者不必顾及它们的存在，不用时时考虑粉笔怎样使、黑板怎样擦、课桌椅怎样摆放等问题。与复杂教育装备阶段不同，教育装备与教学课程的整合、融合以及高度融合不再是对使用者（教师与学生）提出的要求，而是对教育装备产品的开发者、设计者、生产者的标准规定，是对产品性能的标准规定，教育装备产品必须能够经受教育教学过程的严格考验，它们的功能得到充分体现，但在性能上就如不存在一样地处于"无形"的状态之中。这样的教育装备才能称得上是"以人为本"和"以学生为本"，才是人文理性现代化发展的最高境界。

功能上的"智能涌现"是教育装备构成智能化系统的最突出要求和表现。人类大脑是一个复杂系统，复杂系统具有非线性、自组织、功能涌现（Emergence）等特点。人的每一个行为（语言和行动）都是受到大脑支配所产生的，但是人们却无法溯源那个支配行为的指令，不知道它是从哪个脑细胞或神经元发出的，这一智能效果是整个大脑系统的整体作用，该现象被称为大脑的功能涌现。20世纪，德国心理学家创立了格式塔（Gestalt）理论，称为格式塔学派；其理论强调经验和行为的整体性，认为整体不等于部分之和，而是"1+1>2"。教育装备现代化发展到高级阶段，人工智能、大数据、云计算等技术为教育装备的系统化设计奠定了基础，人们开始有条件和有机会设计、开发、制造出具有功能涌现特点的辅助教学装备系统。教育装备系统的这一功能涌现同样是产生于"无形"之中，因为人们无法分辨该系统中具体是哪一个部件发挥着实现这一功能的根本作用,系统的功能是该系统的整体表现。

实现性能上"渺无痕迹"与功能上"智能涌现"的教育装备并不是天方夜谭,它正在被人们关注和研究。其实,2018年春季在北京昌平一次名为"集结 再出发"的ITE平台企业交流活动中,各个分论坛的众多企业介绍了自己的新技术,具有上述性能与功能的教育装备软硬件产品已经开始出现,高级教育装备春天的气息正在临近,教育装备现代化3.0时代即将到来。

四、一些相关问题的讨论

在第五届ITE平台峰会的"聚焦教育装备现代化"沙龙论坛上,嘉宾们还提出了一些与教育装备现代化发展相关的问题,这里对其中的部分关键问题展开讨论。

(1)教育装备现代化与教育信息化的关系

前文的讨论提到"化"是"使之成为"的意思,那么教育信息化就是"使教育成为信息的",但这样解释似有不妥。教育的两大功能是"教人做人"和"教人做事",其本身就包含着信息传递的意思,若使它们成为信息的,则句子在语法上不成立。《国家中长期教育改革和发展规划纲要(2010—2020年)》第十九章第五十九款对加快教育信息化的具体内容被人们简洁地解释为"三通两平台"的实现,它们是信息技术硬件与软件的建设内容,所以对教育信息化的正确理解应该是:使教育(教人做人)教学(教人做事)手段或工具成为信息的。或者可进一步理解为:使教育装备和教学装备成为信息的。于是根据前文的讨论,教育信息化其实是教育装备现代化的一个重要内容,是教育装备现代化2.0阶段或复杂教育装备阶段的重要组成部分。

(2)教育装备配备采购的专业性问题

学校的教育装备配备采购面临一个棘手问题:即目前设备的专业性与复杂性对采购人的专业知识水平要求较高,人们希望相关专业人员参与采购;但相关专业人员对采购的政策法规与运作流程并不熟悉,而且各个专业知识差异性巨大,他们并不能胜任正常的采购工作,于是两者之间产生了矛盾。随着教育装备发展进入高级阶段,其性能上的渺无痕迹与功能上的智能涌现使得它们无须人们对专业性的掌握,配备采购工作任何人都可以参与,只要对采购政策与采购流程熟练即可,采购人员选择矛盾问题迎刃而解。

(3)教育装备生产企业的职能性转变

教育装备的现代化发展开始将学校装备与教学整合、融合以及深度融合的任务从教师与学生的身上逐渐转移到教育装备生产企业面前,企业的职能正在发生着本质性的转变,真正为教育教学设计、开发和生产的技术装备即将成为标准化产品。第五届ITE平台峰会"聚焦教育装备现代化"沙龙论坛嘉宾中的教育装备企业家已经认识到这一点,开始论述这一职能性转变的必要性与必然性,提出了一切为学校用户着想、使产品应用简单化("无形"化)以及逐步消灭产品的用户使用培训等口号。教育装备实现性能上的渺无痕迹与功能上的智能涌现已经成为生产企业奋斗的目标。

(4)教育装备现代化与教育现代化关系的进一步讨论

说教育的现代化依靠教育装备的现代化是从逻辑理性与历史理性两方面论证的。从逻辑性方面考虑,"教育教学装备是教书育人的必要条件",这里强调了必要性而不是充分性,这意味着对于教育现代化来说没有教育装备的现代化是不行的,但是仅有教育装备的现代化也是不行的,教育现代化除了教育装备这个条件外还必须具备其他条件。对必要条件的解释就是"没有它不行,但有它不一定行",只有当必要性和充分性都具备的情况下事物才具有了完备性。从历史性方面考虑,则存在一个非常典型的案例:中古代西周时期中央集权,当时只有官学而不存在民校。到东周时期诸侯割据,作为当时教育装备的兵器、乐器、礼器、车马等器物散落民间,民校具备了办学条件,民办教育兴起,于是才有了孔子办学和此后中国的教育发展。教育的发展必须依靠教育装备的发展,教育的现代化也必然依靠教育装备的现代化,这是个不争的事实。

第二节 中国义务教育装备投入均衡性

一、问题的提出

义务教育是国家统一实施的所有适龄儿童、少年必须接受的教育,是国家必须予以保障的公益性事业,在整个国民教育体系中具有基础性、先导性、全局性的作用。党中央、国务院历来高度重视义务教育工作,将义务教育纳入国民经济社会发展总体规划,作为一项重要民生工程给予优先保障。实现义务教育阶段公办学校的均衡性是我国教育现代化发展的根本战略之一,在《中华人民共和国国民经济和社会发展第十三个五年规划纲要》(以下简称《"十三五"规划》)中对此做出了具体规定。《"十三五"规划》中指出:"科学推进城乡义务教育公办学校标准化建设,改善薄弱学校和寄宿制学校办学条件,优化教育布局,努力消除城镇学校'大班额',基本实现县域校际资源均衡配置,义务教育巩固率提高到95%。"

为了能够落实《"十三五"规划》中提出的上述战略要求，教育部于2016年7月向全国各省市教育部门印发了《教育部关于新形势下进一步做好普通中小学装备工作的意见》，提出"加强装备工作是推进义务教育均衡发展、促进教育公平的必然要求，是实施素质教育、促进学生全面发展的重要基础，是提高教育质量、加快推进教育现代化的重要举措"，并认为"欠发达地区，重在均衡提高配备和管理水平，并向农村、边远、贫困、民族地区倾斜"。

《"十三五"规划》提出了"十三五"期间义务教育"基本实现县域校际资源均衡配置"的建设目标，到"十三五"的期末时就应该对这一初期建立的建设目标进行测评，以判断这项目标的达成情况。《"十三五"规划》"基本实现县域校际资源均衡配置"的目标要求提出了两个需要认真回答的问题：第一，什么是县域校际资源；第二，什么是基本均衡配置。

(1) 问题一，关于教育资源

《"十三五"规划》"县域校际资源"中的资源是指教育资源，而教育资源包括教育的自然资源（如：土地、空气等自然环境）、教育的人力资源（如：教师、教育管理者等）和教育的人工资源（即教育装备）3个组成部分。在讨论教育资源时没有包括财力资源（各种经费），这是因为财力资源只是一种过渡形式，是不稳定的，它最终将被转化为人力资源（如：教师工资）部分与人工资源（如：购买教育装备）部分，关于这个问题的更多论述请详见《教育装备论》。[①] 本节只讨论教育的人工资源即教育装备部分配备的均衡性问题，关于教育的人力资源（师资）配置的均衡性问题将在下一篇文章中讨论。而讨论义务教育装备配备均衡性的问题时，使用了财力资源中教育装备购置经费的生均状况。

(2) 问题二，关于配置均衡性测评

《"十三五"规划》基本实现均衡配置的要求中，均衡性如何测量以及达到基本均衡的标准是我们必须解决的问题。测评基本实现均衡配置就是要用一种科学的测量手段与工具对所实现的教育资源配置情况做出数值统计计算，同时设置一个合理的均衡性指标，通过将计算出的均衡性数值与均衡性指标进行比较，从而评价是否达到基本均衡配置的目标要求。

如何才能实现对教育装备投入的均衡性进行测量和评价是一个严谨的科学问题。测量教育资源配置均衡性首先需要提供测量工具，测量工具目前存在两种：一种是资源配置达标标准，另一种就是反映资源配置情况的均衡指

---

① 艾伦：《教育装备论》，北京：首都师范大学出版社，2016年。

数 J。本节则通过大量案例与数据,重点介绍利用均衡指数 J 作为义务教育装备配备均衡性的计算工具和教育装备配备均衡性应该达到指标的计算方法。

通过文献检索可以发现,目前仅有笔者在教育装备均衡性的测量方面具有相关文献和专著,国内虽有不少文献对义务教育均衡性问题做了一些研究,但基本上都是一些定性的分析,而且国外文献也尚未发现关于这方面的内容。在量化处理上,个别研究生论文提到了使用经济学的基尼系数进行测量的想法,却没有进行实践性的演绎法推算,更不具有在大规模数据基础上使用归纳法的具体实施经历。况且使用经济学基尼系数解决教育资源配置均衡性问题原本就存在着先天的缺陷(详见《教育装备论》的相关章节)。而本研究则是在全国层面抽取了6省(直辖市)290所中小学(涵盖了东、中、西部地区的城镇与农村)进行调查的基础上所做出的实证性研究,对义务教育学校教育装备投入的均衡性进行了分析,对判断均衡性指标的建立提出了可行性的方法,通过此项研究以期为相关部门制定均衡发展对策提供可靠的依据与科学的参考。

二、研究设计

依据成熟的基本理论、设计完备的技术路线、提供有效的测量工具、采取科学的研究方法是一项课题能够达成目标的基本保障。

(一)抽样方法与研究对象

本研究采用抽样的方式进行全国数据采集,根据香农抽样定理的要求,并为保证样本的全面性、均衡性和不失真性,将全国省级行政单位按照经济发展水平和教育经费投入划分为三大区域,每个区域内随机抽取两个省(直辖市)开展调研(第一区域:上海市、浙江省;第二区域:湖南省、四川省;第三区域:吉林省、甘肃省)。在每个省(直辖市)采取分层抽样的方式抽取被调查的学校,共抽取了290所中小学。在被调查的学校中,回收数据有效的中小学共计268所,其中小学88所、初中98所、高(完)中82所;位于城市的学校141所,位于农村地区的学校127所。在被抽取的小学中,五年级学生填答问卷;在被抽取的中学里,初二年级和高二年级的学生填答问卷。共回收有效学生问卷13550份、教师问卷4300份、校长与副校长(主管教育装备工作)问卷558份。表6.1开列了具体调查对象的详细情况。

表 6.1　参与调查对象的详细情况

调查对象		人数	总数
教师	文科类教师	1359	4300
	理科类教师	720	
	体育教师	321	
	美术教师	384	
	音乐教师	223	
	实验室教师	270	
	图书馆教师	259	
	信息技术教师	332	
	数学教师	316	
	实践技术教师	116	
学生	小学生	8331	25826
	初中生	9081	
	高中生	8414	
校长	校长	290	558
	副校长	268	

(二)研究工具

教育装备投入的均衡性究竟如何，可以用科学的方法进行统计计算，给出一个有效的显性解析计算表达式，并提供一套简洁的自动化计算方法是十分必要的。

1. 均衡指数 J 的计算方法与意义界定

均衡指数 J 的解析表达式如下：

$$J = 1 - \left[\frac{\sum_{i=1}^{n} p_i \log_2 \left(\frac{1}{p_i} \right)}{\log_2 n} \right]^{2\pi}$$

式中的 n 为参与计算的学校总数，p_i 为第 i 个学校的生均教育资源投入额（或生均教育资源投入逐年累计额）占所有 n 个学校生均教育资源投入总额的比例（即每个学校生均投入数与所有学校生均投入总数之比），π 为圆周率，$\log_2$ 表示求以 2 为底的对数。

实际求 J 的数值时可以利用计算机的 Excel 软件进行自动求解，图 6.1 显示的是一个计算实例（此例中学校总数 $n = 15$，均衡指数 $J = 0.476313588$）。其中，"生均经费"一列各单元格的计算公式分别为此行 B 列值（学校经费投入额）除以此行 C 列值（学校学生数）；则 D17 单元格（合计）就是 15 个学校生均经费投入的总额。E 列各单元格（p_i）的计算公式是用其每行对应的 D 列各单元格值(生均经费值)除以 D17 单元格值。F2 单元格中输入的计算公式是"＝D2＊LOG(1/D2，2)"，F3 单元格中输入的计算公式是"＝D3＊LOG(1/D3，2)"，以下各单元格以此类推[求 $p_i\log_2(1/p_i)$]。在 F17 单元格内输入公式"＝SUM(F3：F16)"(求和)，在 F18 单元格内输入公式"＝1－(F17/LOG(15，2))^(2＊PI())"，则该单元格内显示出的就是均衡指数 J 的数值。

	A	B	C	D	E	F
1	学校序号	学校经费投入额	学校学生数	生均经费	pi	pi*log2(1/pi)
2	1	373920.87	3051799	0.122524737	0.03909511	0.182842671
3	2	806757.32	3211974	0.251171809	0.080143731	0.291824685
4	3	462021.69	7496601	0.061630823	0.019665121	0.111466177
5	4	1460642.26	2455547	0.594833762	0.189799155	0.455034843
6	5	66131.25	564416	0.117167568	0.037385748	0.177259583
7	6	231227.23	1802424	0.128286813	0.04093367	0.188727475
8	7	649994.91	5268124	0.123382614	0.039368841	0.183726585
9	8	261139.08	2620359	0.099657749	0.031798727	0.15819508
10	9	219693.65	2764692	0.07946406	0.025355339	0.134423017
11	10	122239.13	181047	0.675178987	0.215435655	0.47711911
12	11	474931.31	2333783	0.203502772	0.064933527	0.256155792
13	12	283727.55	1997332	0.142053274	0.045326263	0.202314181
14	13	59617.74	307631	0.193796269	0.061836383	0.248297827
15	14	65719.62	392653	0.167373279	0.053405353	0.225737582
16	15	201238.56	1156594	0.173992395	0.055517376	0.231558356
17	合计	5739002.17	35604976	3.13401691	1	3.524682964
18					均衡指数J	0.476313588

图 6.1　均衡指数 J 的计算方法

2. 均衡指数 J 的取值与意义

对计算出均衡指数 J 的数值及其意义做如下规定：$J < 0.2$，属于均衡性好；$0.2 < J < 0.3$，为均衡性比较好；$0.3 < J < 0.4$，均衡性相对合理；$0.4 < J < 0.5$，均衡性差距较大；$J > 0.5$，则属于均衡性差距悬殊。这一规定是参照经济学中的基尼系数 G 的取值规定得出的，本文后面将要对此进行详细讨论，提出均衡指数 J 更加合理的取值规定。使用均衡指数 J 测量教育资源配置均衡性具有以下的意义。

(1)均衡指数 J 为教育资源均衡配置目标达成建立了一个量化的测量工具。目标与目的是两个不同的概念，目的是定性的说明，无须也无法进行测量；而目标是定量的要求，是量化的、可测量的，目标是否实现应该用数据说话。教育装备均衡指数 J 是测量教育装备配备和师资队伍配置的量化工具，对于目标的设定和测评都是非常科学有效的。

(2)均衡指数 J 为教育装备管理提供了科学的方法与手段。目标管理是科学管理中一个重要的方法，测量目标的达成是绩效管理的有效手段。对于全国的省(直辖市)、地区、县各级教育装备管理部门提出均衡指数的目标要求，具体管理措施则由各级教育装备管理部门自行设计和操作，这将是新形势下进一步做好普通中小学教育装备工作的重要内容。例如：县级教育装备管理部门不必考虑农村小学教学点的实验室、校园网、图书馆的建设标准问题，只要在经费分配上满足了均衡指数的要求即可；各教学点可将经费用于向社会购买服务，如租用实验设施、购买网络服务、使用网络电子图书等，从而解决教育装备达标配备标准无法解决的难题。

(3)均衡指数 J 为教育装备的标准化与特色化的有机统一创造了评价条件。教育装备标准化与特色化一直是一对不好处理的矛盾，标准化要求趋同，而特色化提倡求异，两者的统一也是无法判定、无法测量的。使用均衡指数 J 可以在一定程度上解决这个棘手的问题。在既要考虑学校的教育装备最低配备，又要关注学校的教育装备配备差异的情况下，将合理的均衡指数数值限定在一个适当的位置上(如：设定合理的均衡指数值是 $J = 0.45$)，而不是认为 $J = 0$ 为最佳值，这将是使得教育装备标准化与特色化有机统一的可行思路。

但是，使用均衡指数 J 作为资源配置均衡性测量工具也存在一些缺点，其中最主要的就是目前还无法精准确定均衡指数 J 的数值为多少才是评价最合理、管理最有效、反映最客观的测量点与标准值。关于这个问题，下面会进行更加详细的讨论。

3. 关于均衡性指标标准值界定的讨论

教育装备均衡指数 $J = 0$ 意味着全国中小学生的生均教育装备投入都是相等的，这是不可能的，也是不可行的。均衡指数 J 怎样的一个数值或一个区间值才是最佳的呢？虽然我们现在尚不能够确定这样一个数值，但是却可以提出得到这个数值的研究方法与思路。

(1)方法一，这是个最为简单的方法。该方法可称为德尔菲法(Delphi)或专家调查法：聘请一批业内专家(一般不超过15人)，让每位专家背对背独立地写出自己认为合理的目标均衡指数数值。公布所有的合理数值方案，让专家分别对自己提出的方案进行讲解和理由阐述(注意此时应采取头脑风暴的原则，即只说明自己的道理，不评论、不否定别人的观点)。听完别人的讲解阐述后，对自己提出的合理数值方案进行修改，经过几轮反复，使专家意见逐渐趋同。这样，一个被认为是有效的均衡指数评价值就被确定下来了。该方法的依据是人们对社会公平性与教育均衡性都具有一个容忍程度，这个非零的容忍值就可以被确定为期望值。

(2)方法二，这是个较为科学的方法。该方法是对均衡指数 J 逐年的变化数值进行曲线拟合，得到近似的线性方程后再估算今后的趋势数值。例如：

表 6.2 是全国抽样的 6 省(直辖市)均衡指数 J 的逐年变化值(真实数据),图 6.2 是表 2 中数值的趋势线,可以看出各省市的趋势线基本遵循着各自的规律。图 6.3 则是表 2 中各省市均衡指数 J 平均值的逐年趋势线,该趋势线用 Excel 软件曲线拟合后可得出线性方程式:$y = 0.0044x + 0.7687$;其中 x 为 2010 年后的年数(2011 年为 1、2012 年为 2 等),y 就是欲求年份均衡指数 J 的估算数值。如果计算 2015 年的数值,则可知 $x = 5$,根据线性方程可以计算出 $y = 0.7907$,那么 2015 年均衡指数 J 的数值应该是 0.7907,可将它作为最佳值。但是必须强调,均衡指标取 0.7907 这个值是非常不合理的,此处仅是提供了一个本方法实现的例子,并非得出的这个数值就是最佳值,真正求得这个理论数值需要更多的全国性数据和更多年份的统计值才行。

表 6.2 6 省(直辖市)均衡指数逐年变化值

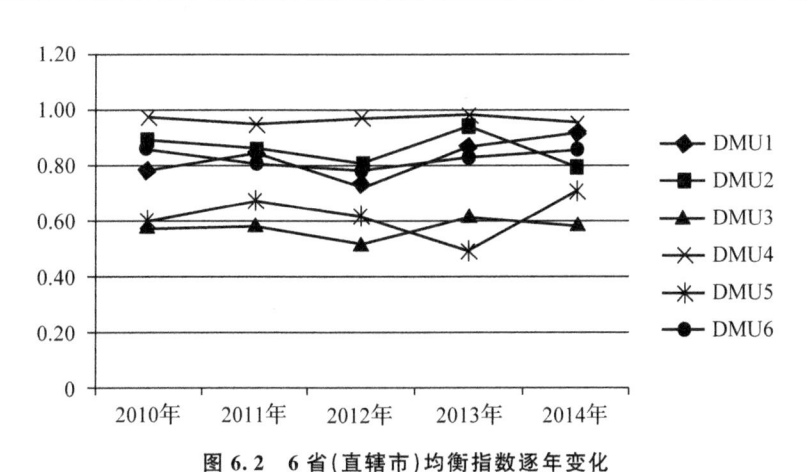

省市	2010 年	2011 年	2012 年	2013 年	2014 年
DMU1	0.79	0.85	0.74	0.87	0.93
DMU2	0.89	0.86	0.80	0.94	0.79
DMU3	0.59	0.59	0.52	0.63	0.59
DMU4	0.98	0.95	0.98	0.98	0.95
DMU5	0.60	0.67	0.61	0.50	0.71
DMU6	0.87	0.81	0.78	0.83	0.86
平均值	0.79	0.79	0.74	0.79	0.81

图 6.2 6 省(直辖市)均衡指数逐年变化

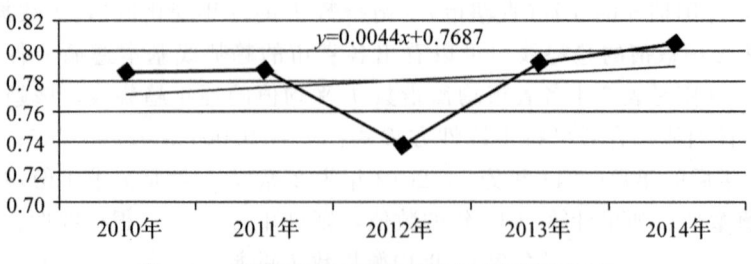

图 6.3　6 省(直辖市)均衡指数平均值逐年变化

(3)方法三,这是个十分理想化但目前几乎无法实现的方法。该方法是使用大数据的挖掘技术来完成均衡指数值的定位。这种方法并不是依据全国各地的均衡指数数据,而是通过全国义务教育的全部大数据进行聚类分析,从而得到最为理想的均衡指数值。由于目前无法实现义务教育大数据的采集,在此不对该法做详细介绍,欲了解相关技术可阅读相关文献①。

4. 调查工具与数据处理

本研究参考已有相关资料并结合专家座谈的结果,课题组在《全国基础教育装备专项调研调查问卷》中设置了教育装备投入的调查部分,分别从不同学段、不同地区、城乡之间的教育装备总投入、信息化装备投入、图书装备投入进行调查。问卷分为校长版、教师版和学生版三个版本。校长版主要考查了学校的基本信息、教育资源建设与配置的具体内容(建、配),教师版主要考查了学校教育装备管理的情况(管),学生版主要考查了教育装备使用的问题(用)。为了保证问卷的可信度,三个版本的问卷都设置了相关问题以达到多个角度的互证作用。通过在研究者属地进行小范围的试测,并结合对校长、教师和学生的访谈,对问卷相关问题和选项进行修改、补充和完善,最终形成问卷的具体项目,完成问卷编制。在进行问卷调查的同时,通过访谈的形式,对中小学教育装备投入情况进行深入调查。研究者还深入中小学校进行实地考察,在自然情境下观察中小学校教育装备投入与使用情况。

本节所分析讨论的内容主要依据校长、副校长问卷提供的小学与初中学校的有效数据,同时关注相关问题访谈、现场考察验证以及教师与学生问卷提供参考信息的情况。考虑到统计方法与数据处理的方便性,本节将全国 6 个省(直辖市)分别命名为 DMU1 至 DMU6;其中 DMU1 与 DMU2 为西部省市(欠发达地区),DMU3 与 DMU4 为中部省市(中等地区),DMU5 与 DMU6 为东部省市(发达地区)。数据涉及的时段为 2010 年至 2014 年共计 5 年时间。

---

① (美)Pang-Ning Tan、Michael Steinbach、Vipin Kumar 著,范明、范宏建等译:《数据挖掘导论(完整版)》,北京:人民邮电出版社,2011 年。

数据涉及的学段为义务教育的小学学段和初中学段。

本研究原将教育装备分为 3 种类型：教育信息化装备、图书装备和其他装备。其他装备内容较为复杂，包括教室建设、实验室建设、校园文化建设、体育设施建设等，统计时没有对其进行更加细致的区分。所以在均衡性计算时就出现了 3 种类型：信息化装备投入均衡性、图书装备投入均衡性以及教育装备总投入均衡性；而总投入中包含了信息化装备投入、图书装备投入和其他装备投入。在进行数据处理时，得到的均衡指数 J 的数值全部采取 3 位有效数字，并以四舍五入的形式保留到小数点后两位。

三、调查结果与分析

问卷回收后将数据进行了整理，并抽取相关数据部分参与教育装备均衡性的统计处理，以下是对数据处理后的结果和对结果做出的分析。

(一)总体情况

总体情况部分显示了对数据处理的结果，即教育装备投入的均衡指数计算数值，并对数据分布特点做一些必要的说明。

1. 抽样 6 省(直辖市)学校 5 年教育装备总投入的均衡指数

表 6.3 中显示的均衡指数 J 的数值是根据全国调研采集到的小学与初中 5 年(2010 年至 2014 年)教育装备总投入的数据分别计算 6 个省(直辖市)的结果，图 6.4 则是对表 6.3 数值可视化处理的情况。从这些数值可以看出，教育装备均衡指数 J 普遍分布在 0.5 以上，DMU4 初中的教育装备均衡指数达到最大值 0.93，DMU2 小学的教育装备均衡指数为最小值 0.42；另外，DMU1 初中和 DMU3 小学的教育装备均衡指数都接近最大值，达到 0.92。同时，表 6.3 的最后一列开列出了小学与初中 6 省(直辖市)教育装备均衡指数的平均值。如果参照基尼系数的取值定义，这些地区小学与初中教育装备投入属于均衡性差距较大和均衡性差距悬殊范围之内。

表 6.3　6 省(直辖市)学校 5 年教育装备总投入均衡指数列表

学段	西部地区 DMU1	西部地区 DMU2	中部地区 DMU3	中部地区 DMU4	东部地区 DMU5	东部地区 DMU6	平均值
小学	0.76	0.42	0.92	0.58	0.57	0.65	0.65
初中	0.92	0.60	0.82	0.93	0.62	0.50	0.73

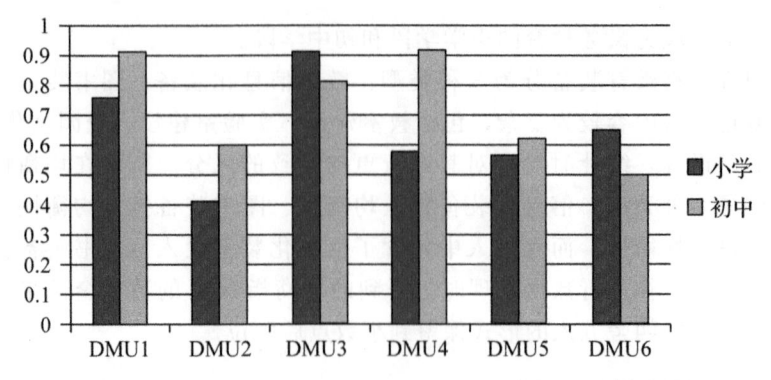

图 6.4　6 省(直辖市)学校 5 年教育装备总投入均衡指数图示

2. 抽样 6 省(直辖市)学校 5 年教育信息化装备投入的均衡指数

表 6.4 与图 6.5 是 6 省(直辖市)小学与初中学校教育信息化装备投入的数据分布情况，从中可看出学校信息化水平建设差异性。其中，教育信息化装备均衡指数 J 普遍分布在 0.4 以上，比教育装备总投入的均衡性降低 10%。DMU4 小学的均衡指数达到最大值 0.99，几乎接近了 1；DMU6 小学的均衡指数为最小值 0.39；另外，DMU5 小学的均衡指数值也比较高，达到 0.94。表 6.4 的最后一列开列出了小学与初中 6 省(直辖市)教育信息化装备均衡指数的平均值分别为 0.72 和 0.64。如果参照基尼系数的取值定义，除个别省(直辖市)外，这些地区小学与初中教育信息化装备投入的均衡性还比较好。

表 6.4　6 省(直辖市)学校 5 年信息化装备投入均衡指数列表

学段	西部地区		中部地区		东部地区		平均值
	DMU1	DMU2	DMU3	DMU4	DMU5	DMU6	
小学	0.64	0.45	0.88	0.99	0.94	0.39	0.72
初中	0.62	0.62	0.89	0.73	0.45	0.55	0.64

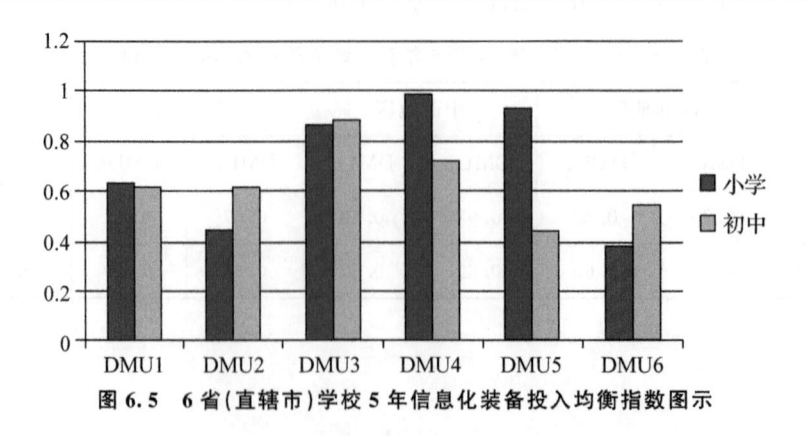

图 6.5　6 省(直辖市)学校 5 年信息化装备投入均衡指数图示

3. 抽样 6 省(直辖市)学校 5 年图书装备投入的均衡指数

表 6.5 与图 6.6 是 6 省(直辖市)小学与初中学校图书装备投入的数据分布情况。数据显示图书装备均衡指数 J 分布的差异性很大，DMU3 小学的均衡指数达到最大值 0.99，几乎接近了 1，而其初中的均衡指数值也达到了 0.96；DMU5 小学的均衡指数为最小值 0.18；另外，DMU6 初中的均衡指数值也比较小，为 0.21。表 6.5 的最后一列开列出了小学与初中 6 省(直辖市)图书装备均衡指数的平均值，都是 0.62。如果参照基尼系数的取值定义，除中部地区的 DMU3 和 DMU4 外，其他地区小学与初中图书装备投入的均衡性非常好。

表 6.5　6 省(直辖市)学校 5 年图书装备投入均衡指数列表

学段	西部地区		中部地区		东部地区		平均值
	DMU1	DMU2	DMU3	DMU4	DMU5	DMU6	
小学	0.66	0.67	0.99	0.86	0.18	0.38	0.62
初中	0.65	0.71	0.96	0.77	0.40	0.21	0.62

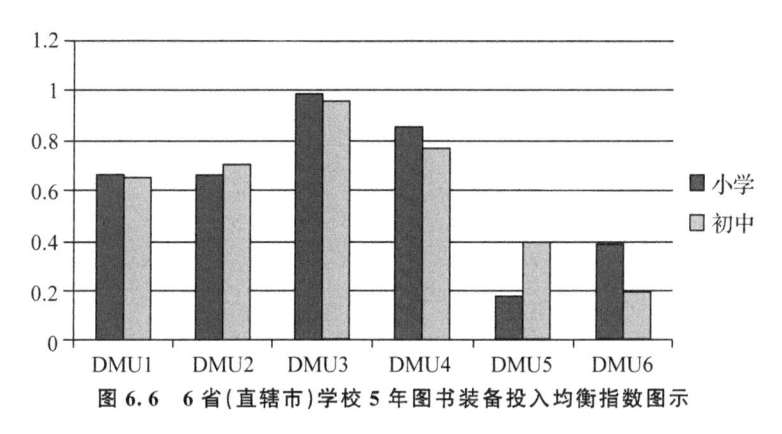

图 6.6　6 省(直辖市)学校 5 年图书装备投入均衡指数图示

(二)教育装备投入均衡性分析

依据上述得出的数据进行均衡指数表达意义与内涵的详细分析，从而掌握我国义务教育学校教育装备均衡性特点。

1. 全国义务教育学校教育装备均衡性分析

为了能够更加清晰地显示出全国 6 省(直辖市)义务教育学校教育装备投入均衡性分布的特点，我们将表 6.3、表 6.4、表 6.5 中的数据进行重新排列后填写到表 6.6 中。其中，将均衡指数 J 的数值分成了 9 个阶段(如表 6.6 第 1 列所示)；将 DMU1 至 DMU6 简写为 1~6，并在 1 和 2 前加注"西"(西部省市)，在 3 和 4 前加注"中"(中部省市)，在 5 和 6 前加注"东"(东部省市)。

表 6.6 均衡指数分数值段统计

J 数值段	投入种类	小学	初中
0.1~0.2 (不含 0.2)	装备总投入		
	信息化投入		
	图书投入	东 5	
0.2~0.3 (不含 0.3)	装备总投入		
	信息化投入		
	图书投入		东 6
0.3~0.4 (不含 0.4)	装备总投入		
	信息化投入	东 6	
	图书投入	东 6	东 5
0.4~0.5 (不含 0.5)	装备总投入	西 2	东 6
	信息化投入	西 2	东 5
	图书投入		
0.5~0.6 (不含 0.6)	装备总投入	中 4、东 5	西 2
	信息化投入		东 6
	图书投入		
0.6~0.7 (不含 0.7)	装备总投入	东 6	东 5
	信息化投入	西 1	西 1、西 2
	图书投入	西 1、西 2	西 1
0.7~0.8 (不含 0.8)	装备总投入	西 1	中 4
	信息化投入		
	图书投入		西 2、中 4
0.8~0.9 (不含 0.9)	装备总投入		中 3
	信息化投入	中 3	中 3
	图书投入	中 4	
0.9~1.0 (不含 1.0)	装备总投入	中 3	西 1、中 4
	信息化投入	中 4、东 5	
	图书投入	中 3	中 3

从表 6.6 中的数据分布可以看出：

(1)东部省市(DMU5、DMU6)的均衡性表现得比较好，主要分布在均衡指数 J 数值 0.1 至 0.6 之间；其次是西部省市(DMU1、DMU2)的均衡性，主要分布在均衡指数 J 数值 0.4 至 0.8 之间；最差的是中部省市(DMU3、DMU4)的均衡性，主要分布在均衡指数 J 数值 0.8 至 1.0 之间。反映出在教育装备投入均衡性方面，东部最好，中部最差，西部居中。

(2)从表 6.6 中还可以看出，小学的全部均衡指数普遍比初中的略低一些。反映出小学教育装备投入的均衡性要好于初中。

2. 不同教育装备投入均衡性差异分析

从表 6.6 中的数据还可以看出，全国 6 省(直辖市)教育装备总投入的均衡性表现较为分散，主要分布在均衡指数 J 值的 0.4 至 1.0 之间；全国 6 省(直辖市)信息化装备投入的均衡性表现与教育装备总投入的均衡性相似，也是主要分布在 0.4 至 1.0 之间；全国 6 省(直辖市)图书装备投入的均衡性表现为两极分化，主要分布在 0.1 至 0.4 和 0.6 至 1.0 这两个区间。反映出教育装备总投入和信息化投入较为理性，而图书装备投入由于缺乏可依据的标准所以比较随意。

3. 全国与分区均衡性差异分析

表 6.7 的第 2、3 行与图 6.7 的左半部是将全国抽样的全部 6 省(直辖市)小学与初中学校教育装备总投入、教育信息化装备投入和图书装备投入均衡指数进行统计的结果。表 6.7 第 3、4 行的数值则是从表 6.2、表 6.3、表 6.4 中平均值列移植过来的数据，而图 6.7 的右半部是平均值的分布图示，这样处理的目的是可以清楚地进行数值比较。数据显示除了小学信息化装备投入均衡指数很大为 0.86 外，初中的教育装备总投入均衡指数比较大为 0.73，其他都在 0.5 至 0.7 之间。如果参照基尼系数的取值定义，除小学信息化装备投入均衡性较差外，其他装备投入的均衡性都表现一般。

需要特别指出，抽样的全部 6 省(直辖市)初中与各省市统计初中的教育装备总投入均衡指数值都是 0.73(见表 6.7 第 3 行第 2 列的数值和第 5 行第 2 列的数值)，但其实这只是个巧合，两个数原来并不相等，在四舍五入前，抽样的全部 6 省(直辖市)初中均衡指数值为 0.726837356，各省市初中均衡指数平均值为 0.731666667。同时可以看出，除了这一对值以外，其他各均衡指数对应数值都是不相等的，甚至存在较大差异。

表 6.7 抽样的全部 6 省(直辖市)学校 5 年教育装备投入均衡指数列表

	教育装备总投入	信息化投入	图书投入
全部小学	0.5	0.86	0.6
全部初中	0.73	0.65	0.65
分区小学平均	0.65	0.72	0.62
分区初中平均	0.73	0.64	0.62

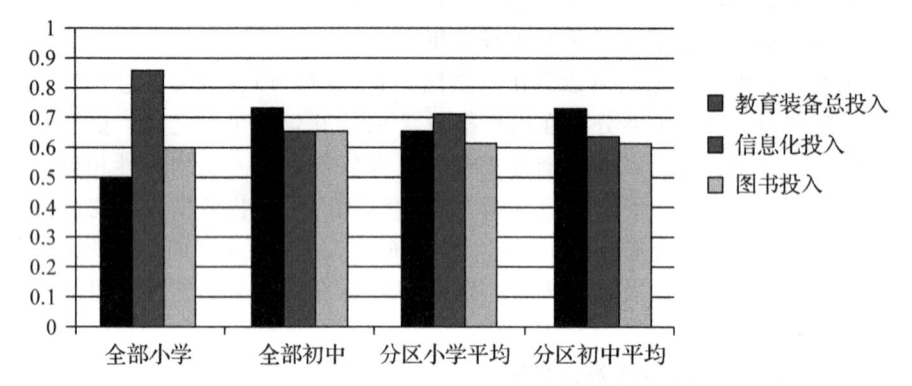

图 6.7 抽样的全部 6 省(直辖市)学校 5 年教育装备投入均衡指数图示

全国 6 省(直辖市)教育装备投入均衡指数在计算时没有区分东、中、西部地区,也没有区分城乡,而是将全部数据按照初中与小学进行了全面的统计计算,所以其既能够反映城乡差异也能够反映地区差异。各省(直辖市)教育装备投入均衡指数计算则仅反映了各个地区与省市内部的城乡差异。所以,根据全国 6 省(直辖市)教育装备投入均衡指数与各省(直辖市)教育装备投入均衡指数平均值之间存在的差异性,并通过表 6.7 中的数据就可以发现如下规律。

(1)表 6.7 第 2 列教育装备总投入一栏,各省(直辖市)小学与初中均衡指数平均值要大于全部 6 个省(直辖市)小学与初中的均衡指数值。这说明在教育装备总投入均衡性方面,全国各省市的城乡差异性要比东中西部的地区差异性大一些,提醒我们应该更加关注全国城乡差异。

(2)表 6.7 第 3 列信息化投入一栏,各省(直辖市)小学与初中均衡指数平均值要小于全部 6 个省(直辖市)小学与初中的均衡指数值。这说明在教育信息化投入均衡性方面,全国各省市的城乡差异性要比东中西部的地区差异性小一些,提醒我们应该更加关注东中西部地区差异。

(3)表 6.7 第 4 列图书投入一栏,各省(直辖市)小学均衡指数平均值要大于全部 6 个省(直辖市)小学的均衡指数值;这说明在图书投入均衡性方面,全国各省市小学的城乡差异性要比东中西部的地区差异性大一些。而各省(直辖市)初中均衡指数平均值要小于全部 6 个省(直辖市)初中的均衡指数值;这说明在图书投入均衡性方面,全国各省市初中的城乡差异性要比东中西部的地区差异性小一些。这提醒我们全国义务教育图书装备的配备方面还需要进一步标准化。

四、结论与建议

上述进行了全国义务教育装备投入均衡性指数的详细分析,其分析结果使我们产生许多思考,进而引发出不少的问题,以下对此做出说明。

(一)结论

研究结论包括对教育装备均衡指数 J 作为测量工具的效果说明,还包括对义务教育学校教育装备均衡性评价指标界定的结果两部分内容。

1. 关于使用均衡指数 J 进行测量评价工具必要性的结论

前文谈到,测量教育资源配置均衡性的测量工具有两种:一种是资源配置达标标准,另一种就是资源配置情况的均衡指数 J。先来看看资源配置达标标准中以教育装备配备标准作为教育资源配置均衡性测量工具时存在的问题。目前,一些教育装备研究单位正在积极建立国家级基础教育学校达标性质的教育装备配备标准,希望通过它来促进实现基础教育资源配置的均衡化。但是这样的一个标准要想达到预期的目标是不够现实的,它存在的问题主要表现在以下 3 个方面。

(1)一般,教育装备的达标配备标准都被定义在一个基本要求的界线上。这是构成义务教育阶段学校教育教学条件的最低要求,它对配备上限没有规定,不对有条件追求更优异条件的学校加以限制,所以它在教育装备配备要求减小城乡与地区均衡性差异的意义上是没有贡献的。

(2)作为教育装备的达标配备标准,它基本上都是以规定班额的一个教学班或一个学校为单位进行教育装备数量上的和品目上的严格配备,例如:义务教育学校理科实验室配备标准、义务教育学校数字校园建设标准、义务教育学校图书配备标准等。但是,当这样的配备标准遇到仅有几个或十几个学生的农村小学教学点时其意义和作用全失。因为在这样的教学点开设一个科学实验室、建设一个校园网、成立一个图书馆都是不现实的,而我国这样的小学教学点非常普遍地存在着,更何况解决教育均衡问题的重点对象恰好就是这样的一些教学单位。

(3)义务教育学校理科实验仪器设备配备标准不可能成为达标标准,现以初中物理实验仪器设备配备标准为例说明这一问题。初中物理课程标准中规定了 20 个必做实验项目，这相对于现行初中物理教材上的实验数目要小得多。全国初中物理教材大约有 7 个以上的版本，它们由不同的出版社出版，并被不同的地区选为自己初中学校的教材，这些教材上规定学生做的物理实验数量、内容以及方式方法都不尽相同。如果达标配备标准根据初中物理课程标准中规定的 20 个必做实验来编制是绝对不可行的，而将所有教材上呈现的物理实验所需仪器设备都开列在标准中也不实际，因为对于只选用一种教材的地区来说那将不是他们的基本配备，不是最低要求，因为标准中规定了许多没有在他们所使用教材中出现的实验仪器设备。

所以用教育装备达标配备标准作为测量均衡性的工具并不是一个明智的选择，同理，制定教育资源配置达标标准并用其作为测量教育资源均衡性的工具同样也是不可行的。于是，使用教育装备均衡指数 J 作为均衡性测量工具，其优势就逐渐显露出来，其必要性也将逐渐被认可。

2. 关于全国义务教育装备均衡性差异的结论

(1) 全国义务教育学校 2010 年至 2014 年间教育装备均衡性较差

根据对全国 6 省市义务教育学校教育装备均衡指数计算、统计与分析的结果可以看出，无论是从人们主观感觉和接受容忍程度的角度考虑，还是从客观数据分布情况的特征性考虑，将 2010 年至 2014 年均衡性指标定为 $J = 0.50$ 都认为是较为合适的。

同时，从表 6.7 可以看出：①如果将均衡性指标标准界定为 $J = 0.50$，则 $J < 0.50$ 的项目只有 9 项，占全部项目(共计 36 项)的 1/4，即仅占 25%。所以，全国义务教育学校 2010 年至 2014 年间教育装备的均衡性整体水平表现得是比较差的。②在教育装备投入的均衡差异性方面，东部省市城乡差异最小，中部省市城乡差异最大，西部省市城乡差异居中。③小学教育装备投入城乡差异要小于初中教育装备投入城乡差异。

(2) 全国义务教育学校教育装备均衡性的地区性差异与城乡差异应具体分析

从表 6.7 提供的数据可见，全国义务教育学校不同装备、不同学段的配备均衡性具有的特点如下：①在教育装备总投入方面，小学投入的城乡均衡性要差一些。②在信息化装备投入方面，小学和初中的投入东、中、西部地区的均衡性要差一些。③在图书装备投入方面，小学投入的城乡均衡性要差一些，而初中投入的东、中、西部地区均衡性要差一些。

(二) 建议

1. 关于加强全国义务教育区域与城乡均衡性的建议

(1) 针对"十三五"期间全国义务教育学校不同装备、不同学段的配备均衡性问题，建议：①在教育装备总投入方面，小学的投入应该更加关注城乡均衡性的改造。②在信息化装备投入方面，小学和初中都应该更加关注东、中、西部地区均衡性的改造。③在图书装备投入方面，小学应该更加关注城乡均衡性的改造，而初中则应该更加关注东、中、西部地区均衡性的改造。

（2）针对"十三五"期间全国义务教育学校教育装备配备均衡性城乡差异问题，建议：①从区域角度看，应适当加大中部省市教育装备均衡性发展的调整力度。②从义务教育学段角度看，应适当加大全国初中学校教育装备均衡性的调整力度。

2. 关于将均衡指数 J 纳入义务教育装备达标配备标准的建议

其实，将教育装备均衡指数 J 纳入义务教育装备达标配备标准中也是一个很好的思路。义务教育阶段学校教育装备达标配备标准的主要读者对象和使用者应该是全国各级教育管理部门和教育装备管理部门的负责人员和工作人员，在该类标准中提供评价各地区教育装备均衡指数的参考数值，对于解决配备标准的学校覆盖性问题，对于解决不同学校采用不同版本教材而产生的实验仪器设备配备差异性问题，对于解决教育装备配备的标准化与特色化的统一问题，对于解决均衡性评价指标的量化问题等都是一个较好的办法。

3. 关于义务教育学校理科实验仪器设备达标配备标准规范化的建议

义务教育学校理科实验仪器设备达标配备标准的建立存在着与教育装备达标配备标准一样面对的困难，所以为这类国家级标准提供一个建设思路是十分必要的。解决这个问题的方法如下：

（1）根据义务教育理科国家课程标准建立一个理科实验教学的课程标准。在这个实验教学课程标准中规定了义务教育学校理科教学的必做实验内容，以及应该达到的实验教学目标。该标准科学的具体建设过程详见《实验教学论》[1]的相关部分。

（2）根据上述实验教学课程标准规定的理科实验教学内容建立国家级义务教育学校理科实验仪器设备达标配备标准，而不是根据现行多版本理科教材中的实验内容建立达标标准。这个建立起来的达标标准是一个元标准（Meta-Standard）[2]，它只规定建立达标标准的一些原则性内容和原则性教学目标，并提供教学目标测量评价的原则性方法与量规。

（3）上述元标准中应该对教育装备均衡性提出具体要求，并规定均衡指数 J 的标准参考值。

（4）各地教育装备管理部门根据上述元标准以及各地使用的教材内容建立

---

[1] 艾伦：《实验教学论》，北京：首都师范大学出版社，2018年。
[2] 艾伦：《实验教学论》，北京：首都师范大学出版社，2018年。

自己的地方性义务教育学校理科实验仪器设备达标标准,并在本地区内推广实施。

如此建立的标准体系应该具有相当的优势,建议相关主管部门能够采纳上面阐述的思路与方法。

4. 关于在"十三五"时期末使用均衡指数 J 对义务教育均衡性目标达成进行测评的建议

到"十三五"时期末还有一年多的时间,届时全国义务教育是否"基本实现县域校际资源均衡配置",教育装备配备均衡性目标是否达成,是完全可以应用均衡指数 J 来进行计算的。建议相关主管部门组织力量,再次立项,统计全国县域校际教育装备配备的情况,建立有效的均衡性指标,计算教育装备配备的均衡指数 J,用数据说话,最终实现全国义务教育均衡性发展的伟大目标。

第三节　中国义务教育信息化发展均衡性

义务教育均衡发展是我国教育改革的国策,教育信息化是教育发展的有力保障,而义务教育信息化发展的均衡性则反映了教育管理的科学性与正确性。对全国义务教育信息化发展的均衡性进行测量和分析,用数据检验义务教育信息化发展的状况,为今后的管理工作提供经验和方法,为教育装备理论建设提供依据与素材。

一、基本情况说明

本次测量分析采用的方法是通过计算全国义务教育学校信息化状况的均衡指数 J,测量范围是全国 31 个省、市、自治区的初中和小学(全国区域、省际之间),测量变量选择了生均教学用计算机数量和网络多媒体教室占全部教室的比例两项,测量计算使用的全部数据来源于教育部官方网站。考虑到教育部官网数据展现的结构特点,其自 2013 年开始趋于一致,且目前止于 2017 年,所以此次测量计算选取了 2013 年至 2017 年的分省数据(各地基本情况)。

测算均衡性使用了以下教育装备均衡指数 J 的解析表达式:

$$J = 1 - \left[\frac{\sum_{i=1}^{n} p_i \log_2 \left(\frac{1}{p_i} \right)}{\log_2 n} \right]^{2n}$$

式中的 n 为参与计算省、市、自治区(以下简称省)的总数(本文设为 $n = 31$),p_i 为第 i 个省的生均教学用计算机数值(或网络多媒体教室对全部教室的占比值)占所有 n 个省生均教学用计算机数值(或网络多媒体教室对全部教室的占比值)总额的比例，π 为圆周率，$\log_2$ 表示求以 2 为底的对数。计算出的 J 值为 0 到 1 之间的小数(一般保留小数点后两位)。

对计算出均衡指数 J 的数值及其意义做如下规定：$J < 0.2$，属于均衡性好；$0.2 < J < 0.3$，为均衡性比较好；$0.3 < J < 0.4$，均衡性相对合理；$0.4 < J < 0.5$，均衡性差距较大；$J > 0.5$，则属于均衡性差距悬殊。

二、数据计算结果分析

以下的数据处理与分析主要针对两个项目(或称变量)：一个项目是生均教学用计算机数量，各省逐年生均教学用计算机数量 p_i 的计算方法是用各省当年教学用计算机总数除以各省当年初中或小学生在校人数；另一个项目是网络多媒体教室对全部教室的占比，各省逐年多媒体教室占比 p_i 的计算方法是用各省当年网络多媒体教室总数除以各省当年初中或小学教室总数。之所以仅选用这两个项目来反映义务教育学校教育信息化情况，是因为在教育部网站上公布的各地基本情况数据中只有这两方面的内容。

1. 信息化发展均衡性分布

通过具体计算，得到 2013 年至 2017 年间全国初中与小学各省之间生均计算机数量和多媒体教室占比均衡指数值的分布情况(见表 6.8)。均衡指数值的数值区间应该在 0 至 1 之间，其中 $J = 0$ 表示完全均衡或完全均等，$J=1$ 表示完全不均衡，即数值越小表示均衡性越好。表 6.8 中的最大值为 0.34，最小值为 0.03，表明全国义务教育学校信息化发展的均衡性处于很好与比较好的范围内。需要说明一个存在的问题，在计算 2016 年初中多媒体教室占比的均衡指数时，由于湖南省数据的缺失(教育部网站上没有这个数据)，只计算了其他 30 个省、市、自治区的情况($n = 30$)，但是由于缺失部分很少，并不影响整体分析结果。

表 6.8 均衡指数值逐年分布情况

学段	项目	2013 年	2014 年	2015 年	2016 年	2017 年
初中	生均计算机	0.17	0.15	0.15	0.13	0.13
	多媒体教室占比	0.15	0.09	0.06	0.04	0.03
小学	生均计算机	0.22	0.19	0.15	0.12	0.09
	多媒体教室占比	0.34	0.23	0.17	0.11	0.07

2. 信息化发展均衡性趋势分析

为了对以上数据有一个形象直观的认识，此处将这些数据做了可视化处理。图 6.8～图 6.11 是全国初中和小学校 2013 年至 2017 年教育信息化发展均衡指数的变化曲线。它们的共同特点是具有逐年下降的趋势,说明全国省际义务教育信息化发展均衡性在逐年变好。

(单位:台/人)	2013	2014	2015	2016	2017
初中校生均计算机	0.17	0.15	0.15	0.13	0.13

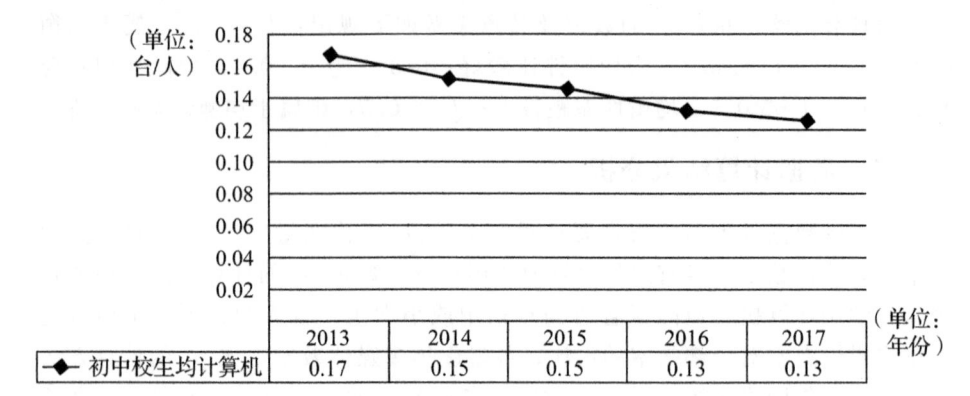

图 6.8　初中校生均计算机均衡性逐年发展趋势

	2013	2014	2015	2016	2017
初中校多媒体教室占比	0.15	0.09	0.06	0.04	0.03

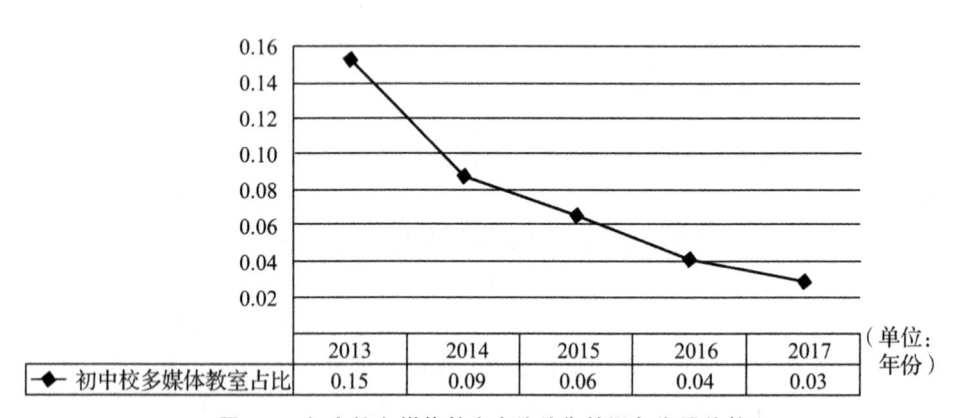

图 6.9　初中校多媒体教室占比均衡性逐年发展趋势

(单位:台/人)	2013	2014	2015	2016	2017
小学校生均计算机	0.22	0.19	0.15	0.12	0.09

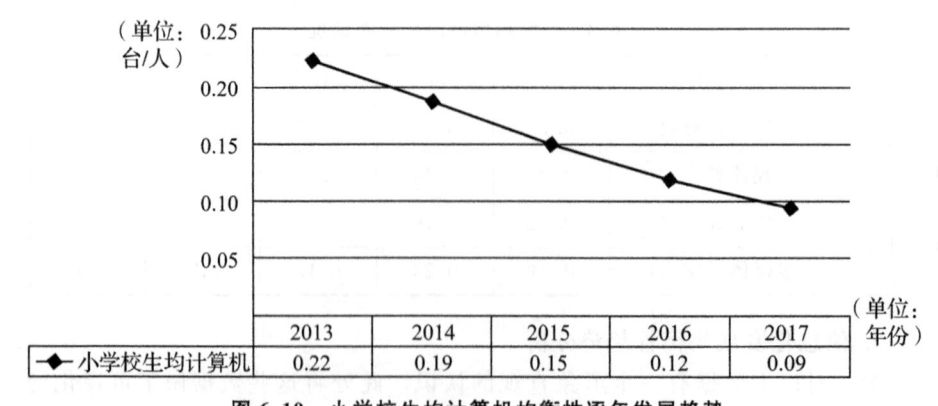

图 6.10　小学校生均计算机均衡性逐年发展趋势

年份	2013	2014	2015	2016	2017
小学校多媒体教室占比	0.34	0.23	0.17	0.11	0.07

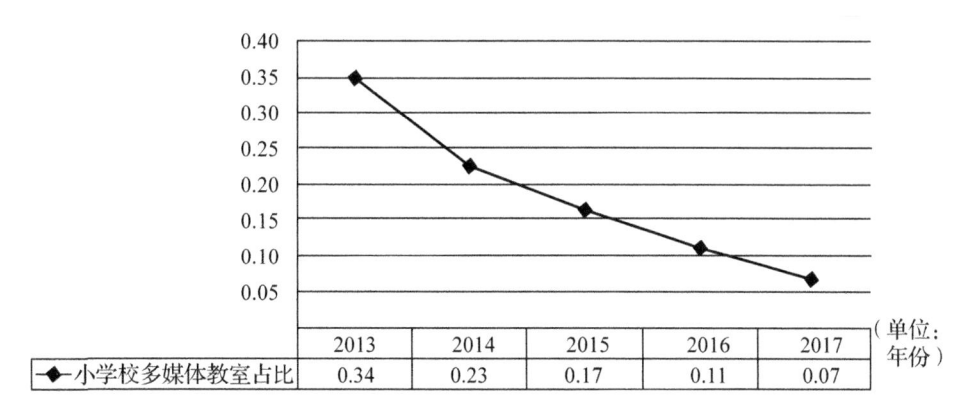

图 6.11　小学校多媒体教室占比均衡性逐年发展趋势

由图可见，全国初中校生均计算机均衡性逐年变化并不是很大，均衡指数值只是从 0.17 下降到 0.13，相差量仅 0.04。全国初中校多媒体教室占比均衡性逐年变化较大一些，均衡指数从 0.15 下降到 0.03，相差达量到 0.12。全国小学校生均计算机均衡性逐年变化也比较大，均衡指数值只是从 0.22 下降到 0.09，相差达量到 0.13。全国小学校多媒体教室占比均衡性逐年变化最大，均衡指数从 0.34 下降到 0.07，相差量达到 0.27。

3. 信息化发展均衡性预测

为了能对全国义务教育信息化发展均衡性变化趋势有一个基本的预测，现将图 6.8～图 6.11 呈现的曲线在 Excel 电子表格中做线性拟合，并得出线性拟合表达式（见表 6.9）。从表中可见，4 个线性拟合的线性相关系数 R^2 都在大于等于 0.9 的范围内，说明曲线的形性度都比较好，完全可以用线性拟合表达式进行表达。同时，我们也会根据这些表达式对全国义务教育信息化发展均衡性变化趋势做出线性预测。预测结果见表 6.9 的最右侧两列数据。计算预测值时，式中的 y 值即为项目数值（均衡指数值），x 为年代取值（见表 6.10）。预测结果说明，到 2018 年全国各省之间小学校多媒体教室占比将没有区别，而到 2019 年全国义务教育各省之间多媒体教室占比也将没有区别。

应该说明，这一预测只是通过逐年变化曲线的线性拟合得到的结果，而真实曲线并非完全满足线性条件；另外，实际情况中影响均衡性的因素非常之多也十分复杂；所以此处的预测数仅仅是一个估计值。需要指出，虽然与实际存在差距，但是仍然具有参考价值。

表 6.9 信息化发展均衡性趋势线

学段	项目	线性拟合表达式	2018 年(y 值)	2019 年(y 值)
初中	生均计算机	$y = -0.01x + 0.175$ $R^2 = 0.988$	0.12	0.11
初中	多媒体教室占比	$y = -0.028x + 0.161$ $R^2 = 0.900$	0.01	0
小学	生均计算机	$y = -0.032x + 0.253$ $R^2 = 0.995$	0.06	0.03
小学	多媒体教室占比	$y = -0.066x + 0.382$ $R^2 = 0.956$	0	0

表 6.10 曲线拟合公式中的 x 取值规定

年份	2013	2014	2015	2016	2017	2018	2019
取值	1	2	3	4	5	6	7

三、研究结论与建议

上述内容只是给出了数据处理计算的结果,以下将通过对上面计算结果的分析得出实际研究结论,并提出对我国义务教育学校信息化发展均衡性改革的意见建议。

1. 数据显示出的问题和意义

上一节中的数据是全国义务教育学校抽样得到 6 个省市 2010 年至 2014 年情况。对于教育信息化 5 年投入的均衡性测量结果,详见表 6.11 开列的具体内容。其中 DMU1 至 DMU6 为全国抽样的 6 省(直辖市)的代号,而均衡指数值最大达到 0.99(已经十分接近 1),最小值也达到了 0.39,与本文计算的结果(见表 6.8)相差十分显著。以下对造成差异最主要的 3 点原因和反映出的意义做详细说明。

表 6.11 6 省(直辖市)5 年信息化装备投入均衡指数列表

学段	西部地区		中部地区		东部地区		平均值
	DMU1	DMU2	DMU3	DMU4	DMU5	DMU6	
小学	0.64	0.45	0.88	0.99	0.94	0.39	0.72
初中	0.62	0.62	0.89	0.73	0.45	0.55	0.64

(1)"域、际"的不同

本节分析依据教育部网站公布的数据，这些数据是全国各省、市、自治区的逐年情况，所以应该称之为"全国域、省际"（即全国各省之间）的均衡性指数。而表6.11显示的数据是每个省内学校之间的均衡性，应该称之为"省域、校际"（即每个省内各个学校之间）的均衡指数。其实我们最应该获得的是"县域、校际"（即每个县内各个学校之间）均衡性指数，但是现在无法得到相关的数据。

表6.8告诉我们全国域、省际的义务教育学校信息化发展均衡性是非常好的，而表6.11告诉我们省域、校际的义务教育学校信息化发展均衡性是相当差的，说明今后义务教育信息化工作的重点应该放在省域和县域内的校际均衡建设方面。

(2)装备现状与投入

本节计算依据的数据是各省当年现有计算机数量和多媒体教室数量，它们是多年的积累，与前些年的投入有着直接的关系。表6.11反映的情况是每年教育信息化投入的连续5年总值在一个省内的各校比较，只反映这5年的投入经费情况，与以前的投入没有直接关系。

这一现象说明，虽然全国各省的义务教育学校信息化发展的现状比较均衡，但省内的当年义务教育学校信息化装备投入上仍然存在较大发展空间。

(3)时间差异性

本节统计的时间段为2013年至2017年；表6.11统计的时间段则是2010年至2014年，而且显示的结果是这5年的总投入情况。如果我们利用表6.9给出的线性拟合表达式向前推算一下（见表6.12），得到的均衡指数值就与表6.11中的5年平均值就显得接近了一些。计算时，2010年取$x=-2$，2011年取$x=-1$，2012年取$x=0$。

表6.12 向前推算2010年至2012年情况

学段	项目	线性拟合表达式	2010年	2011年	2012年	5年平均值
初中	生均计算机	$y=-0.01x+0.175$ $R^2=0.988$	0.20	0.19	0.18	0.64
	多媒体教室占比	$y=-0.028x+0.161$ $R^2=0.900$	0.22	0.19	0.16	

续表

学段	项目	线性拟合表达式	2010年	2011年	2012年	5年平均值
小学	生均计算机	$y = -0.032x + 0.253$ $R^2 = 0.995$	0.32	0.29	0.25	0.72
	多媒体教室占比	$y = -0.066x + 0.382$ $R^2 = 0.956$	0.51	0.45	0.38	

2. 教育装备标准化问题

教育装备配备标准是对学校提出的基本要求，是办学的基本物质条件，是最低要求的达标标准，同时也是推进义务教育均衡发展的法制保障。从2006年至2016年，教育部颁布了一系列义务教育阶段教学仪器设备的配备标准，但是缺少教育信息化方面的。期间，各省、市、自治区也都建立了义务教育办学条件达标的地方标准，这些标准中也基本不涉及教育信息化方面的相关规定。造成省域、校际义务教育学校信息化发展均衡性较差的原因之一就是缺乏需要遵循的标准。为了解决这一问题，当务之急是建立国家或行业（教育部）的义务教育阶段教育信息化装备配备标准，以此带动各省、市、自治区制定自己相关的地方标准，从而推动我国义务教育信息化均衡性的迅速发展。

在建立义务教育信息化装备配备标准时，将教育装备均衡指数 J 纳入标准中是很有必要的。义务教育阶段学校教育装备达标配备标准的主要读者对象和使用者应该是全国各级教育管理部门和教育装备管理部门的负责人员和工作人员，在该类标准中提供评价各地区教育装备均衡指数的参考数值，对于解决配备标准的学校覆盖性问题，对于解决不同学校采用不同版本教材而产生的实验仪器设备配备差异性问题，对于解决教育装备配备的标准化与特色化的统一问题，对于解决均衡性评价指标的量化问题等都是一个较好的办法。

第四节　STEAM 教育与装备

教育装备是人工制造的教育资源，是学校教育教学的必要条件。教育的发展依靠教育装备的发展，作为当前热点的 STEAM 教育也必然需要相应的 STEAM 化教育装备的有力支撑才行。本节重点讨论中小学理科课程 STEAM 化后应该如何合理配备教育装备的相关问题。

一、中小学理科课程的 STEAM 化

STEAM 教育发源于美国,是作为培养型创新人才的重要途径而被提出来的。STEAM 是科学(Science)、技术(Technology)、工程(Engineering)、艺术(Arts)与数学(Mathematics)的英文缩写。STEAM 教育的概念从美国提出到引入中国中小学经历了多个发展阶段,了解这一发展过程对在我国基础教育领域开展 STEAM 教育和进行相关教育装备配备研究都具有非常重要的现实意义。

1. STEAM 教育历史的演进

20 世纪 60 年代,美国为了解决高等教育学科过度分化的问题而提出了 STS(Science 科学、Technology 技术、社会 Society)教育的理念——后一个 S 表示社会,代表人文学科内容——在高校低年级实行通识教育。

20 世纪 80~90 年代,美国高校在实施 STS 教育的基础上又进一步提出了 STEM(Science 科学、Technology 技术、Engineering 工程、Mathematics 数学)教育的新概念。1986 年美国国家科学研究委员会(NRC,National Research Council)发布了指导性文件《本科科学、数学和工程教育》(*Undergraduate Science Mathematics and Engineering Education*),第一次提出了针对大学本科生实行 STEM 教育的要求。十年后,1996 年美国国家科学基金会(NSF,National Science Foundation)又发布了《塑造未来:本科教育振兴战略》(*Shaping the Future:Strategies for Revitalizing Undergraduate Education*)报告,进一步明确和细化了 STEM 教育的设想与规划。进入 21 世纪后,2008 年美国高等教育又将人文艺术的内容加入原来的 STEM 教育中,形成了现在的 STEAM 教育。

改革开放后,中国的教育也在发生重大的变革,西方的新教育理念不间断地被人们引入国内。20 世纪 80 年代在中国高校的教育教学中就开始提及和灌输 STS 教育思想,20 世纪末至 21 世纪初,受到国际上 STEM 教育的影响,全中国的高等院校都已经在低年级阶段实行了通识教育。而将 STEAM 教育理念引入中国的基础教育,还只是近几年的事情。目前,STEAM 在中国高等教育界引起的反映显得并不是非常强烈,但是对中国的基础教育却产生了深刻的影响,几乎全国中小学都在热衷于 STEAM 教育的讨论、试行与推广。

2. STEAM 教育概念的演变

2008 年,美国弗吉尼亚理工大学的博士生乔治·雅克曼(Georgette "george" Yakman)在一篇题为 *STΣ@M Education:an overview of creating a model of integrative education*(《STEAM 教育:创建一体化教育模式的研

究综述》)的文章中提出了 STEAM 教育的概念,并将 STEAM 主要定位于高等教育,而且建立了具体化的 STEAM 课程(笔者注:文中的 STΣ@M 是 STEAM 的另一种写法)。表 6.13 是笔者根据该文中提供的 STEAM 教育框架结构图总结编制出的美国本科教育 STEAM 课程体系划分[①],表中空缺的部分是由于原图中及其原文中都没有提供相应的信息。

表 6.13 美国本科教育 STEAM 课程体系

学科类型	课程属性	教学目标	具体课程
科学 (Science)	本质的、历史的、概念的	探究过程	物理生物、化学空间、地理科学、生物化学
技术 (Technology)	技术的本质、技术和社会的设计	实践能力去设计世界	农业医疗、生物技术建筑、制造业、交通运输、通信信息、生物动力能源
工程 (Engineering)	航空航天、流体建筑、农业领域、民用计算机		化工电气环境、工业工程、系统工程、海洋机械材料、海军建筑
数学 (Mathematics)		问题解决、理论关系证明计算	运筹学、代数、几何、测量学、数据分析、概率、三角函数
艺术 (Arts)	社会学、教育学、哲学、心理学、历史学	自由开放的思想	语言、音乐、精细物理、手工物理

其实早在 1996 年,为了解决面向 21 世纪全面型人才的培养问题,美国国家科学基金会(NSF)发布《塑造未来:本科教育振兴战略》政策报告的"行动指南"中就已经提出了将关注重点转移至 K-12 阶段和加强 K-12 阶段 STEM 师资力量培养的建议。2011 年,美国国家研究理事会组织研发了《K-12 科学教育框架:实践、跨学科概念和核心概念》,并于 2013 年发布了美国《新一代科学教育标准》(*Next Generation Science Standards*,NGSS)。根据这一标准,由美国霍顿米夫林哈考特出版社(Houghton Mifflin Harcourt,HMH)出版了最新的 K-12 阶段科学课程系列教科书 *HMH Science Dimensions*,译为《科学的维度》,它反映了美国 K-12 科学教育最前沿的理念、内容和方法。该系列教科书针对不同学段的学生分成 GK(学前)至 G12(小学、初中、高中)的

---

① Georgette "george" Yakman. STΣ@M education: An Overview of Creating a Model of Integrative Education. http://steamedu.com/wp-content/uploads/2014/12/2008-PATT-Publication-STEAM.pdf.

多个分册，每册书的内容都分为6个单元，并统一由四个板块构成：工程与技术、物理科学、生命科学、地球和宇宙科学。在 HMH 的网站上可以看到对 *HMH Science Dimensions* 的介绍："设计一个鼓舞人心的、高影响的K-12学习经验，为教师创造一个支持性的教学路径和学生的动态学习环境。教师引导学生通过探索、分析、应用和讲解来学习，总之，要像科学家一样思考。"关于数学元素，则指出"我们的第三方效能报告显示，使用 *HMH Science Dimensions* 的学生在统计学上都有显著改善。"从该系列教材的设计可见，反映美国K-12的核心教学内容已经完全按照STEAM教育展开了。

目前，无论是在国际上还是在中国国内，STEAM教育正在从高等院校重点转移到中小学，从原来的高校的STEAM课程体系建设转移到中小学理科课程（主要在科学课程方面）的STEAM化。我们采用"中小学理科课程的STEAM化"这样的描述是基于以下的理由：

（1）中小学的STEAM教育并不像高等院校一样增加一些STEAM教育的相关课程（见表6.13），它们只是在原有课程的基础上去实现STEAM教育。

（2）中小学的STEAM教育并不仅仅是一种新型的教学模式，它还有相应教学内容的改变和教学策略的提升，除此之外，教育教学装备的配置也要发生相应改变。让学生参与动手、联系社会、解决实际问题、体验全部创造过程等是STEAM教育教学的本质特点。

（3）中小学的STEAM教育也不是在原有课程的基础上增加一门新的被称为"STEAM"的课程，美国和其他国家没有这样做，在中国也不会这样做。

（4）中小学STEAM教育关注的不是知识的传授，而是科学思维的建立、能力、素质的提高，人文修养的养成，这与当前国际上和中国国内提倡的学生核心素养目标是完全一致的。

（5）显然，中小学的STEAM教育不是单纯的STAM课程建设，也不仅是教学模式、教学策略、教学内容的变更，它是要求在中小学的理科课程，特别是科学课程中施行STEAM教育理念，所以称"中小学理科课程的STEAM化"是最为合适的。

二、课程STEAM化的教学目标分析

中小学理科课程定位是以学生获得知识为其主要目标的，或者说是"知识本位"的。虽然课程中也配备了让学生参与动手操作的实验内容，但这些内容基本上是为了巩固课堂知识、验证课程理论。而理科课程的STEAM化则是为了学生能力的提高和道德的养成，或者说是"能力本位"的要求，这其实是学生核心素养目标达成的具体教学内容、模式与策略。表6.14是参照表6.13

的格式对中小学 STEAM 教育的教学目标做出的分解：科学元素关注学生的分析能力；技术元素关注学生的综合能力；工程元素关注学生的设计能力；数学元素关注学生的逻辑思维能力并为科学元素与技术元素提供数学工具支持；艺术元素关注学生的发散性思维能力并在工程元素中体现卓越性、艺术性与人文精神。

表 6.14　中小学 STEAM 教育的教学目标

STEAM 元素	关注能力	特点	说明
科学(Science)	分析能力	理论性	用数学支持分析
技术(Technology)	综合能力	理论性	用数学支持综合
工程(Engineering)	设计能力	实践性	实践中体现求精、体现艺术性
数学(Mathematics)	逻辑思维能力	工具性	掌握应用数学与数学的应用
艺术(Arts)	发散性思维能力	人文性	工匠精神、追求卓越

能力本位教学目标的达成是 STEAM 教育的根本理念，中小学理科课程 STEAM 化也正是为了这一目标的实现。在学生创新能力分解的 11 种简单型能力中分析能力、综合能力、设计能力、逻辑思维能力都是非常重要的组成部分，而 STEAM 化中艺术元素除了提倡发散性思维能力外，对于人文精神的要求则还须考虑社交能力类的诸能力。

三、教育装备对达成 STEAM 化目标的作用与配备特点

美国、英国和中国的"ABC 调研"显示出，教育装备的投入对于学生显性知识的获得基本上不起什么作用，但是对于学生能力水平的提高却有着显著的作用。这一点告诉我们，以学生能力提高为宗旨的中小学生理科课程的 STEAM 化必然会对教育装备具有高度的依赖性，所以讨论中小学理科课程 STEAM 化的教育装备配备问题意义重大。

表 6.15 开列了学校教育装备的各种分类，分别是根据教育装备的行业分工、装备功能、研究领域以及装备属性进行的分类。本节将要提出的观点是，教育装备还应该根据学生的能力特点进行分类。

表 6.15 教育装备分类列表

分类法	类型	举例
行业分工分类	教学设施设备	教室、黑板
	实验仪器设备	示波器、铁架台
	学科设施设备	体育场、乐器
	信息化设施设备	校园网、计算机
	图书设施资料	图书馆、图书
	后勤设施设备	食堂、饮水机
装备功能分类	构建教学环境的装备	课桌椅、投影机
	构建教育管理的装备	校长室、校园网
	构建生活环境的装备	学生宿舍、床位
研究领域分类	教学装备	显微镜、烧瓶
	教育技术装备	计算机、投影机
	教具与学具	挂图、算盘
装备属性分类	作为教学内容的装备	教材、标本
	辅助教学的装备	计算机、投影机
	构成教育环境的装备	教室、实验台

表 6.16 是根据所关注学生能力而进行配备的教育装备类型与特点情况，表中对相关装备还做了举例说明。中小学理科课程的 STEAM 化中应该对如何科学配备教育装备进行深入研究：

（1）STEAM 化中的科学元素关注学生的分析能力，分析过程是去发现一个现存事物的特性与规律，学校应该配备能够让学生进行分析的仪器设备和工具。因为早期的理科课程教学比较重视学生的观察能力与分析能力，所以实验内容和实验室配备的仪器设备基本上都偏重于科学分析，为相关实验提供的仪器设备多为天平、示波器、显微镜、解剖台、试管、烧瓶等。在理科课程 STEAM 化的进程中，这些仪器设备仍然可以用于支持学生分析能力的提高训练。

（2）STEAM 化中的技术元素关注学生的综合能力，学校应该配备能够帮助学生进行项目综合的工具，这类工具多为计算机辅助设计（CAD）软件。综合过程是分析过程的逆过程，是以分析结论为基础而从理论上实现一个期望的目标事物。

(3)STEAM化中的工程元素关注学生的设计能力,学校应该配备能够帮助学生进行作品设计实现的机加工工具和各种应用材料。设计过程也是分析过程的逆过程,但是与综合过程不同,它不是在理论上实现目标,而是在实际上实现目标物。其实,这正是高中通用技术课的教学任务。

(4)STEAM化中的数学元素关注学生的逻辑思维能力,学校应该配备能够帮助学生进行逻辑思维训练的工具。形式逻辑、辩证逻辑、数理逻辑三者虽然处于不同的领域、具有不同的研究对象,但它们的方法与思路是基本相通的,而学生学习数理逻辑完全可以通过计算机软件编程中条件判断和程序走向的训练来实现。

(5)STEAM化中的艺术元素关注学生的发散性思维能力,因为其发散性,所以我们无法规定其适用的教育装备类型。但是,中小学一些根据地方特色建设的校本课程以及为该类课程提供的各种设备、工具等装备却是能够很好地为学生STEAM教育艺术元素相关能力的提高创造条件。除此之外,精细加工工具对于学生作品的艺术性实现也是十分关键的,也应该给予配备上的可虑。

表6.16 根据学生能力特点的教育装备配备

STEAM元素	关注能力	教育装备配备	举例
科学(Science)	分析能力	分析类仪器、设备、工具	传统实验仪器设备
技术(Technology)	综合能力	综合类工具	计算机辅助设计软件
工程(Engineering)	设计能力	设计类工具与工程材料	各种加工工具和材料
数学(Mathematics)	逻辑思维能力	模块化数学分析与综合工具	中小学生用数学分析软件、计算机软件编程工具
艺术(Arts)	发散性思维能力	校本特点装备	校本课程装备、精细加工工具

此处需要着重说明,综合和设计虽然都是分析过程的逆过程,但是它们两者之间具有本质上的不同。综合是在理论上实现,而且具有理论支持;设计是在综合的基础上,在实际中具体实现那个期望的事物,它需要靠经验来完成。为了更加容易理解分析、综合与设计的异同,我们以电路课程为例进行说明。

(1)分析过程。《电路分析》课程研究的主要内容是首先给出一个已知的等待分析的典型电路,通常情况下是给出这个电路的电原理图,这个电路可能是个简单的线性电路,也可能是个复杂的非线性电路。学习者运用已经掌握的定律(如欧姆定律、基尔霍夫定律等)和电路知识(如电阻、电容、电感、电子器件的电压电流关系等)建立起反映该电路特点的电路方程(代数方程或微分方程),并求解该方程。这一过程为分析过程。

(2)综合过程。《电路综合》(或称《网络综合》)课程研究的主要内容是首先给出一个电路方程,该方程反映了将要实现的那个电路所应具有的功能。学习者运用已经掌握的理论知识(如梅森公式)建立起满足上述方程的电路,同时画出该电路的电原理图。这一过程为综合过程。

(3)设计过程。电路设计的过程是以上述综合出的电路为基础,进一步计算电路参数,并规划出电路板结构或元器件排列,以及确定电路连线的布局。这部分工作往往没有太多的理论指导,而是凭经验来完成。例如:我们通过电路综合得到了一个积分电路,其中积分时间常数 $\tau=RC=1$ 秒,于是我们可以选择 $R=1$ 欧姆的电阻器和 $C=1$ 法拉的电容器,也可以使 $R=10^3$ 欧姆和 $C=10^{-3}$ 法拉,还可以选择 $R=10^6$ 欧姆和 $C=10^{-6}$ 法拉,等等,总之有无穷多种组合,此时就需要根据经验来决定选择的数值。实际中我们选择 $R=2\times10^6$ 欧姆和 $C=0.5\times10^{-6}$ 法拉,这是因为这样阻值的电阻器和这样容值的电容器为标准序列产品,市面容易购到、价格较低,而且这样的组合使电路的功耗较小,电路容易实现。这一过程为设计过程中的一部分。

分析与综合都是在理论上进行,而设计则是在实际上实现,由于一个作品实现的形式和素材可以是多种多样的,为学生提供各种工具、各样材料都是必需的。

四、一些相关问题的讨论

在讨论中小学理科课程 STEAM 化与其教育装备配备问题时,一些相关问题没有做出更深刻的分析,或者说一些相关问题的讨论时机并不够成熟。所以在这里对它们进行较为详细的说明。

(1)关于课程 STEAM 化称呼的解释

"STEAM 化"中的"化"是"使之成为"的意思,例如:"现代化"就是"使之成为现代的","教育装备现代化"就是"使教育装备成为现代的"。所以,中小学理科课程的 STEAM 化就是使这些课程成为"STEAM"的。更加具体地说,就是让这些课程的内容和教法加入科学、技术、工程、数学以及艺术的元素,使之成为新形势下培养全面型人才的有效措施,其实这也正反映出 STEAM 教育提出的目的与初衷。

(2)课程 STEAM 化与学生核心素养建立的关系

新形势下培养全面型人才的另一项重要的有效措施应该就是学生核心素

养的建立。1997年，国际上的经济合作与发展组织(简称经合组织，英文缩写 OECD)就提出了核心素养框架，这与1996年美国国家科学基金会(NSF)发布《塑造未来：本科教育振兴战略》政策报告在时间上是十分吻合的。2016年，《中国教育报》刊出了中国学生发展核心素养研究课题组负责人答记者问的文章，并将中国学生发展核心素养体系内容归纳为三个维度、六大素养和十八个基本点(见表6.17)，与此同时，中国中小学的STEAM教育也开始迅速地发展起来。两者吻合的根本原因是它们都具有培养全面发展人才的这一目标。表6.17的最右侧一列列出了STEAM教育5个元素与学生核心素养体系6大素养要求之间可能的契合点，或者说是STEAM教育在学生核心素养达成上可发挥作用的部分。表中有空缺处，说明STEAM教育并不能够完全实现学生核心素养建立的全部目标。表中多出一项"研究报告(R)"的意义将在下一个问题中解释。

表6.17 学生核心素养体系与STEAM教育的关系

培养目标	三个维度	六大素养	十八个基本点	STEAM教育体现
中国学生发展核心素养（全面发展的人）	文化基础（人与工具）	人文底蕴	人文积淀	艺术元素(A)
			人文情怀	
			审美情趣	
		科学精神	理性思维	科学元素(S)
			批判质疑	数学元素(M)
			勇于探究	
	自主发展（人与自己）	学会学习	乐学善学	研究报告(R)
			勤于反思	
			信息意识	
		健康生活	珍爱生命	
			健全人格	
			自我管理	
	社会参与（人与社会）	责任担当	社会责任	
			国家认同	
			国际理解	
		实践创新	劳动意识	技术元素(T)
			问题解决	工程元素(E)
			技术运用	

(3) STEAM 化过程中的另一个重要元素——研究报告(Report)

在课程的 STEAM 化过程中，学生经历了观察、思考、分析、假设、讨论、综合、设计、美化等训练，最后完成了作品，这个过程是对一个事物的完整研究过程，对这个过程进行科学性的记录和总结的最佳方法是让学生撰写一个研究报告。撰写研究报告可以使得学生更加深入地理解科学研究方法，并得到更加学术的研究训练，对学生建立科学严谨的研究精神是十分必要的。这样，对于课程 STEAM 化的新提法就变成了 STEAM+R 化，其中的 R 是研究报告英文 Report 的缩写。或者将其写成 STEMAR 更为合适，因为人们首先提出的是 STEM，随后又增加了艺术元素 A 成为"STEMA"，最后我们强调对于中国的中小学生再加上一个研究报告元素 R 而成为"STEMAR"。撰写研究报告的过程实际上也起到了训练学生学会学习的目的，所以在表 6.17 中，研究报告(R)元素便出现在了与学生学会学习素养相对应的一项里。

(4) 中小学理科课程 STEAM 化中艺术(A)元素要求的进一步解释

前文提出课程 STEAM 化中艺术元素对学生的要求主要关注发散性思维能力，这是根据美国本科教育 STEAM 课程体系相关目标而设定的（见表 6.13，自由开放的思想）。其实，艺术元素对学生的要求还应该具有人文精神、工匠精神、追求卓越、艺术素养等相关内容，但是由于本文重点讨论课程 STEAM 化的教育装备配备问题，所以就仅提出了对发散性思维能力的关注。

(5) 中小学理科课程 STEAM 化的教育装备配备特点

因为在中国的中小学理科课程 STEAM 化中对于课程并没有建立相应的国家课程标准，当然也就不会有实验教学标准和实验室以及教学仪器设备等教育装备的配备标准。课程的 STEAM 化在教学内容、教学模式、教学策略等方面都具有校本特点，所以教育装备配备就不会有统一的标准，只能够根据校本课程需求特点而各自配备。于是，在本节第三节讨论的内容和表 6.16 中的举例就都没有涉及非常具体的仪器设备，而仅是提出了教育装备类型要求。由此可以看出，随着教育教学的不断发展变革，以前的教育装备配备标准化问题会遇到越来越多的不适应，一校一标准甚至一课一标准的情况将会普遍存在，而教育装备元标准建立的必要性更加凸显了出来。

第五节　中英教育装备理论研究发展状况

教育装备理论是教育装备研究领域的核心内容，是决定教育装备能否科学健康发展的原动力，同时也是教育理论研究的重要组成部分。衡量教育装备理论研究状态的最佳手段是通过对相关理论文献的统计分析,本文利用超星发现网站(网址:http://www.zhizhen.com)对相关理论文献进行检索,并对检索到的文献做了较为细致的分析。

一、教育装备理论中文文献分析

对教育装备理论中文文献的统计使用了超星发现的"高级检索";语种选择了"中文";文献类型分别选择了"图书""期刊""报纸""学位论文""会议论文"5 类;关键词选择了"教育装备",且为"主题"和"精确"定位;检索起止年份不限。此次统计数据截止日期为 2019 年 5 月 10 日。

1. 教育装备理论中文文献种类与时段分布

对教育装备理论中文文献检索的结果做了时段划分,根据文献出现的情况共计将时段分为 4 个年代阶段:1980 年至 1989 年、1990 年至 1999 年、2000 年至 2009 年、2010 年至 2019 年。表 6.18 显示了图书、期刊、报纸、学位论文和会议论文在上述 4 个时段出版、发表和刊出的数量分布情况。其中,还统计了出版、发表和刊出的各种文献的总数和总被引频次,并且用这两项计算了平均被引频次,即平均被引频次 = 总被引频次 / 文献总数。

从表 6.18 开列的数据可以看出,发表的期刊论文数量和总被引频次最多,分别为 21763 篇和 46686 次,但是平均被引频次不是最高,为 2.1452 次/篇。平均被引频次最高的是学位论文,为 2.8167 次/篇,可认为学位论文研究问题在教育装备领域的被关注度相对要更加高一些。但是,学位论文中博士论文的占比很小,仅为 3 篇,其他 57 篇都是硕士学位论文。

表 6.18 教育装备理论中文文献种类与时段分布

项目	总数(篇)	1980~1989 年	1990~1999 年	2000~2009 年	2010~2019 年	总被引频次	平均被引频次
图书著作	46	0	1	4	41	57	1.2391
期刊论文	21763	1	69	6408	15285	46686	2.1452
报纸文章	1243	0	1	114	1128	6	0.0048
学位论文	60	0	0	24	36	169	2.8167
会议论文	164	0	0	51	113	35	0.2134

2. 教育装备理中文论文献时段变化趋势

为了能对教育装备中文文献发展的趋势有一个较为直观的认识,此处对

表 6.18 中各个时段的数据进行了可视化处理，图 6.12～图 6.16 分别为出版、发表和刊出图书著作、期刊论文、报纸文章、学位论文以及会议论文不同年代数量的分布情况。从图中可以明显看出，所有 5 种文献数量随年代的递增呈现快速上升的趋势，反映出在教育装备理论研究方面发展十分迅速，前景看好。

	1980~1989年	1990~1999年	2000~2009年	2010~2019年
图书著作	0	1	4	41

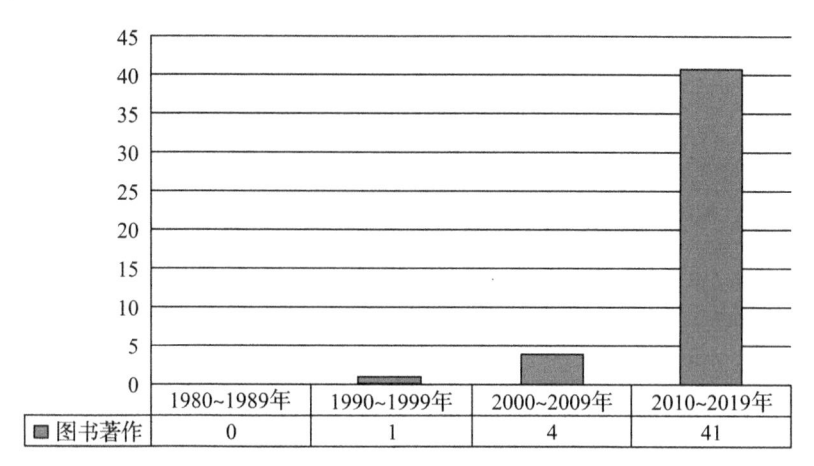

图 6.12 1990 年至 2019 年发表教育装备图书著作情况（单位：篇）

	1980~1989年	1990~1999年	2000~2009年	2010~2019年
期刊论文	1	69	6408	15285

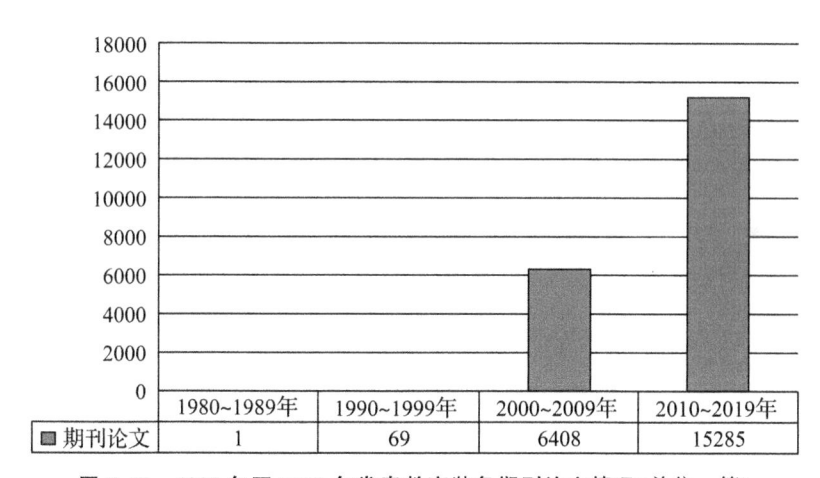

图 6.13 1990 年至 2019 年发表教育装备期刊论文情况（单位：篇）

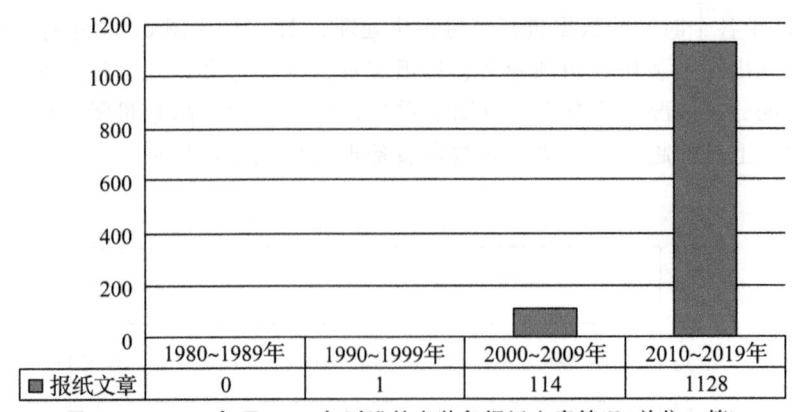

图 6.14　1990 年至 2019 年刊登教育装备报纸文章情况（单位：篇）

	1980~1989年	1990~1999年	2000~2009年	2010~2019年
报纸文章	0	1	114	1128

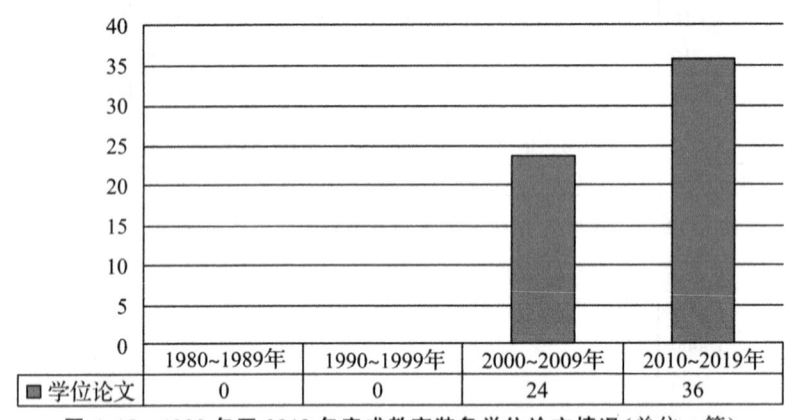

图 6.15　1990 年至 2019 年完成教育装备学位论文情况（单位：篇）

	1980~1989年	1990~1999年	2000~2009年	2010~2019年
学位论文	0	0	24	36

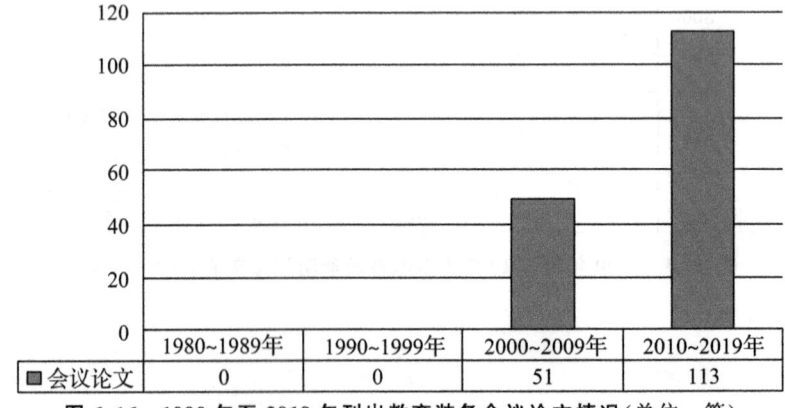

图 6.16　1990 年至 2019 年刊出教育装备会议论文情况（单位：篇）

	1980~1989年	1990~1999年	2000~2009年	2010~2019年
会议论文	0	0	51	113

二、教育装备理论英文文献分析

对教育装备理论英文文献的统计使用了超星发现的"高级检索";语种选择了"英文";文献类型分别选择了"图书"、"期刊"、"学位论文"和"会议论文"4类;关键词选择了"educational equipment",且为"主题"和"精确"定位;检索起止年份不限。此次统计数据截止日期为2019年5月10日。

1. 教育装备理论英文文献种类与时段分布

英文文献出现关键词"educational equipment"的时间比较早,所以在统计时段上将年代扩展到了1950年之前,共计分为8个时段,分段方式详见表6.19。在进行数据检索时,超星发现网站所提供图书著作情况的最后时段为2010—2013年,所以最后一个时段(2010—2019年)出版图书的数量要比前一个时段少。对期刊论文、学位论文、会议论文的统计只到2019年5月10日,没有到2019年年底,所以期刊论文在最后一个时段的数量上略少于前一个时段。从总体上看,各类文献出版、发表和刊出的数量也基本上呈现出逐年上升的趋势。

表6.19 教育装备理论英文文献分时段统计

单位:篇

项目	1950年以前	1950~1959年	1960~1969年	1970~1979年	1980~1989年	1990~1999年	2000~2009年	2010~2019年
图书著作	11	4	21	95	403	461	1049	609
期刊论文	53	16	259	2353	1777	1511	2283	1869
学位论文	0	0	0	0	2	9	14	268
会议论文	0	0	0	2	1	38	153	261

表6.20是教育装备理论英文文献出版、发表和刊出的总量以及总被引频次和平均被引频次,由于超星发现网站仅提供了期刊论文和学位论文的总被引频次,所以也就只对它们做出了平均被引频次的计算。

表6.20 教育装备理论英文文献总量及平均被引频次

项目	总数(篇)	总被引频次	平均被引频次	备注
图书著作	2708			网站未提供总被引频次
期刊论文	10201	5677	0.5565	
学位论文	293	5	0.0171	其中博士论文数量为167篇
会议论文	555			网站未提供总被引频次

2. 教育装备理论英文文献与中文文献对比

将检索和统计得到的教育装备理论英文文献和中文文献进行对比分析是一件很有意义的工作，通过实际对比，可以发现以下规律：

(1)从出版、发表和刊出的时间上看，教育装备英文文献要早于中文文献很多，所以英文文献出现的时间可以追溯到 1950 年之前，而中文文献大多出现在 1990 年之后。以教育装备图书著作出版情况为例：中文图书著作出现最早的为 1999 年赵维东主编、山东教育出版社出版的《教育装备校办产业政策法规实用指南》一书，而英文图书著作出现最早的是 1921 年 Fannie Wyche Dunn. 编著、哥伦比亚大学教育学院（Teachers College，Columbia University）出版的 *Educative equipment for rural schools*（《农村学校教育装备》）。

(2)从出版、发表和刊出的数量上看，教育装备中文文献和英文文献相比各有不同。英文图书著作的数量（总数 2708 本）要远多于中文图书著作数量（总数 46 本）；这与检索范围有关，英文文献检索时没有限定语种，实际为全世界范围。英文期刊论文的数量（总数 10201 篇）未达到中文期刊论文数量（总数 21763 篇）的一半。英文学位论文的数量（总数 293 篇）要多于中文学位论文数量（总数 60 篇），而且英文学位论文中博士论文的数量达到 167 篇，占比为 57%；中文学位论文中博士论文的数量仅为 3 篇，占比为 5%。英文会议论文的数量（总数 555 篇）也要比中文会议论文的数量（总数 164 篇）多，这也与检索范围有关。

(3)从平均被引频次上看，教育装备中文文献要比英文文献好很多。中文期刊论文的平均被引频次为 2.1452，英文期刊论文的平均被引频次仅为 0.5565，相差近 4 倍；中文学位论文的平均被引频次为 2.8167，而英文学位论文的平均被引频次仅为 0.0171，竟然达到近 165 倍之差。期刊论文与学位论文在一个研究领域反映出的理论水平都是比较偏高的，中英文献平均被引频次的差异性说明，中国在教育装备理论研究的被关注度上和研究水平上都是远高于国外的。

(4)从发展趋势上看，中文文献与英文文献表现不同，此处仅对教育装备中英文期刊论文和学位论文进行比较。为了能够使得比较有效，作图时只取了与目前最近的 4 个时段。图 6.17 是中外教育装备期刊论文发展趋势曲线，中文期刊论文数量的逐时段变化幅度远大于英文期刊论文数量，用 Excel 电子表格的线性曲线拟合可以计算出中文期刊论文数量逐时段变化率高达 5219，英文期刊论文数量逐时段变化率仅为 104.8。图 6.18 是中外教育装备学位论文发展趋势曲线，中文学位论文数量的逐时段变化幅度远小于英文学位论文数量，用 Excel 电子表格线性曲线拟合计算出的中文学位论文数量逐时段变化

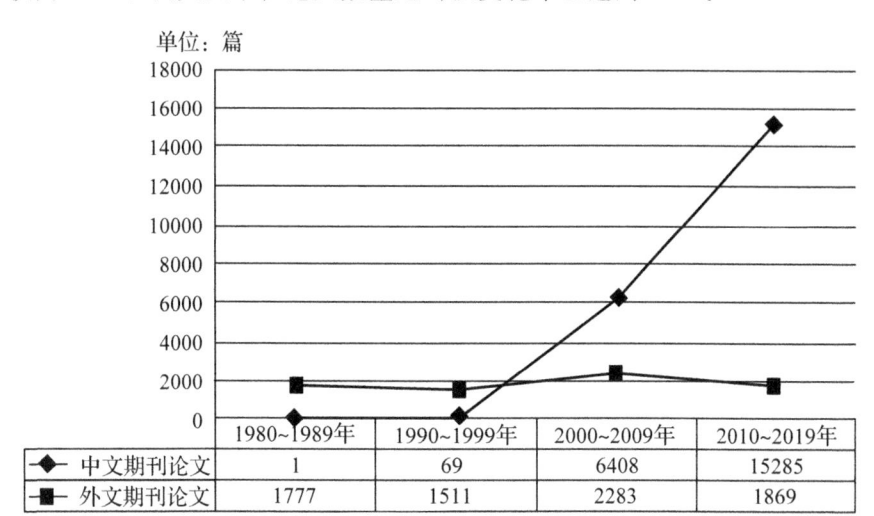

率仅为 13.2，而英文学位论文数量逐时段变化率已达到 80.3。

单位：篇

	1980~1989年	1990~1999年	2000~2009年	2010~2019年
◆ 中文期刊论文	1	69	6408	15285
■ 外文期刊论文	1777	1511	2283	1869

图 6.17　中外教育装备期刊论文发展趋势比较

单位：篇

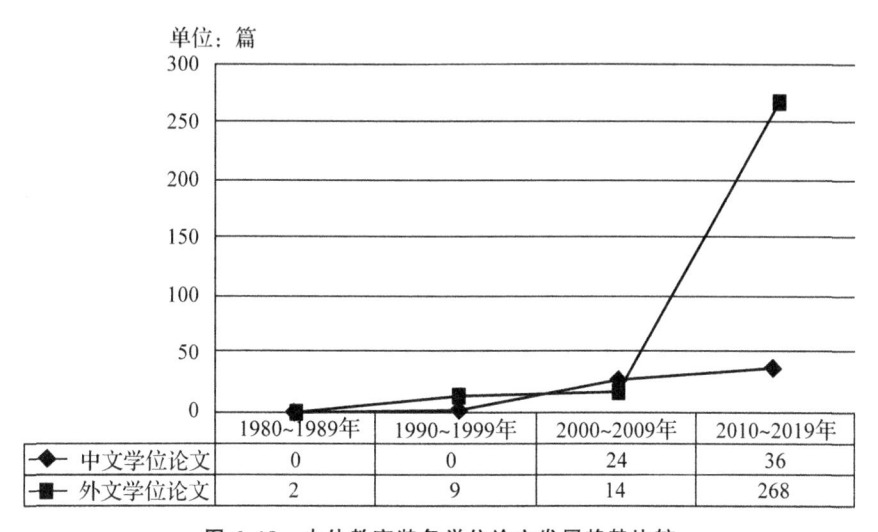

	1980~1989年	1990~1999年	2000~2009年	2010~2019年
◆ 中文学位论文	0	0	24	36
■ 外文学位论文	2	9	14	268

图 6.18　中外教育装备学位论文发展趋势比较

三、教育装备中文学位论文特点分析

前文提到，教育装备学位论文研究问题在教育装备领域的被关注度相对要更高一些，所以对教育装备学位论特点进行分析将有助于教育装备理论研究。

1. 教育装备中文学位论文涉及内容分布

通过对教育装备学位论文研究内容的分析，可以发现其大致分为以下5个类型：

(1)教育装备质量管理。其中包括学校仪器设备设施的政府采购问题，学校仪器设备的运行维护问题，学校仪器设备管理的人员配备与人才培养问题，以及教育装备的设计开发问题等。

(2)教育装备测量评价。其中包括学校仪器设备功能、性能的测量与评价，教育装备应用的绩效评价，教育装备的均衡性发展测量与评价等。

(3)教育装备标准化。其中包括教育装备标准的制定，教育装备标准化发展研究等内容。

(4)实验教学。其中包括高校的实验教学中仪器设备的使用，中小学实验教学的教学模式研究等内容。

(5)教育装备信息化与智能化。其中包括教育装备信息化(软件)设计，教育装备信息化发展趋势研究，教育装备智能化设计等内容。

表6.21开列了学位论文上述5种研究内容数量的分布情况，数量最多的是教育装备质量管理方面的论文，其次为教育装备信息化与智能化方面的论文，最少涉及的是教育装备标准方面的内容，论文数量仅为2篇。

表6.21 学位论文涉及内容分布

单位：篇

研究内容	质量管理	测量评价	装备标准	实验教学	信息化与智能化
论文数量	31	6	2	5	16

2. 教育装备中文学位论文层次分布

教育装备中文学位论文共计60篇，其中博士论文的数量仅为3篇，占比为5%；其他为硕士论文，共57篇，占比为95%。博士论文数量少说明教育装备理论研究水平还不够高，研究深度还欠深入。

3. 教育装备中文学位论文作者单位分布

表6.22开列了教育装备中文学位论文作者单位的分布情况，论文最多的单位为首都师范大学，论文数量达到了12篇之多，占比为20.0%；其次为浙江师范大学，论文数量为4篇，占比6.7%；论文数量为2篇的单位共有9个；论文数量为1篇的单位最多，共有26所高等院校。

表 6.22 学位论文作者单位及数量

单位：篇

学校名称	论文数量	学校名称	论文数量
首都师范大学	12	浙江师范大学	4
中国人民大学	2	对外经贸大学	2
辽宁师范大学	2	吉林大学	2
华东师范大学	2	南京大学	2
南京师范大学	2	山东大学	2
南昌大学	2	其他	1

此处对教育装备理论研究状态进行了统计，并且分析了其发展趋势。同时，还对中外教育装备理论研究文献的进行了数量和发展趋势的对比分析，从中得出该领域理论研究的现状和估计出其发展方向。以上综述为教育装备的理论研究内容和发展方向提供了具有一定价值的参考。

附录　中英教育装备与教育技术比较研究

一、中英教育技术与教育装备比较研究课题申报批准文件核心内容及翻译

1. Project Title(项目名称)

Using the UK's expertise in education technology, run a comparative study between the UK and China's educational equipment in order to improve the standard in China and therefore improve Chinese students' attainment.

英文直译：

利用英国教育技术专家，在中英教育装备之间开展比较研究，目的是改进中国的教育装备标准，提高中国学生的实际获得。

中方表述：

中英教育技术与装备标准比较研究。

2. Purpose(目的)

Up till June of 2017, Sino-British education technology and equipment standards will be systematically analyzed, and comparative advantage will be determined, which will provide reference to amend education equipment standards for 13th Five-Year Plan of PRC, at the same time promote Sino-British education technology trade and cultural cooperation.

英文直译：

截至2017年4月，明确中英教育技术与装备标准的比较优势，为制订中国"十三五期间"教育装备计划提供参考，同时促进中英教育技术的贸易与文化合作。

中方表述：

截至2017年4月，明确中英教育技术与装备标准的比较优势，为优化中国教育技术与装备标准体系提供参考，为促进双方形成多层面、宽领域、重实效的深度合作创造条件。

3. Context and Need for the Project(项目背景和需求)

教育技术与装备是有效开展教育教学的基本条件，是提高人才培养质量的重要保障。中国教育正处于快速发展的转型升级战略时期。2015年11月，

中国教育部召开全国基础教育装备工作会议，明确提出"十三五"期间要完善国家教育装备标准、鼓励各地健全本地标准、为教育教学提供装备保障。

英国教育取得的成绩举世瞩目。英国教育装备能够为学生开展有质量的学习活动提供支撑，能够真正促进学生素养的发展。英国科技教育企业为教育教学提供了高质量的产品与服务。中国推进教育改革与发展需要借鉴英国的教育装备政策和标准，也需要引进英国教育设备、仪器、在线课程以及评价工具等。

2015年10月，中国商务部与英国商业、创新与技能部签署了《关于加强中英两国地方贸易投资合作的谅解备忘录》，将进一步加强两国地方政府间的交流与合作，促进和深化双方企业贸易和投资合作；中国商务部与英国国际发展部也签署了谅解备忘录，将进一步深化中英新型发展合作，拓展合作领域。

4. Short Project Summary(项目摘要)

2017年4月前，我们将找到中英双方教育技术与装备标准的差异，明确各自的比较优势；同时将搭建两国教育管理部门、学校、企业之间的交流平台，推进双方教育文化合作与发展，促进中英教育科技贸易的繁荣。按如下环节执行：

(1)组建专家团队，制定实施方案。
(2)收集、整理、翻译、校对标准。
(3)分析中英标准差异，明确双方的比较优势。
(4)推进双方企业参加各自的教育装备展览会，深化合作。
(5)建设中英教育装备示范校和实验区，探索教育技术促进教育质量提升的标准，也为企业推广创造条件。

提交项目报告，并向中英双方相关部门和公司呈送相关研究结果。

5. Output(产出)

表1 产出1：分析确定中英教育技术与装备标准差异与比较优势

指标	基线	来源	里程碑	目标日期
1. 中英教育技术与装备标准文本个数 2. 标准差异与比较优势被找到	1. 尚未建立标准文献库 2. 教育技术标准库尚未系统比较分析过	1. 公共资源 2. 中国标准管理部门 3. 教育部教育装备发展与研究中心 4. 英国教育科技供应协会	1. 标准文献库被建立 2. 标准的优势差异被确定	1. 2016年6月建立不少于50个标准的文献库 2. 2016年10月，找到差异，发现比较优势

续表

指标	基线	来源	里程碑	目标日期
产出1所链接的活动	1.1 成立专家组，协调、分工、决策 1.2 召开教育技术与装备标准对比分析项目启动会（包括标准的研究目标、任务、方法和实施方案等） 1.3 中英教育技术与装备标准调研、交流活动（收集中英及省市相关标准资料） 1.4 中英教育技术与装备标准桌面研究（翻译、校对、对比） 1.5 标准差异与比较优势的论证会			

表2 产出2：双方达成合作共识，建立初步的合作机制

指标	基线	来源	里程碑	目标日期
1. 建立专家组 2. 互访人次 3. 签署文件份数 4. 参加BETT、China Didac2016的人次	1. 项目专家团队未建立 2. 以教育科技为主题的合作少	1. 公共资源 2. 中国高等教育学会技术物质研究中心 3. 中国教育装备行业协会 4. 英国教育供应商协会	1. 项目团队被建立 2. 2016年8月，首次互访实现互访 3. 备忘录和合作意见书被签署 4. 双方完成参展	1. 2016年5月，包括政策制定者、研究专家、媒体和企业代表的专家组成立 2. 全年50人次互访（含企业） 3. 2016年9—12月，签署不少于3份备忘录和合作意见书 4. 2016年10月，不少于3个英国企业参加China Didac2016 5. 2017年1月，不少于3个中国企业参加BETT

续表

指标	基线	来源	里程碑	目标日期
产出2所链接的活动	2.1 中英教育科技与装备协作组(行会、学校、企业)成立 2.2 中方组团访问英国,了解和学习英国教育技术与装备,沟通交流,寻找合作内容 2.3 中英教育科技企业相互参加对方教育装备展览会,签署合作框架意向书 2.4 组织中英两国学校校长交流,签署学校之间的教育技术与装备合作协议			

表3 产出3:教育技术与装备标准比较优势在双方学校实现

指标	基线	来源	里程碑	目标日期
1. 可实施比较优势标准数量 2. 利益相关方(学校、企业、标准制定方等)达成合作协议数量 3. 创建示范学校的数量	1. 尚未确立比较优势标准 2. 中英双方协议尚未达成 3. 尚无典型性学习环境被创建	1. 公共资源 2. 中国标准管理部门 3. 教育部教育装备发展与研究中心 4. 英国教育供应商协会	1. 确立可实施的比较优势标准 2. 合作协议被签署 3. 示范校中学生学习环境被创建、学习功能区的装备配置要求被建立 4. 成果被发布	1.2016年10月,找到5个可实施的比较优势 2.2016年11月,至少3所学校签署合作协议,至少3个企业之间的合作协议被签署 3.2017年3月,建成示范学校(包括学生学习环境创建、学习功能区的装备配置要求等),引领更多学校参与 4.2017年3月,发布成果
产出3所链接的活动	3.1 遴选学校学习环境建设或学习功能区的装备配置要求等方案,遴选参建企业与参建学校 3.2 专家对学校的建设活动实施监理、验收 3.3 对学校学习环境建设或装备配置要求成果进行发布、推广			

二、中国繁荣基金项目中英教育技术与教育装备比较研究课题总课题组组织机构构成

总课题组组长：陈锡章

顾问：张铁道

副组长：柴旭津　张虹波　姚定国　张鹏

1. 专家组

艾伦(首席)　后有为　张庆　刘军　张学虎　张启平　白晓晶

2. 课题组

组长：张鹏

副组长：李正福　何智

组员：若干待定

3. 秘书处

张鹏　侯东　赵媛

三、赴英考察报告

(一)2016年10月"中英教育技术与教育装备比较研究"总课题组赴英考察团考察报告

2016年10月2日至12日，英国繁荣基金项目"中英教育技术与教育装备比较研究"总课题组部分人员赴英进行实地考察。

1. 预期考察目标

赴英前，总课题组曾制订了考察计划并将考察目标具体化。

1)预期课题目标

(1)文献收集

➢ 英国教育技术与教育装备标准。包括普通教室、图书馆、实验室、楼道门厅、办公场地、剧场与学生活动空间、体育运动场地设施设备的配备标准。

➢ 学校建设方案与案例。收集学校建设方案、校内各空间建设案例、仪器设备配置清单、各类学校空间设置与设备配备情况。

➢ 学校个性化、特色化区域建设方案。

(2)学习空间

收集学校有关学习空间的设计理念、环境氛围创建、设备配置、使用、管理相关资料(图片、文字、视频资料)。

(3)课程情况

了解英国小学科学、中学理化生科学课程，了解中小学技术课程、艺

课程、体育课程。了解"课程＋装备＋环境"建设以及 3 者结合产生的效益。

(4) 教师培训

了解英语、科学、艺术课程教师培训情况。探讨合作模式。

2) 预期商务目标

通过企业交流探讨企业合作的模式、产品引进的方法、共同开发的可能性。

2. 实际考察内容

受到考察时间和地域的限制，实际考察内容与原计划有较大出入。

1) 与 BESA 的交流

10 月 3 日考察团一行到 BESA 总部对其进行拜访。上午，由 BESA 总干事 Caroline Wright 做了关于英国教育科技和英国教育体系的介绍。介绍共分 5 部分内容，分别为：

- BESA 简介。介绍了 BESA 的历史、成员构成、规模、效益、功能等情况。
- 英国教育体系。介绍了英国基础教育的学制、区域教育情况、教师的构成等情况。
- 学校经费简介。介绍了国家对教育经费的投入分布、对教育装备与教学资源的投入比例、项目领导与学校领导负责采购的教育装备及其类型的百分比分布。
- 英国教育领导机构。介绍了英国基础教育指导与监理的构成。
- 英国教育科技提供商面临的问题：英国私立学校迅速发展；学生数量增加；一些中学课程严重缺乏教师；教育预算在缩减；英国脱欧的影响。

2) 与企业的交流

(1) 10 月 3 日上午参访 BESA 总部，Caroline Wright 女士系统介绍了 BESA 基本情况及英国学校制度、学校投入状况、变化的教育理念。下午与部分 BESA 会员企业交流，会议由 BESA 国际部主任 William Prieto-Parra 主持。参加会议的企业有：TEACHERSMEDIA，HODDER EDUCATION，GROUPCALL，CONNECT，2SIMPLE，DISCOVERY，DATA HARVEST，TIGTAG 等。

(2) 10 月 4 日下午与英国教育科技公司、2SIMPLE 进行深入交流。

(3) 10 月 6 日上午与 GROUPCALL 公司，下午与 TEACHERSMEDIA 公司进行了深入交流。

(4) 10 月 7 日上午与英国出版业的 HODDER EDUCATION 公司进行深

入交流。下午与部分 BESA 会员企业交流，会议由 BESA 国际部主任 William Prieto-Parra 主持。参加会议的企业有：TULIO ALTHOFF，GL EDUCATION，FUZE 等。

3) 参观学校

(1) 10 月 4 日上午参观伦敦 COPENHAGEN 小学。该学校由幼教部和小学部两部分组成，考察团参观了该校的上课情况和设备设施情况，并与学校 ITC 系统集成设计者进行了交流。

(2) 10 月 5 日上午参观伦敦 Eastlea Community School，考察团听了一节计算机编程实验课，参观了理科试验室、艺术教室、科技教室，并与部分学生进行了交流。

(3) 10 月 8 日，参访了剑桥大学。

(4) 10 月 9 日，参访了牛津大学。

3. 考察目标达成

预计目标虽然没有全部达成，但通过考察，对于改变研究思路、推进课题发展却起着决定性的作用。

1) 课题目标达成情况

在英国，基础教育在教育技术与教育装备上没有统一的配备标准；同时，学校教学环境建设也没有统一的模式。但是，英国对于学生获得的知识和能力的提高都具有统一的标准，学生初中毕业与高中毕业都根据这些标准进行测量。

2) 商务目标达成情况

已有中英双发企业达成合作意向。其中，DISCOVERY，TEACHERS-MEDIA，HODDER 都与参访的中国公司达成了合作意向。

3) 其他相关收获情况

通过考察活动，在上述目标达成的基础上还有更多的其他收获。

(1) 英国与中国在教育技术装备标准上存在差异

中国比较注重教育技术装备配备标准的作用，其因素有两点：一是将标准看作法律文件，在强调依法治教的形势下突出标准的引领作用；二是配备标准在实现教育均衡的措施中起着重要的作用。

英国没有教育技术装备配备标准，政府对聘用来的学校校长足够信任，认为他们是教育专家，相信他们十分清楚学校教学环境建设的需求，由他们自己决定各种设施与装备的配备，不需要标准文件对配备物进行规定。

(2) 英国教育相关限令（禁令）的作用

英国政府出台一些针对学生和学校的限令（禁令），规定不能对学生做什么。从这点上看,这些限令更具有法律文件的性质。

中国教育领导部门应该注重限令的颁布和作用(如对毒跑道),而将标准制定的工作放权给教育装备行业。

(3)英国与中国在学生培养上存在差异

中国在学生能力培养和提高上只有政策,没有措施,虽然认识到素质教育的"能力为重",但在学生需要培养和提高哪些能力,怎样培养和提高这些能力,能力培养和提高的水平如何测量与评价等这些问题上没有着力去解决。

从 BESA 大量会员企业的产品中可以发现,学生能力的标准与测量方法已经研究了几十年,目前许多测量评价软件都能够反映这方面的问题。

(4)英国与中国在教育装备产品开发上存在差异

英国教育技术装备产品的开发是从学校需求出发的,产品开发的主要人员基本上都是有教学经验的教师。

中国教育技术装备较少有开发过程,多是将一个新技术工业产品直接用于学校。这一现象必须纠正。

(5)BESA 与 CEIEA 在企业构成上存在差异

BESA 的会员单位中集成商为少数,而 CEIEA(中国教育装备行业协会)的会员单位以系统集成商为主。这是由社会特点、体制特点决定的,是用户市场的需求,不能轻易定论它们之间的利弊。

(二)2017 年 1 月"中英教育技术与教育装备比较研究"课题组赴英交流考察报告

2017 年 1 月 16 日至 26 日,中国繁荣基金项目"中英教育技术与教育装备比较研究"课题组 20 人赴英国伦敦进行第二次实地交流考察。

1. 交流考察团成员情况

考察团成员有杨欣泽、孙广学、詹俊麟、后有为、张鹏、陈锡章、艾伦、贾康生、高春蕾、孙云霞、许原芝、张庆、陈雪、王长华、冯振开、周利、张永红、刘湘雪、王小安、徐源。

2. 交流考察项目

1)参加第二届中英教育科技发展论坛

2017 年 1 月 19 日上午第二届中英教育科技发展论坛在英国国际贸易部会议中心举行,交流考察团作为中方代表参加了本次论坛。

> 论坛由英国驻华大使馆一等秘书 Anna Shotbolt 主持,于上午 9:30 准时开始。

> 英国国际贸易部(Parliamentary Under Secretary of State, Department for International Trade)副部长 Mark Garnier 致开幕词。

- 英国教育供应商协会(British Educational Suppliers Association，BESA)主管 Patrick Hayes 做关于英国教育科技产品发展的报告。
- 中国代表团成员艾伦做关于中国基础教育装备发展现状与需求分析的报告。
- 中国代表团成员张庆做关于中国四川省成都市基础教育信息化发展情况的报告。
- 中国代表团成员孙广学、许原芝、后有为、贾康生、王长华、冯振开、周利在主席台上以 Panel Discussion 的形式与会场的英国代表进行互动。Panel Discussion 的主持人为英国驻华大使馆潘登宇。
- 英国教育科技企业代表与中国代表团进行交流。

2) 中小学学校考察

交流考察团在英交流考察期间共计参观考察了 4 所中小学校。

- 2017 年 1 月 20 日上午交流考察团到逻辑工作室学校(Logic Studio School)进行考察。该校位于伦敦希思罗区的费尔特姆镇，距离市中心 20 多公里，是 2016 年新建校，学校性质类似于中国的职业高中。该校校舍为一层临时建筑，由于学生人数不多，所以教室面积也不大，均在 20 平方米左右。校园场地有自然草皮的足球场和运动场，环境优越。
- 2017 年 1 月 23 日上午交流考察团到摄政高中(Regent High School)进行考察。该校位于市中心，校舍设施较为先进，教室面积有 60~80 平方米，但学生活动场地有限。
- 2017 年 1 月 23 日下午交流考察团到东伦敦科学学校(East London Science School)进行考察。该校的校舍是在一座 1776 年建立的潮汐动力水磨坊的仓库当中，房屋陈旧但牢固，教室面积有 30 多平方米；学校没有自己的场地，学生需要到社区的操场上去活动。
- 2017 年 1 月 24 日上午交流考察团到马尔伯勒小学(Marlborough Primary School)进行考察。该校的校舍是一个废弃的工厂车间，经改造后的环境很适合学生学习活动，教室面积在 30 平方米左右，但学校内缺少学生运动场地。

3) 英国教育科技企业交流

交流考察团在英交流考察期间共计到 3 个企业进行了交流。

- 2017 年 1 月 19 日下午交流考察团到 Show My Homework 公司进行交流。对该公司的软件"Show My Homework"性质以及在中国进行推广使用的可行性进行了深入的探讨。

➢ 2017年1月20日下午交流考察团到Hodder Education公司进行交流。对该公司的标准化考试系统与学生学习水平评价系统软件的推广可行性进行了深入的探讨。

➢ 2017年1月23日下午交流考察团到TES公司进行交流。对该公司的教师培训系统和软件的推广使用可行性进行了深入探讨。

4）中英教育科技发展课题情况交流

2017年1月24日下午在英国国际贸易部会议中心交流考察团与英国驻华大使馆繁荣基金项目领导人进行课题情况交流。中英双方就研究过程中的成绩、存在的问题、双方的期望等问题进行了深入的讨论。

5）参观BETT Show国际会展

2017年1月25日上午、下午，交流考察团参观了BETT Show国际教育科技会展。

3. 交流考察收获

1）关于教育信息化的比较

上述中小学属于英国伦敦地区的学校，拿来与中国北京地区的学校比较具有可比性。在交流考察团考察这些学校的教育信息化情况时，首先注意到相对于中国教育信息化"三通两平台"的建设目标。英国伦敦所有这些学校在互联网接入方面基本上都实现了校校通，但是不具有班班通与人人通，而北京市的所有中小学校在2016年基本上都实现了"三通"。英国伦敦这些学校的计算机配置情况相对于北京市较差，不仅计算机配置水平低，数量也少很多，考察组通过观察进行测算，伦敦这些学校的平均生机比估计在20∶1至15∶1之间，而北京市中小学校的平均生机比在2015年已经达到5.33∶1。在教学资源与教学管理平台软件应用方面，英国伦敦这些学校的情况表现非常出色，学科学习、作业管理、能力测评、知识搜索、图书借阅、教师评价、学籍管理等软件应用十分广泛，配置不够充分的信息化硬件设备在充分地发挥着它们的作用。

2）关于校舍与场地的比较

《中华人民共和国国民经济和社会发展第十三个五年规划纲要》（以下简称"十三五"规划）第五十九章提出了九项教育现代化重大工程，其中规定："实施加快中西部教育发展行动计划，逐步实现未达标城乡义务教育公办学校的师资标准化配置和校舍、场地标准化。"将义务教育学校校舍与场地的标准化放在"十三五"期间教育现代化发展重大工程的第一位，可以看出国家对教育装备标准化问题的重视。

对于教育装备，英国及伦敦市政府没有统一的标准化要求，学校的各种设施设备的配备完全由校长决定。总的来看，英国中小学校环境优化功能类的教育装备(如校舍与场地等)很不一致，但不存在均衡性矛盾。这一点上与中国之间存在巨大差异，分析原因有三个方面：第一，中英的建筑具有本质上的不同，英国古代建筑皆为石材楼式，结构牢固，可使用百年甚至更久；中国建筑以砖木结构为主，相比英国校舍更新周期要短得多。第二，20世纪以来，英国的教育改革经历了"进步"、"平等"和"卓越"三个阶段，到20世纪80年代后开始进入"卓越"期，在"平等"阶段时教育均衡问题已经基本解决，所以政府对校园环境的均衡与标准化问题并不关心。第三，英国教育标准化具有目标取向的特征，对条件取向的标准化没有具体政策。

3) 关于标准化的比较

为了对中英基础教育相关标准有一个更加系统的认识，将这些类型的标准开列在表4中进行对照。从对照中可以看出，中国基础教育相关标准无论从数量上还是种类上都远大于英国，尤其在教育装备的标准方面表现突出，而且在配备标准方面是中国独有的。一般来讲，质量标准是具有目标取向性的，而配备标准则是具有条件取向性的，英国对条件取向性的配备标准不予以关注，而更加重视目标取向性的质量标准。英国BSI是世界标准之源，英国的标准化工作走在世界前列，中英基础教育相关标准对照应该对我们的教育与教育装备标准化工作具有重要启示。

表4 中英基础教育相关标准对照表

		质量标准	配备标准	国际标准	国家标准	行业标准	企业标准
课程标准	中国		√		√		
	英国		√		√		
教师标准	中国	√			√		
	英国	√			√		
校长标准	中国	√			√		
	英国	√			√		
学校标准	中国	√		√			
	英国	√		√			
装备标准	中国	√	√		√	√	√
	英国	√		√	√		
标准考试	中国	√			√		
	英国	√			√		

续表

		质量标准	配备标准	国际标准	国家标准	行业标准	企业标准
其他标准	中国	√				√	
	英国						

4)关于教育软件的比较

图 1 是对英国教育科技产品中各类测评软件数量的简单统计,从中可以看出学科学习能力的测评软件最多,其次为阅读能力和认知能力测评软件,体能健康和推理能力测评软件的数量最少。我们暂且认为这个分布是合理的、科学的,因为它毕竟是从需求出发而逐步形成,并经过了 80 多年历史的考验(BESA 于 1933 年成立,已有近 84 年的历史)。虽然前期并没有相关的计算机软件产品,但是在这些方面的能力测量上有着相当丰富的经验。

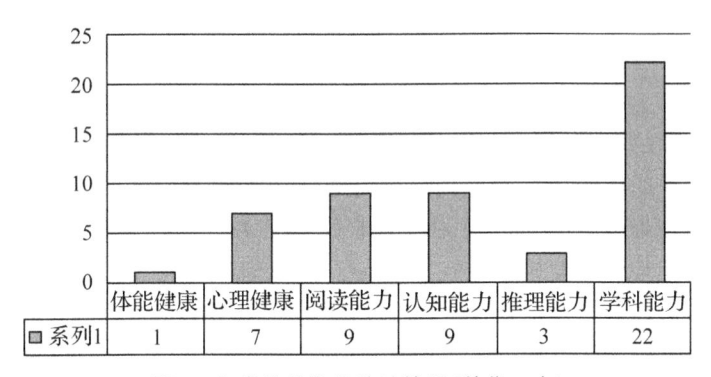

	体能健康	心理健康	阅读能力	认知能力	推理能力	学科能力
系列1	1	7	9	9	3	22

图 1　各类软件数量统计情况(单位:个)

从上述统计的情况可以看出:

(1)这些能力测评的对象主要是分布在学前、小学和中学等关键学段的学生。

(2)关注最多的能力是学科学习能力,而它们则以英语、科学、数学这 3 个学科为主。

(3)英国特别重视学前和小学关键学段学生对英语学习的拼写能力、阅读能力、通读能力、理解能力的基本要求,其作用相当于中国"双基"教育的扫除文盲工作。中国人使用的汉字属于象形文字,汉字数量众多且存在着一字多音的现象,所以存在文盲,文盲就是见字不会发音和不知其意。英文属于拼音文字,只有 26 个字母,不会出现文盲现象,但是拼写障碍、阅读障碍、理解障碍是必须解决的问题。

(4)数学也是英国中小学特别重视的学科,英国中小学生的数学学习能力比起中国学生要差得多，这不能否认中国的数学教学水平以及学习方法始终处于世界领先地位。举例来说，中国学生从小背诵的乘法口诀使他们面对简单的算术计算可以脱口而出，而英国学生在算术计算时几乎都需要回归到加法运算。加强数学学习能力和数学运算能力是英国学生学科学习能力中非常重要的组成部分。

（5）英美提倡的STEM(Science 科学、Technology 技术、Engineering 工程、Mathematics 数学)教育是根据他们自己国情提出的，并且重点不在于这4个方面的知识，而是4个方面的能力。其中科学方面重视分析能力，数学方面重视计算能力，技术方面重视综合能力，工程方面则重视设计能力。在中国推进STEM教育理念时应做具体分析，针对中国学生现状有侧重地实施综合能力与设计能力培养。

（6）英国教育科技产品的能力测评软件从采用的技术角度看其水平并不是太高，但是他们从教育教学需求出发而发现问题、解决问题的创新思路和活跃新颖的方式方法都是需要我们认真学习的。同时，这些软件在建立数学模型和创建算法上也表现得非常突出，是我们必须加以重视的。

（7）中国教育装备的产业特点是更多地表现为企业"推送"产品到学校，即当一个新技术或新产品出现后，企业将它介绍到学校，并期望其在教育教学中发挥作用。英国更多地表现为学校根据教育教学中的难题提出技术需求，再与企业一起共同开发相应的技术产品。所以中国教育装备行业的产品推销商和系统集成商数量要远多于产品生产厂商，而英国在这方面恰恰相反。中国教育装备发展应注意逐步改变这种"推送"模式。

（8）由于中英之间存在着巨大的文化差异，将上述能力测评软件不加分析、不加修改地直接引进使用是不可取的，必须进行本地化改造才行。